제 2 판

언어학과 통계 모델

신 효 필

서울대학교출판문화원

Linguistics and Statistical Models

Hyopil Shin

Seoul National University Press

머리말

근래 언어학에서는 경험적이고 실험적인 방법론을 적용한 연구를 많이 하고 있다. 인간 능력의 일부로 언어를 다루는 언어학에서는 컴퓨터가 급속하게 발전하고 이에 따른 대량의 언어 자료 구축과 분석이 가능해짐에 따라 인간의 직관보다는 실제 자료를 바탕으로 하여 언어 현상을 해석하려는 노력을 하고 있다. 특히 컴퓨터 언어학 (Computational Linguistics)은 인간의 언어를 컴퓨터에서 처리하는 언어학의 한 분야로 확률, 통계 등의 수학적 모델을 언어 연구에 적극적으로 도입하여, 이론 언어학에서 체계적으로 정리된 언어 현상에 적용하는 방법론을 발달시키고 있다. 따라서 순수히 이론 언어학적 관점에서 본다면 컴퓨터 언어학은 상당히 이질적이고 이해하기 어려운 분야이기도 하다.

언어학에서의 경험적이고 실증적인 연구의 등장은 컴퓨터 언어학 외에도, 계량 언어학 (Quantitative Linguistics), 코퍼스 언어학 (Corpus Linguistics) 등의 출현을 야기하였을 뿐만 아니라, 이론 언어학에서도 실험과 분석에 기초한 연구들을 촉진하였다. 인간의 언어 직관에 의존한 문법성의 판단 외에도, 언어 사용자에 대한 실험을 통한 귀납적 연구가 언어학 모든 분야에서 활발히 이루어지고 있다. 이런 경우 실험 결과를 바탕으로 어떤 결론을 내리기 위해서는 통계적인 분석이 필수적이다. 더 나아가 현재 컴퓨터 언어학 분야에서 사용되는 여러 수학적 · 통계적 방법론들이 이론 언어학 분야에도 확산되는 추세다. 즉, 통계에 근거한 언어 모델이 이제 이론 언어학에서도 중요한 연구 기제가 되는 셈이다.

이러한 경향은 언어 현상을 엄밀한 수학적 모델로 설명하려는 의의가 있으나 역으로 새로운 학문적 격차를 야기하고 있다. 즉, 기존에 언어 이론을 바탕으로 언어 현상을 설명하려는 경우에 중시되지 않던 수학적 · 통계적 지식이 이제는 광범위하게 요구되기 때문이다. 따라서 이런 지식이 부족한 사람들은 새롭게 전개되어 가는 언어 이론을 이해하지 못하고 따라가지 못하는 새로운 학문 문맹 현상이 생기고 있다. 특히 학문 편제상 인문학에 속해 있는 언어학의 경우, 복잡한 수학적 모델이나 통계적인 방법론에 익숙하지 않은 전공자들에게는 새로운 도전이 이루어져야 하는 셈이다. 통계에 기반한 분석 방법이 이전부터 많이 행해지던 심리학, 경제학 등 여타의 사회과학에서처럼 피험자를 대상으로 어떤 언어 현상을 검정하는 경우, 단순히 기술적인 통계 방법 이상의 검정 능력이 요구되기 때문이다. 이는 음성학, 음운론, 통사론, 의미론 등 이론 언어학 모든 분야와 실험 음성학, 심리 언어학, 언어 습득과 같은 여러 응용분야에서도 다 마찬가지다.

이 책은 최근 언어학 연구에 많이 도입되고 있는 수학적·통계적 모델을 전공자들이 쉽게 이해할 수 있도록 하자는 의도에서 시작되었다. 통계적인 분석이 행해지는 언어학 여러 분야에서 통계 방법과 검정 절차를 이해할 수 있고 더 나아가 실제로 실험을 하고 결론을 이끌어 낼 수 있는 기초를 제공하고자 하였다. 또한 컴퓨터 언어학에서 사용되는 통계적 모델을 수용하여 언어 현상을 설명하는 언어학의 여러 방법론들을 예를 들어 설명하고자 하였다. 언어 분석에 적용되는 방법론들은 주로 확률과 통계에 기초하기 때문에, 확률, 확률 분포, 통계 검정들의 기초를 기술하는 것이 출발점이 되었다.

이 책의 1 장은 수학적 기초로 확률에 대해 다루고 있다. 확률의 전반적인 것을 다루기보다는 언어 분석에 필요한 확률의 기초와 개념 위주로 설명하였다. 2, 3 장에서는 언어학에서 행해지는 여러 실험들을 이해하기 위한 통계 기초와 방법론에 초점을 맞추었다. 2 장에서는 가설 검정의 기본이 되는 신뢰구간, 여러 확률 분포에 따른 통계 검정, 특히 추측 통계학(inferential statistics) 관점에서 가설 검정을 다루고 있다. 3 장은 언어학 실험에서 많이 사용되는 분산분석과 회귀분석을 설명하고 있다. 실험에 기반한 많은 언어학 연구에서는 그 실험 결과만을 제시하고 있기 때문에 통계 분석 방법에 익숙하지 않은 연구자들은 그 실험과 결과 분석을 제대로 이해하기 어려운 경우가 많다. 따라서 각 통계 방법이 어떠한 분석을 행하는지 그리고 그 계산 과정은 어떠한지를 직접 확인해 볼 수 있도록 계산 과정을 단계별로 보이도록 하였다. 또 각 장마다 다양한 예제를 수록하여 이해를 도왔으며 특히 언어학 분야에서 사용되는 예제들을 많이 포함하였다. 그러나 실제 언어학 논문에서는 대개 실험 결과만을 제시하기 때문에 원 자료 없이 그 분석 단계를 보이는 것은 한계가 있었다.

이 책의 3장까지가 확률과 통계에 관한 내용이라면 4장부터 6장까지는 현재 이론 언어학에서도 많이 활용되는 컴퓨터 언어학의 중요한 방법론들을 설명하고 있다. 4장은 코퍼스 언어학이나 언어의 통계적인 접근의 기본이 되는 N-그램(gram)을 다루고 있다. 단어의 연쇄나 문장의 확률을 구하는 방법과 실제로 나타나지 않은 언어 구성의 확률을 추정하는 방법이 논의된다. 5장은 정보 이론(Information Theory)의 관점에서 엔트로피(Entropy)와 최대 엔트로피(Maximum Entropy)를 설명하고 있다. 이 개념들은 수학적 지식이 상당히 요구되기 때문에 언어학 전공자들이 이해하기 어려운 개념이다. 따라서 가급적 쉽게 기술하기 위해 예제를 중심으로 설명하는 방식을 취했다. 6장은 음성 언어 처리에 많이 활용되는 마르코프 모델(Markov Model)과 은닉 마르코프 모델(Hidden Markov Model)에 대하여 실제 분석 과정을 보이면서 설명하고 있다.

통계와 컴퓨터 언어학의 중요 방법론들을 설명하는 것 외에 이를 실제 언어 분석에 적용하는 데 도움이 될 수 있는 툴킷(toolkit)을 3장부터 6장까지 수록하였다. 3장의 통계와 관련해서는 R 통계 소프트웨어를, 4장의 N-그램과 관련해서는 SRILM(SRI Language Model) 툴킷을, 5장의 최대 엔트로피와 관련해서는 MaxEnt 툴킷을, 그리고 6장의 은닉 마르코프 모델과 관련해서는 서울대 컴퓨터 언어학 연구소의 웹기반의 툴킷을 수록하였다. 이런 툴킷의 기술은 이론적 설명과 더불어 실제로 통계 모델을 언어 분석에 적용할 수 있는 방법을 제공하기 위해서나, 대부분의 툴킷이 리눅스나 유닉스 기반으로, 그리고 특정 프로그래밍 언어를 기반으로 개발되었기 때문에 이에 익숙하지 않은 사용자들이 쓰기에는 어려움이 있을 수 있다. 설치에서부터 기본적인 실행까지 가급적 자세히 설명하려고 하였으나, 이 책의 주 목적이 툴킷이나 패키지의 사용에 있지 않기 때문에 독자들의 이해도에 따라 충분한 설명이 되지 못할 수도 있다. 그러나 여기서 소개되는 툴들은 일단 자료만 갖추어지면 필요한 분석을 행할 수 있는 유용한 도구이기 때문에 언어 분석에 적극적으로 활용해 보기를 바란다.

이 책은 수년간 서울대 언어학과와 컴퓨터 공학부에서 컴퓨터 언어학과 자연언어처리를 가르친 경험과 강의 자료를 기반으로 하고 있다. 특히 언어학 전공자들이 언어학의 다른 분야와는 상당히 이질적인 내용들을 배우면서 겪는 어려움을 보면서 좀 더 쉽게 이해할 수 있는 전공서적의 필요성을 이전부터 느끼고 있었다. 그러나 수학의 기초부터 복잡한 통계모델까지 체계적으로 기술한다는 것은 여러 면에서 쉽지 않다는 것을 절감하였다. 그리고 언어학 각 분야에서 사용되는 다양한 실험과 통계 분석을 망라하여 설명하는 것은 또 다른 어려움이었다. 따라서 이 책에서는 언어의 통계적 접근에 필요한 수학적 기초와 몇 가지 중요한 수학적 모델을 설명하는 데 한정하고 이를 유기적으로 연결하는 데 초점을 맞추었다. 이 책을 통해 오랫동안 수학을 잊고 지냈던 언어학 전공자들이 필요한 확률 및 통계 지식을 다시 기억해 내어 통계 분석 방법에 좀 더 익숙해지기를 바란다. 또한 통계 모델이 사용되는 이론 언어학 전공자들에게도 조금이라도 도움이 될 수 있기를 바란다. 이 책은 학부나 대학원의 컴퓨터 언어학 또는 자연언어처리의 교재로도 활용될 수 있으며, 수학적·통계적 모델에 익숙해지길 원하는 언어학 전공자들에게 참고서가 될 수도 있다.

이 책을 쓰는 데는 기존의 이 분야 서적들이 큰 도움이 되었다. 특히 Jurafsky and Martin이 2008년도에 새로 출간한 *Speech and Language Processing: An Introduction to Natural Language Processing, Computational Linguistics, and Speech Recognition* (second edition)은 이 책의 기술에 큰 도움이 되었다. 이 책은 현재 전 세계 컴퓨터 언어학 및 자연언어처리 분야의 교재로 널리 활용되고 있다. Manning and Schütze(1999)의 *Foundations of Statistical Natural Language Processing*도 통계에 기반한 자연언어처리 방법을 집중적으로 다룬 좋은 책

이다. 이 외에도 비교적 Nugues(2006)의 *An Introduction to Language Processing with Perl and Prolog*도 유용하게 참조하였다. 여러 관련 논문 및 책에서 참고한 예와 설명은 그 출처를 명기하였으며, 한국어 자료는 대부분 직접 처리하여 분석하였다.

이 책을 출판하면서 내용을 좀 더 첨가하고 싶은 욕구가 지금도 많지만 결코 끝낼 수 없을 것 같아 여기서 일단락짓는 아쉬움이 남는다. 겨울 방학부터 시작했지만 충분한 시간을 갖지 않아 여러 면에서 부족함이 많음을 느낀다. 교정을 보았지만 복잡한 수식이나 계산 결과가 원고에서 책으로 전환되면서 잘못되지는 않았나 두려운 마음도 여전하다. 아주 엉성한 초고에서부터 계산상의 오류까지 잡아 준 2009년 1학기 컴퓨터 언어학 및 컴퓨터 언어학 연구 II의 학부 및 대학원 수강생들에게 감사의 말을 드린다. 출판을 허락해 준 서울대출판문화원과 복잡한 수식과 표로 가득찬 내용을 LaTeX으로 바꾸고 편집하는 등, 이 책의 출간에 많은 도움을 준 유현조 박사에게 진심으로 감사를 드린다.

이 책은 초판 1쇄, 2쇄 이후 약간의 수정을 거쳐 2판의 형태로 출간된다. 1쇄, 2쇄에서는 오타 및 경미한 잘못이 교정되었으며, 2판에서는 엔트로피의 내용이 보강되어 배경 지식으로 두 장 정도 추가되었다. 앞으로도 지속적인 보완 및 보강이 이루어졌으면 하는 바램을 가져 본다.

2012년 9월

차 례

그림 차례

표 차례

제 1 장 확률의 기초

주사위를 던지면 나오는 눈의 수, 복권이 당첨될 것인가 하는 것들은 모두 그 결과가 언제나 고정되어 있는 것이 아니라 우연에 의해 영향을 받기 때문에 불확실하다. 확률 이론 (theory of probability) 은 이와 같은 우연의 현상을 취급하는 수학의 한 분야다. 확률 이론은 17 세기 중엽 파스칼 (Pascal) 과 페르마 (Fermat) 의 도박에 관한 의견 교환에서 시작되었다고 알려져 있으며, 19 세기의 라플라스 (Laplace) 에 의해 확률론이 집대성되고, 20 세기에 콜모고로프 (Kolmogorov) 에 의해 체계화되었다.

확률 이론은 수학에서뿐만 아니라 여러 분야에서 널리 사용된다. 언어학에서 살펴보면, 컴퓨터 언어학 (computational linguistics) 또는 자연언어처리 (natural language processing) 분야에서는 언어자료를 처리하고 분석하기 위한 수학적 · 통계적 모델이 일찍부터 개발되어 왔다. 이론 언어학 분야에서도 실제 자료 분석과 경험적 연구가 중시되면서 인간 언어 직관에 대한 좀 더 객관적인 증명방법으로 언어 자료의 통계적 연구가 활발히 이루어지고 있다. 근래에 출판되는 많은 언어학 논문과 저서는 이런 계량적 · 통계적 방법에 근간을 두고 있다. 그러나 이런 수학적 모델에 익숙하지 않은 사람들은 그 방법론 자체를 이해하지 못하여 언어학 연구를 하는 데 많은 어려움이 있다. 따라서 이런 새로운 학문

패러다임에 부응하기 위해 언어학 또는 컴퓨터 언어학 분야 등에서 많이 사용되는 확률, 통계 모델에 익숙해질 필요가 있다.

이 장은 언어학에서 많이 쓰이는 통계 모델의 이해를 위한 수학적 기초로 확률을 다루고 있다. 확률은 이 책에서 다뤄질 통계 방법과 언어 모델에 근간이 되는 것으로, 그 자체로도 광범위한 내용을 포함한다. 그러나 이 장에서 다루는 확률은 기본 개념과 조건부 확률, 베이즈 정리, 기댓값과 분산 그리고 여러 확률분포들 정도다. 확률의 내용을 모두 포괄하기보다는 언어 분석에 필요한 실험이나 여러 수학적 모델을 이해하기 위한 기본 개념들 위주로 설명한다. 따라서 기초적인 확률 이론을 잘 알고 있는 경우는 이 장을 생략해도 무방하다.

1.1 사상과 확률

확률을 쉽게 이해하기 위해 간단한 동전던지기를 생각해 보자. 동전을 던지는 경우 앞면 (H) 이 나오는지 뒷면 (T) 이 나오는지를 관찰하는 것을 실험이라고 한다면 이 실험의 결과는 우연한 것이므로 사전에 알 수 없다. 그러나 이 실험에 의해 나올 수 있는 결과는 앞면이나 뒷면이라는 것은 명백하다. 이처럼 출현 가능한 결과들은 항상 알 수 있으며 같은 조건 하에서 가능한 실험을 시행 (trial) 이라고 한다. 이 시행의 결과를 표본점 (sample point) 이라 하고, 모든 가능한 표본점의 집합을 표본 공간 (sample space) 이라 한다. 보통 표본점을 ω, 표본 공간을 Ω 로 나타낸다. 동전을 두 번 던지는 확률 실험에서 나오는 표본 공간은 다음과 같다.

$$\Omega = \{HH, HT, TH, TT\}$$

$\omega = \{HH\}$ 는 앞면이 두 번 나오는 표본점을 나타낸다. 표본 공간의 임의의 부분집합을 사건, 또는 사상 (event) 이라 한다. 만일 앞면이 나오는

표 1.1 사상 사이의 연산

1. A와 B의 합사상(union): $A \cup B = \{\omega : \omega \in A$ 또는 $\omega \in B\}$
2. A와 B의 곱사상(intersection): $A \cap B = \{\omega : \omega \in A$ 그리고 $\omega \in B\}$
3. A의 여사상(complement): $A^c = \{\omega : \omega \notin A$ 그리고 $\omega \in \Omega\}$
4. 배반사상(mutually exclusive): $A \cap B = \phi$

결과들의 집합을 A라고 하면 다음의 경우가 가능하다.

$$A = \{HH, HT, TH\}$$

사상 사이의 연산은 집합의 연산과 마찬가지로 표 1.1과 같은 연산이 성립한다.

여기서 ϕ는 공사상(empty event), Ω는 전사상(total event)이라고도 한다.

사상 A의 확률은 A가 일어날 가능성을 수치적으로 표현한 것으로, 표본 공간 Ω가 유한집합이고 각 표본점이 일어날 가능성이 동일한 경우에 사상 A의 확률은 다음과 같이 정의된다.

$$P(A) = \frac{A\text{의 원소의 개수}}{\Omega\text{의 원소의 개수}} = \frac{|A|}{|\Omega|} \tag{1.1}$$

예제 1.1 동전을 세 번 던지는 시행에서 표본 공간은

$$\Omega = \{HHH, HHT, HTH, HTT, THH, THT, TTH, TTT\}$$

표 1.2 공리적 확률

표본 공간 Ω 에서의 임의의 사상 A 에 대하여 (i) $P(A) \geq 0$ (ii) $P(\Omega) = 1$ (iii) 사상 $A_1, A_2, \ldots$ 가 서로 배반이면 $$P(\bigcup_{i=1}^{\infty} A_i) = \sum_{i=1}^{\infty} P(A_i)$$ 을 만족할 때, $P(A)$ 를 사상 A 의 확률이라 한다.

이고, 앞면이 두 번 나올 사상 A 의 확률은 $P(A) = \frac{|A|}{|\Omega|} = \frac{3}{8}$ 이다. ■

확률은 0과 1 사이의 값으로 표시된다. 동전을 한 번 던졌을 때 앞면이 나올 확률이 0.5 라는 것은 동전을 두 번 던져서 정확히 한 번은 앞면이 나온다는 말은 아니다. 마찬가지로 동전을 열 번 던져서 정확히 다섯 번의 앞면이 나온다는 말도 아니다. 이것은 동전을 무수히 반복하여 던졌을 때 앞면이 나오는 횟수의 비율, 즉 앞면이 나오는 사상의 상대도수의 극한값을 의미한다. 상대도수의 극한적 개념으로 정의되는 확률은 공리적 확률이라 하며 표 1.2와 같이 정의된다.

1.2 조건부 확률

흰공 6 개와 검은공 4 개가 들어 있는 주머니에서 차례로 공을 꺼낼 때, 처음 꺼낸 공이 흰공이었으면 두 번째 꺼내는 공이 흰공일 확률은 5/9 가 되지만, 처음 꺼낸 공이 검은공이라면 두 번째 꺼내는 공이 흰공일 확률은 6/9 이 된다. 이와 같이 어떤 사상 A 가 일어났다고 가정한 상태에서 사상 B 가 일어날 확률을 조건부 확률 (conditional probability) 이라

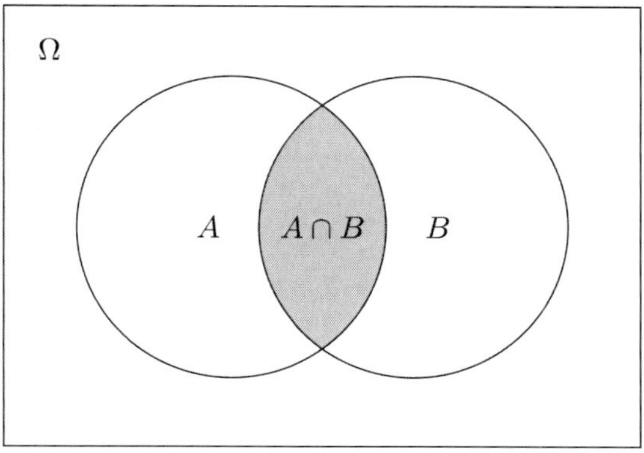

그림 1.1 조건부 확률

하며 $P(B|A)$ 이라 한다. 그림 1.1 에서 보듯이 조건부 확률, $P(B|A)$ 은 원래의 표본 공간 Ω 를 사상 A 로 축소시킨 경우로, 사상 B 가 일어난다는 의미는 그림 1.1과 같이 $A \cap B$ 가 일어나는 것을 의미한다.

$P(A) > 0$ 일 때 조건부 확률은 다음과 같이 정의된다.

$$P(B|A) = \frac{P(A \cap B)}{P(A)} \tag{1.2}$$

(1.2) 는 사상 A 가 주어졌을 때 사상 B의 조건부 확률을 나타낸다. $P(A) > 0$ 일 때 다음이 성립한다.

$$P(A \cap B) = P(A)P(B|A) \tag{1.3}$$

또한 세 사상 A, B, C 에 대하여 $P(A \cap B) > 0$ 이면 다음이 성립한다.

$$\begin{aligned} P(A \cap B \cap C) &= P(A \cap B)P(C|A \cap B) \\ &= P(A)P(B|A)P(C|A \cap B) \end{aligned} \tag{1.4}$$

이런 다중 사상 (multiple event) 은 연쇄규칙 (chain rule) 이라고도 불

리며 다음과 같이 일반화할 수 있다.

$$P(A_1 \cap \cdots \cap A_n) = P(A_1)P(A_2|A_1)P(A_3|A_1 \cap A_2) \\ \times P(A_4|A_1 \cap A_2 \cap A_3) \ldots P(A_n|A_1 \cap \cdots \cap A_{n-1}) \quad (1.5)$$

예제 1.2 5개의 흰공과 5개의 검은공이 들어 있는 주머니에서 임의로 1개의 공을 꺼내어 색을 살핀 후 꺼낸 공을 포함하여 같은 색 공 2개를 다시 주머니에 넣는 시행을 반복할 때, 처음 세 번 꺼낸 공이 모두 흰공일 확률을 구해 보자.

i 번째 시행에서 흰공이 나오는 사상을 A_i 라고 하면, 확률은 다음과 같다.

$$P(A_1 \cap A_2 \cap A_3) = P(A_1)P(A_2|A_1)P(A_3|A_1 \cap A_2) \\ = \frac{5}{10} \times \frac{6}{11} \times \frac{7}{12} = \frac{7}{44} \; \blacksquare \quad (1.6)$$

1.3 베이즈 정리

조건부 확률이 좀 더 응용된 경우를 생각해 보자. 표본 공간 (Ω) 을 서로 겹치지 않게, 즉 배반적으로 n 개의 공간으로 분할하여 그 각각을 $B_1, B_2, \ldots, B_n$ 이라 하자. 이제 사상 $B_1, B_2, \ldots, B_n$ 이 표본 공간 Ω 의 분할이면 어떤 사상 A 에 대한 확률은 다음과 같이 계산된다.

$$P(A) = \sum_{i=1}^{n} P(B_i)P(A|B_i) \quad (1.7)$$

즉 사상 A의 확률은 각각의 분할된 표본 공간의 확률, $P(B_i)$ 와 그때 A 가 발생할 조건 확률, $P(A|B_i)$ 의 곱의 총합이다. 따라서 (1.7)을 전확률 공식 (formula of total probability) 이라고 한다.

예제 1.3 어느 학교의 남학생과 여학생의 비율이 각각 60%, 40% 라고 하자. 이 학교 학생들의 흡연율이 남학생 70%, 여학생 20% 라고 할 때 이 학교 학생 중 임의로 한 학생을 선정했을 때 그 학생이 흡연할 확률을 구해 보자.

임의로 선정된 학생이 흡연할 사상을 A, 남학생과 여학생인 사상을 각각 B_1, B_2 라고 하면 (1.7) 의 확률 공식에 의해 다음과 같이 계산할 수 있다.

$$P(A) = \sum_{i=1}^{2} P(B_i)P(A|B_i) = 0.6 \times 0.7 + 0.4 \times 0.2 = 0.5 \blacksquare$$

조건부 확률 공식 (1.2) 와 전 확률 공식 (1.7) 로부터 다음과 같이 베이즈 정리 (Bayes theorem) 를 얻을 수 있다. 사상 $B_1, B_2, \ldots, B_n$ 이 표본 공간 Ω 의 분할이고 $P(A) > 0$ 이면 다음이 성립한다.

$$P(B_k|A) = \frac{P(B_k)P(A|B_k)}{\sum_{i=1}^{n} P(B_i)P(A|B_i)} \tag{1.8}$$

조건 확률과 베이즈 정리와 관련하여 선험적 확률 (prior probability) 과 경험적 확률 (posterior probability) 을 생각해 볼 수 있다. 선험적 확률이란 실험적 증거나 데이터가 주어지지 않은 상태에서 사상이 발생할 기대치에 관한 것이고, 경험적 확률은 선험적 확률에 어떤 데이터나 조건이 주어질 때 기대되는 값이라고 할 수 있다. 예제 1.3 에서 $P(B_i)$ 나 $P(A|B_i)$ 는 선험적 정보로 주어지는 확률이고 $P(B_i|A)$ 는 사상 A 가 일어난 후 계산되는 확률로 경험적 확률이라 할 수 있다. 즉 $P(B_i)$ 는 아직 사상 A 에 대한 어떠한 정보도 고려하지 않은 확률이며, $P(B_i|A)$ 는 A 의 특정 값에 의해 B 가 결정되는 경험적 확률이다.

이 베이즈 정리는 사상들 사이의 의존 관계의 순서를 바꾸어 확률을 계산할 수 있게 한다. 베이즈 정리는 조건부 확률 $P(B|A)$ 를 계산하는 것이 어려운 경우에, $P(A|B)$ 를 가지고 $P(B|A)$ 를 계산할 수 있게 한다. 조건부 확률 정의 (1.2) 와 등식의 성질에 의해 다음과 같이 정의할

수 있다.

$$P(B|A) = \frac{P(A \cap B)}{P(A)} = \frac{P(A|B)P(B)}{P(A)} \tag{1.9}$$

예제 1.4 A 가 목이 뻣뻣해지는 사상, B 를 뇌막염인 사상이라 하고 각각의 확률이 다음과 같다고 하자. 이제 목이 뻣뻣해지면 뇌막염일 확률, $P(B|A)$ 를 계산해 보자. 일반적으로 또는 임상적으로 목이 뻣뻣해질 때 뇌막염일 확률을 구하기는 쉽지 않으나 뇌막염에 걸렸을 때 목이 뻣뻣해지는 증상이 있는 경우는 쉽게 임상적으로 계산할 수 있다고 하면, 베이즈 정리를 이용해 $P(B|A)$ 를 다음과 같이 계산할 수 있다.

$$P(A|B) = 0.5, P(B) = 1/50,000, P(A) = 1/20$$

$$P(B|A) = \frac{P(A|B)P(B)}{P(A)} = \frac{1/2 \times 1/50,000}{1/20} \approx 0.0002 \blacksquare$$

1.4 확률변수와 확률함수

확률변수 (random variables) 는 표본 공간 Ω 상에 있는 모든 단위 사상들에 대해 실수 ($\mathbb{R}$) 를 대응시키는 함수다.

$$X : \Omega \to \mathbb{R}$$

가령 주사위를 던질 때 나오는 눈의 수를 확률변수 X 로 할당하면 $X = i(i = 1, 2, 3...6)$ 이다. 이때 i 는 눈이 나오는 사상 (표본점) 에 대응한다. 그리고 확률변수 X 가 취할 수 있는 실수값 또는 실수 범위에 대하여 확률을 대응시키는 관계를 X 의 확률분포 (probability distribution) 라고 한다.

예제 1.5 두 개의 공평한 동전을 던지는 시행에서 앞면이 나오는 횟수를 X 라 하면 $\Omega = \{HH, HT, TH, TT\}$, $X(HH) = 2$, $X(HT) =$

$X(TH) = 1$, $X(TT) = 0$ 이다. 따라서

$$P_X(\{0\}) = P(X = 0) = P(\{TT\}) = 1/4$$
$$P_X(\{1\}) = P(X = 1) = P(\{HT, TH\}) = 1/2$$
$$P_X(\{2\}) = P(X = 2) = P(\{HH\}) = 1/4$$

이다. $X(HH) = 2$ 의 의미는 HH 라는 사상에 실수 2를 대응시킨다는 것이다. ■

주사위를 던질 때 나오는 눈의 수, 어느 제품의 불량품 갯수 등과 같이 취할 수 있는 값이 유한하거나 무한이라도 셀 수 있는 경우를 이산확률변수 (discrete random variable) 라 하고, 학생의 신장이나 체중, 버스 정류장에서의 버스의 도착 시간 간격과 같이 확률변수가 취할 수 있는 값들이 셀 수 없이 무한인 경우를 연속확률변수 (continuous random variable) 라 한다.

버스 도착 시간이 $x = 10$ 인 확률의 경우, 버스가 정확하게 10.0000... 분에 도착할 확률은 거의 없다. 흔히 버스가 10 분에 도착했다고 하는 것은 버스가 정확하게 10 분에 도착했다는 의미가 아니라 10.0000001 에 도착했거나 9.999999 분에 도착했을 때다. 따라서 연속확률변수가 취하는 하나의 값에 대해서는 확률이 존재하지 않는다. 즉 $P(x = 10) = 0$ 이다. 그러나 $P(x > 10)$ 이나 $P(15 < x < 25)$ 등에 대한 확률은 존재한다.

이제 이산확률변수를 위한 확률분포함수 (probability mass function) 와 연속확률변수를 위한 확률밀도함수 (probability density function) 에 대해 알아보자.

1.4.1 확률분포 (질량) 함수

확률분포함수 (probability mass function) 또는 확률질량함수는 모든 가능한 이산확률변수 값에 확률을 대응시키는 체계다. 주사위를 던질 때 나오는 눈의 수에 대한 확률변수 X 가 1, 2, 3, 4, 5, 6 의 값을 가질 때

이 확률변수에 확률을 대응시키는 함수가 바로 표 1.3과 같은 확률분포 함수다.

표 1.3 주사위 눈의 수의 확률분포

X	1	2	3	4	5	6
$P(X)$	$\frac{1}{6}$	$\frac{1}{6}$	$\frac{1}{6}$	$\frac{1}{6}$	$\frac{1}{6}$	$\frac{1}{6}$

확률분포함수는 확률의 특성을 그대로 지니고 있으며, 확률분포함수에서 모든 확률의 합은 1이 된다.

$$\sum_i p(x_i) = \sum_i P(A_{x_i}) = P(\Omega) = 1 \tag{1.10}$$

1.4.2 확률밀도함수

확률밀도함수(probability density function)는 연속확률변수에 확률을 할당하는 체계라고 할 수 있다. 가령 확률밀도함수 $f(30) = 3/10$은 확률분포함수와 달리 확률변수 30이 일어날 확률이 3/10이라는 것을 의미하지는 않는다. 이는 밀도를 나타내는 것으로 $f(40) = 1/10$이라면, 확률변수 x가 30일 때가 확률변수 40에 비해서 세 배 높은 밀도를 가지고 있다는 것을 의미한다. 따라서 확률변수 x가 a와 b 사이에 놓일 확률은 a와 b 사이의 존재하는 모든 밀도다. 즉 특정 구간의 확률은 그 구간의 적분을 통해 구할 수 있다.

$$P(a < X < b) = \int_a^b f(x)dx \tag{1.11}$$

확률밀도함수도 확률분포함수와 마찬가지로 확률의 특성을 지녀야 하기 때문에 모든 확률변수에 대한 확률의 합은 1이 되어야 한다.

$$\int_{-\infty}^{+\infty} f(x)dx = 1 \tag{1.12}$$

1.5 기댓값과 분산

기댓값 (expectation) 은 확률변수의 평균 (mean) 이라고 생각할 수 있으며, $E(X)$ 로 나타낸다. 이산확률변수의 경우 기댓값은 다음과 같이 정의된다.

$$E(X) = \sum_x xp(x) \tag{1.13}$$

예제 1.6 복권 1 장을 산 사람의 복권 상금을 확률변수 X 라 하고 X 는 표 1.4와 같은 확률분포를 보일 때 기댓값을 구해 보자.

표 1.4 복권 상금의 확률변수와 확률분포

x	1000	500	100	50	10	1	0	계
$P(x)$	$\frac{1}{100}$	$\frac{2}{100}$	$\frac{5}{100}$	$\frac{8}{100}$	$\frac{14}{100}$	$\frac{30}{100}$	$\frac{40}{100}$	1

X 의 기댓값은 다음과 같다.

$$\begin{aligned}1000 \times \frac{1}{100} &+ 500 \times \frac{2}{100} + 100 \times \frac{5}{100} + 50 \times \frac{8}{100} \\ &+ 10 \times \frac{14}{100} + 1 \times \frac{30}{100} + 0 \times \frac{40}{100} = 30.7 \blacksquare\end{aligned}$$

이산확률변수 X 와 함수 $g : \mathbb{R} \to \mathbb{R}$ 의 합성에 의해 얻어지는 새로운 확률변수 $Y = g(X)$ 의 기댓값을 구하려면 Y 의 확률분포를 먼저 구해야 한다. 그러나 다음의 정리에 의해 복잡한 과정을 거치지 않고 곧바로 Y 의 기댓값을 구할 수 있다.

$$E(Y) = E(g(X)) = \sum_x g(x)p(x) \tag{1.14}$$

예제 1.7 X 의 확률분포가 다음과 같을 때

x	-1	0	1	2
$p(x)$	$\frac{1}{8}$	$\frac{1}{4}$	$\frac{1}{8}$	$\frac{1}{2}$

새로운 확률변수 $Y = X^2$ 의 확률분포는 위 표의 x 를 제곱하여 다음과 같이 구해진다.

y	0	1	4
$p_Y(y)$	$\frac{1}{4}$	$\frac{1}{4}$	$\frac{1}{2}$

일반적인 기댓값의 정의에 의하여 Y 의 기댓값을 구하면 다음과 같다.

$$E(X^2) = 0 \times \frac{1}{4} + 1 \times \frac{1}{4} + 4 \times \frac{1}{2} = \frac{9}{4}$$

반면 (1.14) 의 정리를 이용해 계산해도 같은 결과를 얻게 된다.

$$E(X^2) = (-1)^2 \times \frac{1}{8} + 0^2 \times \frac{1}{4} + 1^2 \times \frac{1}{8} + 2^2 \times \frac{1}{2} = \frac{9}{4} \blacksquare$$

평균은 X 의 확률분포의 중심위치에 대한 측도다. 분산(variance) 은 확률분포의 산포를 나타내는 것으로 개개의 값이 그 평균값에서 얼마나 떨어져 있는지를 보여 준다.

$$Var(X) = E((X - E(X))^2) = E(X^2) - E^2(X) \tag{1.15}$$

(1.14) 의 정리를 적용하여 (1.15) 와 같이 분산을 구할 수 있다. 표준편차(standard deviation) 는 분산에 제곱근을 적용한 것으로 일반적으로 평균은 μ, 분산은 σ^2, 표준편차는 σ 로 나타낸다.

예제 1.8 예제 1.7 의 분산을 구해 보자. 우선 기댓값은 다음과 같다.

$$E(X) = (-1) \times \frac{1}{8} + 0 \times \frac{1}{4} + 1 \times \frac{1}{8} + 2 \times \frac{1}{2} = 1$$
$$E(X^2) = (-1)^2 \times \frac{1}{8} + 0^2 \times \frac{1}{4} + 1^2 \times \frac{1}{8} + 2^2 \times \frac{1}{2} = \frac{9}{4}$$

따라서 (1.15) 에 의해 분산은

$$Var(X) = \frac{9}{4} - 1 = \frac{5}{4}$$

이다. ■

이제 연속확률변수 X 의 기댓값에 대해 살펴보자. 기댓값은 다음과 같이 정의한다.

$$E(X) = \int_{-\infty}^{\infty} x f_X(x) dx \tag{1.16}$$

일반적으로 이산확률변수와 연속확률변수를 통합한 기댓값은 다음과 같이 정의한다.

$$E(X) = \int_{-\infty}^{\infty} x dF_X(x) \tag{1.17}$$

이는 스틸체스 (Stieltjes) 적분이라 불린다.

1.6 확률분포

확률분포함수와 확률밀도함수 같은 형태를 보이는 함수들을 통계학에서는 분포 (distribution) 라 하여 연구해 왔다. 이산확률변수에서 비롯하는 확률분포에는 포아송분포 (Poisson distribution), 이항분포 (binomial distribution), 기하분포 (geometric distribution), 초기하분포 (hypergeometric distribution) 등이 있다. 연속확률변수에서 기인하는 확률분포로는 균등분포 (uniform distribution), 지수분포 (exponential distribution), 정규분포 (normal distribution), 감마분포 (gamma distribution) 등이 있다. 이제 통계 모델에 있어 기본이 되는 이항분포와 정규분포에 대해 살펴보도록 하자.

1.6.1 이항분포

확률변수 X 가 이항분포를 따른다면, 표 1.5 와 같은 특징이 있다.

표 1.5 이항분포의 특징

1. 성공과 실패의 두 결과로, 즉 베르누이 시행(Bernoulli trial) 으로 이루어진 N 번의 시행에서 성공의 횟수가 확률변수 R 이 된다. 2. 각각의 시행은 서로 독립적이다.

가령, 주사위를 10 번 던지는 시행에서 1 의 눈이 나오는 경우를 성공으로 하고, 그렇지 않은 경우를 실패라고 할 때 1 의 눈이 나오는 횟수 R 이 확률변수가 된다. R 은 0 에서 10 까지의 숫자 중 하나가 되고, N 은 10 이 된다. 각 시행에서 성공 (1 의 눈이 나오는 경우) 의 여부가 다음 시행의 성공 여부에 영향을 주지 않기 때문에 서로 독립적이다.

이제 R 이 $0, 1, 2. \ldots, 10$ 일 때의 확률을 구해 보자. $R = 0$ 이면 10 번의 시행에서 모두 1 이 아닌 눈이 나와야 한다. 각 시행에서 1 이 아닌 눈이 나올 확률은 $\frac{5}{6}$ 이고 각각의 시행은 서로 독립적이기 때문에 확률은 다음과 같다.

$$\frac{5}{6}\frac{5}{6}\frac{5}{6}\frac{5}{6}\frac{5}{6}\frac{5}{6}\frac{5}{6}\frac{5}{6}\frac{5}{6}\frac{5}{6} = \left(\frac{5}{6}\right)^{10}$$

$R = 1$ 일 경우 10 번의 시행에서 단지 한 번만 1 의 눈이 나와야 하는데, 1 의 눈이 첫 번째 시행에서 나올 경우부터 마지막 시행에서 나올 경우까지 가능하다. 따라서 r 번 성공할 확률은 다음과 같다.

$$\binom{10}{r}\left(\frac{1}{6}\right)^{r}\left(\frac{5}{6}\right)^{10-r}$$

이와 같이 성공과 실패의 두 결과로 이루어진 베르누이 시행에서 n 번의 시행에서 주어진 확률 p 의 r 번의 성공은 다음의 이항분포로 표시된다.

$$b(r; n, p) = \binom{n}{r} p^{r}(1-p)^{n-r}, \text{ 여기서 } \binom{n}{r} = \frac{n!}{(n-r)!r!} \tag{1.18}$$

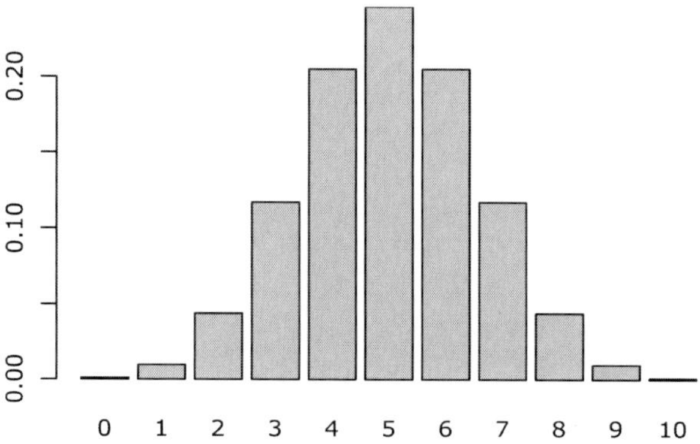

그림 1.2 이항분포

어떤 확률변수 X 에 대한 이항분포는 $X \sim B(n, p)$ 로 나타낸다. 여기서 n 과 p 는 모수(parameter) 라고 하며, $\sim$ 는 '따른다' 는 의미다. 앞의 주사위의 경우, $R \sim B\left(10, \frac{1}{6}\right)$ 인 이항분포를 보인다고 할 수 있다. 이항분포의 기댓값은 np 이며, 분산은 $np(1-p)$ 이다.

예제 1.9 경마에서 우승할 확률이 0.8 인 말이 있다. 이 말이 10 번의 경주에 참여했을 때 우승할 횟수가 6 번 이하일 확률을 구해 보자.

10 번의 경주 중 우승한 횟수를 X 라고 하면 $X \sim B(10, 0.8)$ 이다. 따라서 확률은 다음과 같다.

$$P(X \leq 6) = \sum_{k=0}^{6} \binom{10}{k} 0.8^k 0.2^{10-k} = 0.1209 \blacksquare$$

그림 1.2 는 이항분포를 보여 주는 그래프다.

1.6.2 정규분포

이항분포가 이산확률변수에 대한 분포라면 정규분포(normal distribution) 는 연속확률변수가 보이는 분포다. 확률변수 X 가 정규분포를 따를 때 표 1.6 과 같은 특징이 있다.

표 1.6 정규분포의 특징

1. 정규곡선은 종 모양이고 평균을 중심으로 좌우대칭이다.
2. 평균, 중앙값, 최빈값이 모두 같다.
3. 정규곡선 (normal curve) 아래 전체 면적은 1 이다.
4. 정규곡선은 평균으로부터 멀어질수록 x 축에 가까워지나 닿지는 않는다.
5. 정규곡선은 평균을 μ, 표준편차를 σ 라 할 때 $\mu-\sigma$ 와 $\mu+\sigma$ 에서 변곡점을 갖는다.

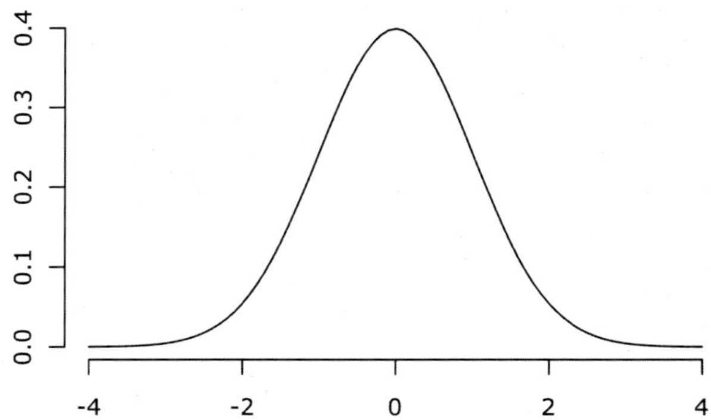

그림 1.3 정규분포곡선

정규분포는 그림 1.3 과 같다.

확률변수 X 가 평균 μ, 표준편차 σ 를 갖는 정규분포를 가질 때 확률밀도함수는 다음과 같다.

$$f(x) = \frac{1}{\sqrt{2\pi}\sigma} e^{-\frac{1}{2}\left(\frac{x-\mu}{\sigma}\right)^2} \tag{1.19}$$

(1.19) 에서 e 는 상수이며 그 값이 알려져 있다 (2.718 정도). 따라서

평균과 분산만 알면 확률밀도함수를 구할 수 있다. 만일 평균이 0 이고 분산이 1 이라면 (1.19) 의 확률밀도함수는 다음과 같이 정의된다.

$$f(x) = \frac{1}{\sqrt{2\pi}} e^{-\frac{x^2}{2}} \tag{1.20}$$

(1.20) 과 같이 평균이 0 이고 분산이 1 인 정규분포를 표준정규분포 (standard normal distribution) 라 한다. 일반적으로 정규분포는 평균과 분산을 모수(parameter) 로 하여 다음과 같이 표시한다.

$$X \sim N(\mu, \sigma^2) \tag{1.21}$$

이는 확률변수 X 는 평균이 μ 이고, 분산이 σ^2 인 정규분포를 따른다는 의미다.

확률밀도함수를 다룬 1.4.2 에서 확률 $P(a \le X \le b)$ 은 a 와 b 사이의 밀도, 즉 a 에서 b 까지의 적분값이라는 것을 설명했다. 정규분포에 대한 적분함수는 간단히 계산하기 어려우므로 통계책에서는 이 값을 표로 제시한다. 그러나 무수히 많은 정규분포에 대해 모든 값을 제시하기는 어려우므로 보통 평균이 0 이고 분산이 1 인 표준정규분포를 제시한다. 표준정규분포의 수평축은 z-값 (z-score) 에 대응한다. z-값은 어떤 값이 평균으로부터 표준편차의 몇 배만큼 떨어져 있는지를 나타낸다. 따라서 평균이 0 이고 분산이 1 인 확률변수 이외의 확률변수는 다음의 선형변환에 의해 x 를 z-값으로 바꿀 수 있다.

$$z = \frac{X - \mu}{\sigma} \tag{1.22}$$

표준정규분포는 표 1.7 과 같은 특징이 있으며, 그림 1.4 는 표준정규분포곡선을 보여준다.

예제 1.10 $z = 1.02$ 보다 오른쪽인 표준정규곡선의 면적을 구해 보자.

표준정규분포표로부터 $z = 1.02$ 인 누적 면적은 0.8461 이다. 그림 1.5

표 1.7 표준정규분포의 특징

1. z 가 -3.49 에 가까운 경우 누적 면적은 0 에 가깝다.
2. z 가 증가함에 따라 누적 면적은 증가한다.
3. $z = 0$ 일 때 누적 면적은 0.5 이다.
4. z 가 3.49 에 가까운 경우 누적 면적은 1 에 가깝다.

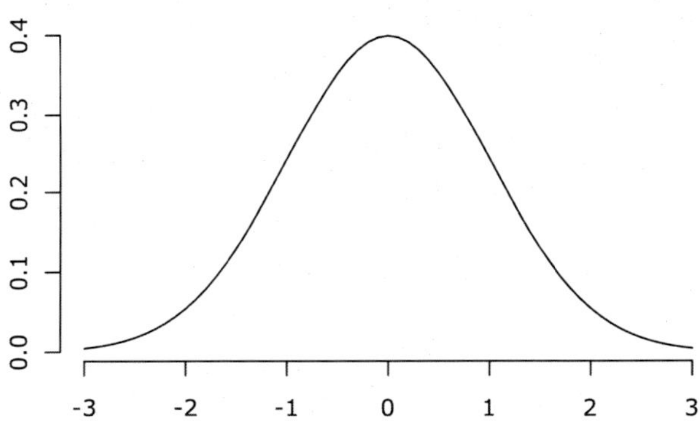

그림 1.4 표준정규분포

에서 보듯이 오른쪽 면적은 $1 - 0.8461 = 0.1539$ 이다. ■

확률변수 X 가 정규분포를 따른다면 x 가 주어진 구간에 속할 확률은 이제 면적을 가지고 구할 수 있다.

예제 1.11 어떤 집단에서 새 차를 살 때까지 차를 사용하는 기간이 평균 6.5 년 표준편차가 1.2 라고 한다. 만일 이 집단에서 임의로 사람을 추출할 경우 새 차를 살 때까지 3 년 미만 차를 사용할 확률을 구해 보자. 사용기간 X 는 정규분포를 따른다고 가정하면 이는 그림 1.6 과 같다.

수식 (1.22) 를 사용해 표준정규분포로 바꾸어 z-값을 구하면 다음과

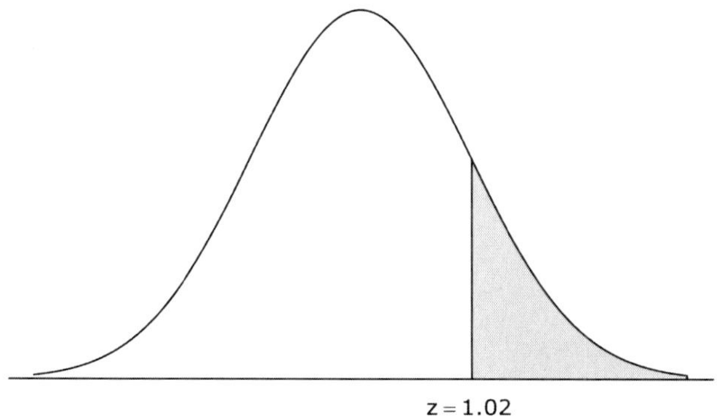

그림 1.5 $z = 1.02$ 보다 오른쪽인 면적

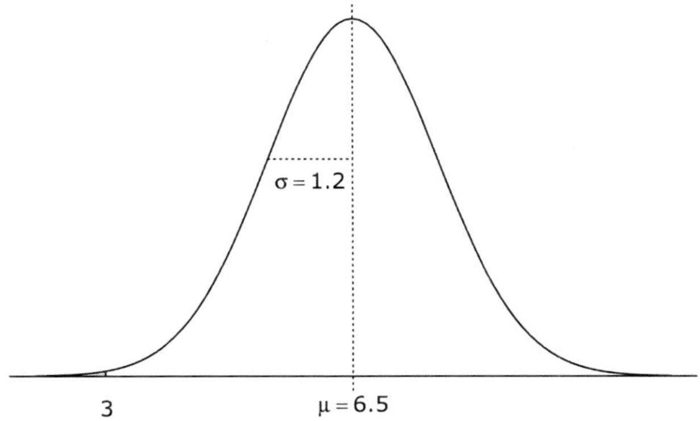

그림 1.6 평균 6.5 표준편차 1.2 인 정규분포

같다.

$$z = \frac{X - \mu}{\sigma} = \frac{3 - 6.5}{1.2} \approx -2.91 \tag{1.23}$$

책 뒤에 제시되어 있는 표준정규분포표에서 $P(z \leq -2.91) = 0.0018$ 이다. ■

이제 백분율에 해당하는 z 값을 찾는 방법에 대해 생각해 보자. 만일 백분위수 P_5 에 해당하는 z 값을 구하려면 표준정규분포표에서 면적이

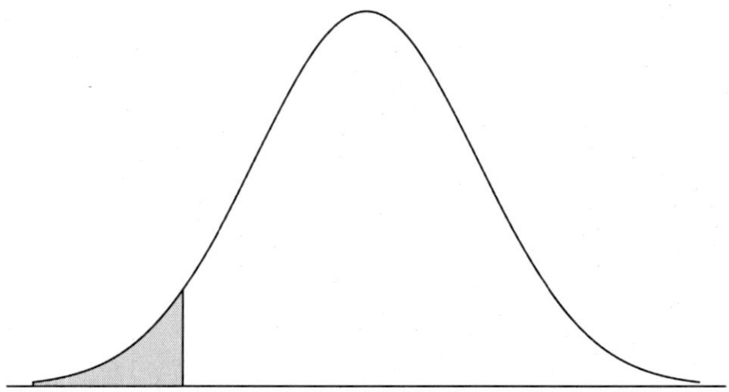

그림 1.7 P_5 에 해당하는 z 값

0.05 에 해당하는 z 값을 먼저 찾아야 한다. z 가 -1.64 이면 0.505 이고, z 가 -1.65 이면 0.495 이기 때문에 0.05 에 해당하는 z 값은 -1.645 라고 할 수 있다. 이는 그림 1.7과 같다.

1.6.3 중심극한정리

지금까지는 모평균과 확률변수와의 관계에 대해 살펴보았다. 이제 모평균과 모집단에서 추출된 표본의 평균과의 관계를 살펴보자. 표본분포 (sampling distribution) 는 n 개의 표본이 어떤 모집단으로부터 반복적으로 추출되었을 때 만들어지는 표본 통계량의 확률분포다. 예를 들어 여섯 명의 피실험자들로 구성된 모집단이 있다고 하자. 이 여섯 명이 위반하는 어떤 음운 규칙의 수를 확률변수로 하고 각각 1, 2, 3, 4, 5, 6 이라고 할 때 이 모집단에서 크기가 2 인 모든 가능한 표본을 추출하여 표본평균의 분포를 구한다고 하자. 복원추출방식으로 표본을 추출하였다고 하면 $6^2 = 36$ 가지가 된다. 표본과 표본평균들로 구성된 표본평균분포표는 표 1.8과 같다.

이 모집단은 구성원소가 6 개이고 한번씩 출현하기 때문에 수치 각각이 출현할 확률은 1/6 로 모두 같다. 이러한 분포를 균등분포(uniform distribution) 라고 한다. 이 균등분포는 정규분포와는 다르다. 이에 반하

표 1.8 표본평균분포표

표본평균	표본
1	(1,1)
1.5	(1,2), (2,1)
2	(1,3), (2,2), (3,1)
2.5	(1,4), (2,3), (3,2), (4,1)
3	(1,5), (2,4), (3,3), (4,2), (5,1)
3.5	(1,6), (2,5), (3,4), (4,3), (5,2), (6,1)
4	(2,6), (3,5), (4,4), (5,3), (6,2)
4.5	(3,6), (4,5), (5,4), (6,3)
5	(4,6), (5,5), (6,4)
5.5	(5,6), (6,5)
6	(6,6)

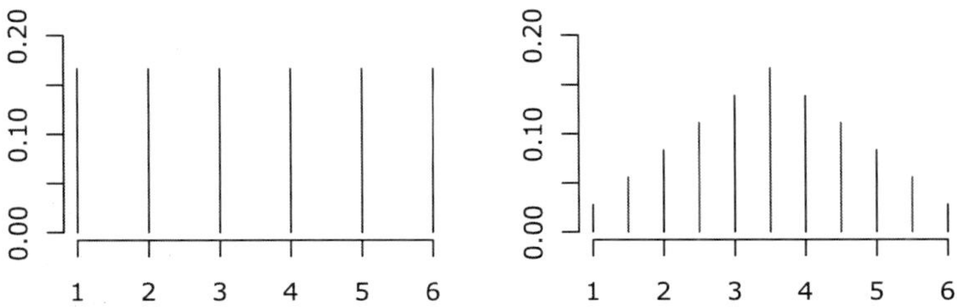

그림 1.8 36가지 표본의 표본평균분포

여 표본평균의 분포는 표본평균 3.5를 중심으로 그 값이 좌우 대칭으로 분포하여 정규분포와 근사하게 된다. 이는 그림 1.8과 같다.

중심극한정리(central limit theorem)는 통계학에서 추론의 기초가 되며, 표본평균의 표본분포와 모집단 사이의 관계를 설명한다. 이는 다음과 같이 정리할 수 있다.

1. $n \geq 30$ 일 때 크기 n 의 표본이 평균 μ, 표준편차 σ 를 갖는 모집단으로부터 추출되었다면 표본평균의 표본분포는 근사적으로 정규분포를 따른다.

2. 모집단이 정규분포를 따르면 표본평균의 표본분포는 임의의 표본크기에 대하여 정규분포를 따른다.

즉, 중심극한정리는 모집단이 무슨 분포를 하든 표본 크기 n 이 크면 표본평균 $\bar{x}$ 의 분포는 정규분포를 하며, 표본 크기가 작더라도 모집단이 정규분포를 하면 표본평균의 분포는 정규분포를 한다는 것을 의미한다. 표본 통계량이 표본평균이라고 하면 표 1.9 와 같은 성질이 있다.

표 1.9 표본평균의 성질

1. 표본평균의 평균 $\mu_{\bar{x}}$ 는 모평균 μ 와 같다.

2. 표본평균의 표준편차 $\sigma_{\bar{x}}$ 는 모표준편차를 $\sqrt{n}$ 으로 나눈 것이다.

$$\sigma_{\bar{x}} = \frac{\sigma}{\sqrt{n}}$$

예제 1.12 어떤 집단의 평균 키가 172cm, 표준편차가 7cm 이다. 이 모집단에서 42 명의 확률표본을 뽑아 평균 키를 구할 때 표본분포의 평균과 표준오차(standard error) 를 구해 보자.

표본분포의 평균은 모평균과 같기 때문에 $\mu_{\bar{x}} = \mu = 172$ 이다. 표본분포의 표준편차인 평균의 표준오차는 $\sigma_{\bar{x}} = \frac{\sigma}{\sqrt{n}} = \frac{7}{\sqrt{42}} \approx 1.08$ 이다. 중심극한정리로부터 표본 크기가 30 보다 크므로 표본분포는 $\mu = 172$, $\sigma = 1.08$ 인 정규분포로 근사화할 수 있다. ■

1.6.4 이항분포의 정규분포로의 근사화

이산확률분포인 이항분포와 연속확률분포인 정규분포와의 관계를 살펴보자. 이항분포는 베르누이 시행에 따른 성공 횟수에 따르는 확률함수에 기초한다. 앞의 예제 1.9 와 같이 경마에서 우승할 확률이 0.8 인 말이 있는데, 이 말이 10 번의 경주에 참여했을 때 우승할 횟수가 6 번 이하일 확률을 구하는 것과 같은 것은 비교적 쉽게 계산할 수 있으나 200 번의 경주에 참여하여 우승할 횟수가 150 번 이하와 같은 경우는 계산의 규모가 커져서 계산기의 도움 없이는 계산하기가 어렵다. 이런 경우 이항분포를 정규분포로 근사화하여 계산할 수 있다.

만일 $np \geq 5$, $nq \geq 5$ 라면 이항분포는 평균 $\mu = np$, 표준편차 $\sigma = \sqrt{npq}$ 인 정규분포로 근사화될 수 있다. n 이 증가할수록 이항분포의 히스토그램은 정규 곡선에 근접한다.

이항확률을 근사화할 때 x 의 모든 값을 포함하기 위해 0.5 단위만큼 좌우로 움직이는데 이를 연속성의 수정(correction for continuity) 이라 한다.

예제 1.13 앞면과 뒷면이 같은 확률로 나오는 동전을 12 회 던진 경우, 앞면이 7 번 이하 나오는 확률을 구하는 경우를 생각해 보자. 확률변수 X 를 앞면이 나오는 횟수로 정하면 이 X 는 이항분포를 따른다. 따라서 확률은 다음과 같이 구할 수 있다.

$$\begin{aligned} P(0 \leq X \leq 7) &= \sum_{k=0}^{7} \binom{12}{k} \frac{1}{2}^{k} \frac{1}{2}^{12-k} \\ &= \frac{1+12+66+220+495+792+924+792}{4096} \\ &= \frac{3302}{4096} = 0.8062 \end{aligned}$$

기댓값과 분산은 다음과 같다.

$$E(X) = 12 \times \frac{1}{2} = 6$$
$$Var(X) = 12 \times \frac{1}{2} \times \frac{1}{2} = 3 \blacksquare$$

이제 이항분포를 정규분포로 근사화해 보자. 일반적으로 이산형의 확률 $P(X = k)$ 를 연속형으로 근사화하는 경우 연속성의 수정에 의해 $P(k - 0.5 \leq X \leq k + 0.5)$ 로 근사화한다. 따라서 $P(0 \leq X \leq 7)$ 대신에 $P(-0.5 \leq X \leq 7.5)$ 로 계산하게 된다. 이 확률분포는 평균이 6 이고, 분산이 3 인 정규분포를 보이므로 $X \sim N(6, 3)$ 로 표시할 수 있다.

이를 평균이 0 이고 분산이 1 인 표준화된 확률변수 $Z = \frac{X-6}{\sqrt{3}}$ 를 이용하면 다음과 같이 정규분포로 바꿀 수 있다.

$$P\left(\frac{-0.5 - 6}{\sqrt{3}} \leq Z \leq \frac{7.5 - 6}{\sqrt{3}}\right) = P(-3.75 \leq Z \leq 0.87)$$

정규분포표에서 z 값이 -3.75 와 0.87 사이인 값을 찾으면 된다. 그런데 앞에서 살펴본 표준정규분포의 특성에 의하면 -3.49 에 가까우면 누적 면적은 0 이다. 따라서 z 값이 0.87 인 0.8078 이 전체 면적이 된다. 이는 이항분포에서 계산된 값과 거의 근사하다는 것을 알 수 있다.

1.7 결합확률분포

지금까지 주로 하나의 확률변수의 분포에 관해 살펴보았다. 그러나 한 확률 실험에서 두 개 이상의 확률변수를 동시에 다룰 필요가 있는 경우가 많다. 두 개의 주사위를 던질 때 나오는 두 눈의 합과 차가 그 예다. 자연언어는 글자들이 결합하여 단어가 되고 단어들이 결합하여 문장이 되기 때문에 글자와 글자, 단어와 단어들 간의 관계를 다룰 때 결합확률을 사용하는 경우가 많다.

동일한 표본 공간 Ω 에서 정의되는 두 확률변수 X, Y 에 대하여, 표본 공간 Ω 의 각 원소 ω 에 대해 $(X(\omega), Y(\omega)) \in \mathbb{R}^2$ 을 대응시키는 함수 (X, Y) 를 이차원확률변수 (two dimensional random variable) 라 한다. 이차원확률변수 (X, Y) 가 갖는 분포를 X 와 Y 의 결합확률분포(joint probability distribution) 또는 간단히 결합분포라고 한다. 하나의 확률변수를 다루는 경우와 마찬가지로 결합확률에서도 이산인 경우와 연속인 경우가 있으나, 여기서는 이산적인 확률분포에 대해서만 살펴보도록 한다. 두 확률변수 X, Y 가 이산적일 때 결합확률분포함수(joint probability mass function), 또는 간단히 결합확률함수는 다음과 같이 정의된다.

$$p(x, y) = P(X = x, Y = y) \tag{1.24}$$

각각의 확률변수 X 와 Y 의 확률함수는 다음과 같이 각각의 확률변수에 대한 확률함수인 주변확률(marginal probability) 에 의해 계산될 수 있다.

$$P_X(x) = \sum_y P(x, y) \tag{1.25}$$

$$P_Y(y) = \sum_x P(x, y) \tag{1.26}$$

예제 1.14 흰공 5 개 , 검은공 5 개, 빨간공 5 개가 들어 있는 주머니에서 세 개의 공을 임의로 추출할 때 나오는 흰공의 수를 X, 검은공의 수를 Y 라고 하면 결합확률함수는 다음과 같다.

$$P(X = i, Y = j) = \frac{\binom{5}{i}\binom{5}{j}\binom{5}{3-i-j}}{\binom{15}{3}}$$

여기서 i 와 j 는 $i + j \leq 3$ 을 만족하는 음이 아닌 정수다. 이 i, j 각각의 값을 계산하여 표 1.10 으로 나타낸 것을 결합확률분포표라고 한다.

(i, j) 의 셀의 각각의 확률값은 주변의 확률값에 의해 결정되며, 각 열과 행의 합은 수식 (1.25) 와 (1.26) 에 의해 계산된다. 전체 결합확률의

표 1.10 결합확률분포표

i\ j	0	1	2	3	합계 $P_X(i)$
0	$\frac{10}{455}$	$\frac{50}{455}$	$\frac{50}{455}$	$\frac{10}{455}$	$\frac{120}{455}$
1	$\frac{50}{455}$	$\frac{125}{455}$	$\frac{50}{455}$	0	$\frac{225}{455}$
2	$\frac{50}{455}$	$\frac{50}{455}$	0	0	$\frac{100}{455}$
3	$\frac{10}{455}$	0	0	0	$\frac{10}{455}$
합계 $P_Y(j)$	$\frac{120}{455}$	$\frac{225}{455}$	$\frac{100}{455}$	$\frac{10}{455}$	1

값은 1 이 된다. ■

일반적으로 확률변수 X 와 Y 가 독립적이면, $P(x,y) = P_X(x)P_Y(y)$ 이다. 따라서 주사위 두 개를 던질 때 둘 다 6 의 눈이 나올 확률은, 두 사상이 서로 독립적이기 때문에 그 결합확률은 다음과 같이 계산될 수 있다.

$$P(X=6, Y=6) = P(X=6)P(Y=6) = \frac{1}{6} \times \frac{1}{6} = \frac{1}{36}$$

결합확률을 바탕으로 곱사상(intersection of events) 을 유추해 볼 수 있는데, 조건확률분포함수를 다음과 같이 규정할 수 있다.

$$P_{X|Y}(x|y) = \frac{P(x,y)}{P_Y(y)}, P_y(y) > 0 \tag{1.27}$$

이 경우에 $P(x,y)$ 는 $P(x \cap y)$ 와 같다. 이를 바탕으로 다음의 연쇄규칙을 도출해 낼 수 있다.

$$P(w,x,y,z) = P(w)P(x|w)P(y|w,x)P(z|w,x,y) \tag{1.28}$$

제 2 장　통계의 기초

실제 언어 사용과 언어의 경험적 연구를 중시하는 방법론이 확산되면서 실험을 통한 언어 자료 분석이 최근 언어학에서 많이 행해지고 있다. 언어 자료를 분석하여 어떤 결론을 도출할 수 있는 방법을 제공해 주는 것이 통계라고 할 수 있다. 통계학은 크게 기술 통계학(descriptive statistics)과 추측 통계학(inferential statistics)으로 나누어진다. 기술 통계학은 주로 자료를 정리하고 요약하는 방법을 다루고, 추측 통계학은 표본에서 얻은 정보를 이용하여 모집단에 관한 결론을 이끌어 내는 방법을 다룬다. 언어 자료의 단순한 계량적 분석을 위해서는 기술 통계학적 방법론으로도 충분할 수 있지만, 실험을 통하여 언어학적으로 의의있는 결론을 도출하기 위해서는 추측 통계학적 방법이 필요하다.

통계학은 다양한 계량적 · 추론적 방법론들을 제공한다. 그러나 통계학에서 사용되는 많은 방법들은 일반인들이 쉽게 이해하기 어려운 경우도 많고 그 계산 과정도 복잡하다. 따라서 통계 프로그램이나 패키지를 통하여 실험 결과를 분석한다. 이런 통계 프로그램의 사용은 복잡한 자료를 쉽게 분석할 수 있게 하지만, 반대로 그 계산 과정을 통한 통계 방법의 충분한 이해를 어렵게 하기도 한다.

이 장에서는 언어 자료 분석이나 실험에서 많이 쓰이는 통계 분석을 위한 기초를 다룬다. 언어학에서는 추측 통계에 기초한 방법론들이 많이 사용되기 때문에 가설 검정 절차에서 필요한 신뢰구간, 기각역, 귀무가설, 그리고 여러 가설 검정에 기초한 통계 방법들을 살펴보도록 한다. 통계는 기본적으로 확률과 관련하여 설명을 해야 하기 때문에 이미 1 장에서 확률의 기초에 대해서 설명하였다. 언어학 전공자들이 통계의 개념 및 방법들을 쉽게 이해할 수 있도록 예제를 중심으로 기술하였다. 특히 언어학 여러 분야에서 실험이나 분석에 실제 사용된 예들을 많이 포함하려 했으나 대개의 논문이나 저서에 원자료가 제공되지 않아 제한된 범위에서 언어학 관련 자료를 예제로 제시하였다.

2.1 신뢰구간

통계학에서 모수(parameter)는 모집단의 특성 값을 나타내고, 통계량(statistic)은 표본의 특성 값을 나타낸다. 이 모수를 추정하는 방법으로 점 추정(point estimate)과 구간 추정(interval estimate)이 있다. 점 추정은 모수에 대해 단 하나의 값을 추정하는 것으로 모평균 μ에 대한 불편추정값(unbiased estimator)은 표본평균 $\bar{x}$ 이다.[1]

예제 2.1 다음은 44 개의 문장에서 사용된 단어 수에 대한 확률 표본이다.

20 13 11 16 5 17 23 18 18 11 7 15 6 21 10 5 18 17 12 21 6 7
14 11 18 5 8 22 13 19 11 17 14 15 14 9 21 9 20 16 13 28 5 9

이제 모평균 μ에 대한 점 추정값을 구해 보자. 자료에 대한 표본평균은 다음과 같다.

$$\bar{x} = \frac{\sum x}{n} = \frac{608}{44} \approx 13.8$$

따라서 모든 문장의 평균 길이에 대한 점 추정값은 13.8 이라고 할 수 있다. ■

[1] 불편추정량은 기댓값이 모수와 일치하는 통계량을 말한다.

그러나 예제 2.1 에서 모평균이 정확하게 13.8 일 확률은 거의 0 이라고 할 수 있다. 따라서 모평균을 점 추정을 사용하여 정확하게 13.8 로 하는 대신 모평균 μ 가 포함되는 구간을 추정할 수 있다. 이를 구간 추정(interval estimate) 이라 한다. 구간 추정을 하기 위해서는 구간의 중심에 점 추정값을 놓고 오차의 한계를 더하거나 뺀다. 예제 2.1 에서 오차의 한계 (margin of error) 가 1.4 라고 하면 구간 추정값은 $12.4 < \mu < 15.2$ 이다.

표본평균 $\bar{x}$ 로 모평균 μ 를 추정하는 경우, 동일한 모집단에서 동일한 크기의 표본을 취하더라도 뽑힌 모집단의 구성원소들의 특성에 따라 표본평균 $\bar{x}$ 는 그 값이 달라질 수 있다. 표본오차가 항상 발생하기 때문에, 표본평균 $\bar{x}$ 의 값이 모평균 μ 와 일치한다는 보장이 없다. 따라서 $\bar{x}$ 로 μ 를 추정할 때는 항상 크고 작은 오차가 수반되므로 μ 를 추정할 때 이러한 오차를 반영할 필요가 있다. 따라서 예제 2.1 에서 오차의 한계 1.4 를 반영한 구간 추정이 이루어진다.

이렇게 설정된 구간 내에 모평균 μ 가 있을 가능성이 얼마라는 것도 밝히게 되는데 이를 신뢰도(confidence level, c) 라고 한다. 가령 "95% 의 확률로 모평균 μ 가 $12.4 < \mu < 15.2$ 내에 있다"라는 표현은 구간 내에 μ 가 없을 가능성도 5% 는 된다는 의미다. 여기서 5% 는 위험도라고 부르며 보통 $\alpha = 0.05$ 로 표기한다.

신뢰도 (c) 는 신뢰계수라고도 하며 대개는 % 로 나타낸다. 따라서 신뢰도는 $(1 - \alpha)100\%$ 가 된다. 일반적으로 90%, 95%, 99% 의 신뢰도가 가장 많이 사용된다. 신뢰도가 높을수록 신뢰구간 니에 모평균이 포함될 가능성이 높다.

이제 신뢰도가 주어졌을 때의 오차의 한계인 최대추정오차(maximum error of estimate) 에 대해 살펴보자. 신뢰도 c 는 표준정규곡선 아래에서 임계값(critical values) $-z_c$ 와 z_c 사이의 면적의 비율이다. 그림 2.1 은 이 관계를 보여 준다.

만일 신뢰도 $c = 90\%$ 라면, 면적의 5% 는 $-z_c$ 의 좌측에 위치하고 5% 는 z_c 의 우측에 위치한다.

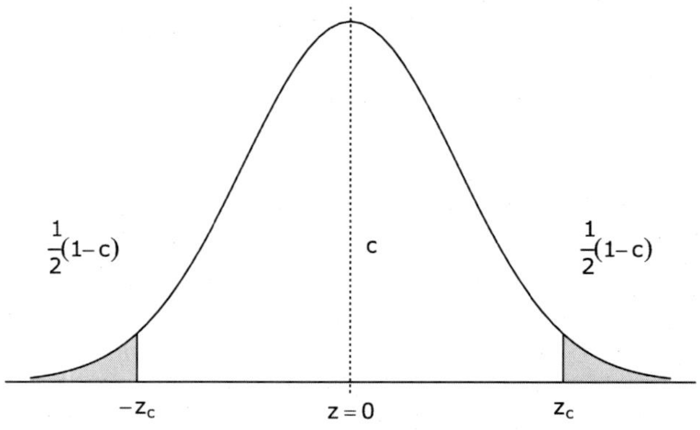

그림 2.1 신뢰도 c의 면적

모평균 μ 를 추정할 때 추정값의 오차는 $|\bar{x}-\mu|$ 이다. 대부분의 경우 μ 는 모르지만 표본평균 $\bar{x}$ 는 표본에 따라 바뀌게 된다. 신뢰도와 표본분포를 알고 있다면 최대추정오차 (E) 를 다음 식을 이용하여 구할 수 있다.

$$E = z_c \sigma_{\bar{x}} = z_c \frac{\sigma}{\sqrt{n}} \tag{2.1}$$

표본의 크기 $n \geq 30$ 일 때 표준편차 s 를 σ 대신에 사용할 수 있다.

예제 2.2 예제 2.1 을 이용하여 95% 의 신뢰수준으로 모든 문장의 평균 단어의 수에 대한 추정오차의 최댓값을 구해 보자.

95% 신뢰수준에 대응하는 z-값은 1.96 이다. 이는 그림 2.2 와 같이 평균에 대한 1.96 표준편차 내의 표준정규곡선하의 면적이 95% 임을 의미한다.

모표준편차 σ 를 모르지만 자료는 44 개로 30 보다 크므로 표본표준편차 s 를 이용할 수 있다.

$$s = \sqrt{\frac{\sum(x-\bar{x})^2}{n-1}} \approx \sqrt{\frac{1404.56}{43}} \approx 5.71$$

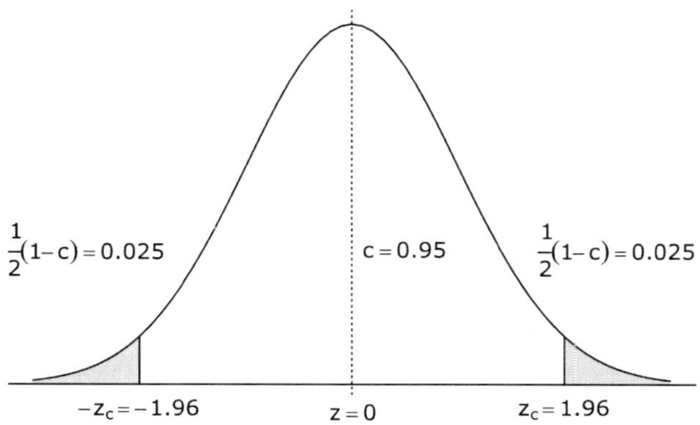

그림 2.2 95% 신뢰수준에서의 면적

$z_c = 1.96,\ \sigma \approx s \approx 5.71,\ n = 44$ 이기 때문에

$$E = z_c \frac{\sigma}{\sqrt{n}} = 1.96 \times \frac{5.71}{\sqrt{44}} \approx 1.687$$

따라서 95% 신뢰수준에서 모평균에 대한 추정오차의 최댓값은 약 1.687 이다. 이 예에서는 1.687 단어가 된다. ■

신뢰도 95% 에서 최대추정오차는 $1.96\sigma_{\bar{x}}$ 이다. 이는 오차의 크기를 $\sigma_{\bar{x}}$ 의 1.96 배만큼 잡아 준다는 의미다. 표본평균의 표준편차 $\sigma_{\bar{x}}$ 를 표준오차(standard error) 라고도 하는데, 이 표준오차는 표본평균의 흩어짐의 정도를 나타낸다. 따라서 표준오차가 작은 경우에 $\bar{x}$ 는 모평균 μ 근처에 몰려 있다고 할 수 있다. 따라서 이 경우에 $\bar{x}$ 를 μ 로 추정해도 틀릴 가능성이 줄어든다. 그렇지 않은 경우, 즉 $\bar{x}$ 가 μ 에서 많이 떨어져 있을 때에는 $\bar{x}$ 를 μ 로 추정하면 오류일 가능성이 높아진다. $\sigma_{\bar{x}} = \frac{\sigma}{\sqrt{n}}$ 이므로 n 이 커지면 $\sigma_{\bar{x}}$ 이 작아진다. 따라서 n 을 크게 하면 오류를 범할 가능성이 줄어든다.

2.2 t-분포

이제 1.6.2 에서 살펴본 표준정규분포와 유사한 t-분포(t-distribution) 에 대해 살펴보자. t-분포는 표 2.1 과 같은 특징으로 요약할 수 있다.

표 2.1 t-분포의 특성

1. 연속형 확률분포다.
2. 표준정규분포와 유사한 분포 양상을 갖는다. 평균 0 을 중심으로 좌우대칭이며 종 모양의 형태다.
3. 표준정규분포보다는 변동성이 더 크다. 표준정규분포보다 옆으로 더 넓게 퍼진 모양이 되며 표준정규분포보다는 양쪽 꼬리 부분의 확률값이 더 크다.
4. t-분포는 자유도(degree of freedom)[2] $n-1$ 에 따라 분포 모양이 달라진다.
5. t-곡선 아래의 총면적은 1 또는 100% 이다.
6. 자유도가 증가하면 t-분포는 정규분포에 가까워진다. t-분포에서 자유도 30 이상은 표준화된 정규 z-분포에 가깝다.

[2] 자유도 (degree of freedom) 는 관찰값들의 표본이 통계적 추론이라는 목적을 위해 제공할 수 있는 독립적인 정보들의 수를 말한다. 가령 2, 2, 5 의 세 관찰값으로 이루어진 표본에서 평균은 3 이고, 이 평균에 대한 편차는 -1, -1, 2 이다. 표준편차의 근간인 이 편차에서 세 편차가 다 독립적인 정보를 제공하느냐하면 그렇지 않다. 이는 편차를 다 더하면 영이 되는 특성에 기인한다. 만일 두 편차가 -1, -1 이라는 것을 알면 세 번째 편차는 독립적인 정보가 되지 못한다. 세 개를 합쳐 0 이 되려면 나머지 하나는 2 가 되어야 함을 자동으로 알 수 있기 때문이다. 따라서 이 경우 두 개의 독립적인 정보, 자유도 $(n-1)$ 을 갖게 된다.

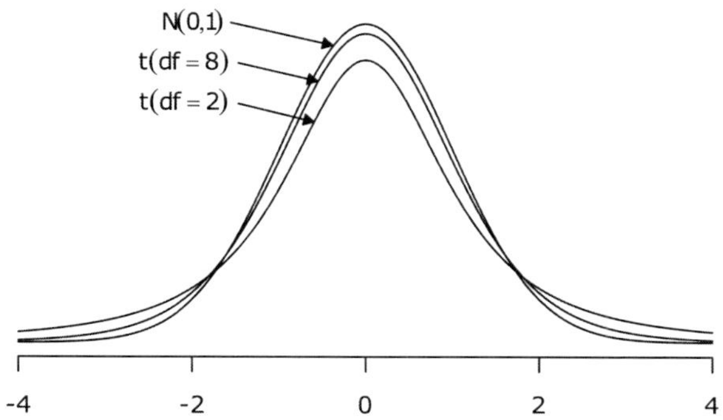

그림 2.3 표준정규분포와 자유도에 따른 t-분포

우선 모분산과 모평균과의 관점에서 t-분포를 살펴보고, 2.4의 가설검정에서는 t-분포를 이용한 t-검정에 대해 살펴보도록 한다.

실제로 표본을 추출하여 통계를 낼 때, 모표준편차 σ를 알지 못하는 가운데 모평균 μ를 추정해야 하는 경우가 많다. 또한 여러 제약으로 인해 표본 크기가 30 이상이 되기 어려운 경우가 많다. 이런 상황에서 모평균에 대한 신뢰구간을 어떻게 설정할 수 있는지 살펴보자. 표본평균 $\bar{x}$가 정규분포를 보일 경우, 다음과 같이 표준화될 수 있다.

$$\frac{\bar{x} - \mu_{\bar{x}}}{\sigma_{\bar{x}}} = \frac{\bar{x} - \mu}{\sigma/\sqrt{n}} \tag{2.2}$$

여기서 모평균 μ와 모표준편차 σ는 항상 일정한 값을 갖는다. 표본 크기 n은 표본마다 매번 일정한 크기로 뽑는다고 가정하던 이도 상수가 된다. 따라서 표본마다 값이 매번 달라지는 것은 표본평균 $\bar{x}$이다.

한편 σ를 모르는 경우 σ의 추정치로 표본표준편차 $s = \sqrt{\frac{S}{n-1}}$를 사용하는데 이를 (2.2)에 대입하면 다음과 같으며, 이를 일반적으로 t-분포를 보인다고 한다.

$$t = \frac{\bar{x} - \mu}{s/\sqrt{n}} \tag{2.3}$$

여기서 μ는 모수로 그 값이 일정하고, 표본 크기 n은, 표본을 취할 때마다 일정한 크기로 취한다면 이 또한 일정한 값을 갖는다. 따라서 t-분포에서는 표본마다 값이 달라지는 것은 정규분포와 달리 $\bar{x}$ 와 s 가 된다. 그림 2.3 은 표준정규분포와 자유도에 따른 t-분포를 보여 준다.

신뢰도 $1-\alpha$ 인 경우 t-값은 정규분포에서와 마찬가지로 임계값 $-t_{\frac{\alpha}{2}}$ 와 $t_{\frac{\alpha}{2}}$ 사이가 된다. t-분포는 자유도 $n-1$ 에 따라 분포 모양이 결정되므로 $n-1$ 을 붙여, $-t_{\frac{\alpha}{2};n-1}$, $-t_{\frac{\alpha}{2};n-1}$ 로 나타낸다.

표본의 크기가 15 이고 95% 신뢰도 ($c = 0.95$) 의 임계값 $-t_{0.025;14}$, $t_{0.025;14}$ 을 알아보자. 이 책 뒤의 부록으로 제공되는 t-분포표에서 신뢰수준 95% 에서 자유도 14 인 값은 -2.145 와 2.145 이다. 그림 2.4 는 이 분포를 나타낸다.

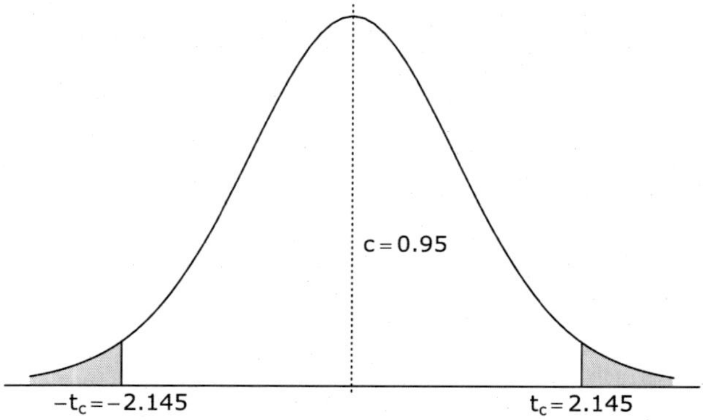

그림 2.4 자유도 14 인 t-분포

2.3 카이제곱 분포

카이제곱(χ^2) 분포 (chi-square distribution) 는 영국의 통계학자 Pearson 이 고안했다. 확률변수의 값을 제곱하기 때문에 음수의 값이 나오지 않는다. 우선 $Z_1, Z_2, ...Z_\phi$ 가 서로 독립인 표준정규분포를 보이는 확률

표 2.2 카이제곱분포의 특성

1. 정규분포처럼 연속형 확률분포다.

2. $Y \sim \chi^2(\phi)$ 일 때, 기댓값은 다음과 같다.

$$E(Y) = E\left(\frac{(n-1)s^2}{\sigma^2}\right) = \frac{n-1}{\sigma^2}E(s^2) \tag{2.4}$$

여기서 표본분산 $s^2 = \frac{S}{n-1}$ 의 기댓값은 모분산과 같다. 따라서 $E(s^2) = \sigma^2$ 이고, $n-1 = \phi$ 이다. 즉 표본 크기보다 1 이 적은 자유도 $n-1$ 인 카이제곱분포를 따른다.

3. 양의 왜도 (positive skewness) 를 가진다.

변수일 때 다음과 같이 Y 를 정의한다.

$$Y = Z_1^2 + Z_2^2 + \cdots + Z_\phi^2 \tag{2.5}$$

확률변수 Y 는 자유도 ϕ 인 카이제곱분포라고 하고 다음과 같이 표시한다.

$$Y \sim \chi^2(\phi) \tag{2.6}$$

이제 확률변수 Y 를 계산해 보자. Y 는 (2.5) 에서처럼 표준정규분포의 제곱의 합이므로 다음과 같이 표시할 수 있다.

$$\begin{aligned} Y &= \sum Z_i^2 = \sum \left(\frac{X_i - \mu}{\sigma}\right)^2 \\ &= \frac{1}{\sigma^2}\sum (X_i - \mu)^2 \\ &= \frac{S}{\sigma^2} \end{aligned} \tag{2.7}$$

모분산 σ^2 의 추정량으로 표본분산 $s^2 = \frac{S}{n-1}$ 을 사용하므로 (2.7) 은

다음과 같이 된다.

$$Y = \frac{(n-1)s^2}{\sigma^2} \sim \chi^2(\phi) \tag{2.8}$$

이때 분자와 분모는 언제나 양수의 값이 된다. 따라서 카이제곱분포를 보이는 확률변수 Y 는 항상 양의 값을 가진다. (2.8) 은 임의의 표본 크기 $n > 1$ 인 카이제곱분포를 의미한다. 카이제곱분포는 일반적으로 표 2.2 와 같은 특징이 있다.

그림 2.5 는 자유도에 따른 카이제곱분포를 보여 주는 그래프다.

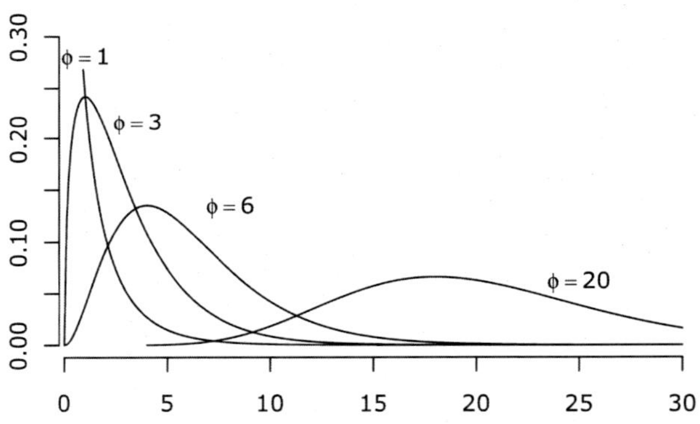

그림 2.5 자유도에 따른 카이제곱분포

이제 카이제곱분포에서의 확률값에 대해 알아보자. 표준정규분포나 t-분포에서는 평균 0 을 중심으로 좌우대칭이다. 따라서 신뢰도 95% 에서의 z 값을 구해 보면 $z_{0.025} = 1.96$, $-z_{0.025} = -1.96$ 이 되어 절댓값으로 보면 동일한 값이다. 그러나 카이제곱분포는 좌우대칭분포가 아닌 비대칭분포를 보이며 항상 양수의 값만 갖는다. 따라서 신뢰도 $1-\alpha$ 일 때의 카이제곱의 값을 보면, 그림 2.5 에서 보듯이 좌측 확률에 해당하는 카이제곱 값, $\chi^2(1-\frac{\alpha}{2}; n-1)$ 과 우측 확률에 해당하는 카이제곱의 값, $\chi^2(\frac{\alpha}{2}; n-1)$ 이 다르다.

예제 2.3 $n = 20$ 이고 신뢰도 95% 일 때의 카이제곱의 값을 알아보자.

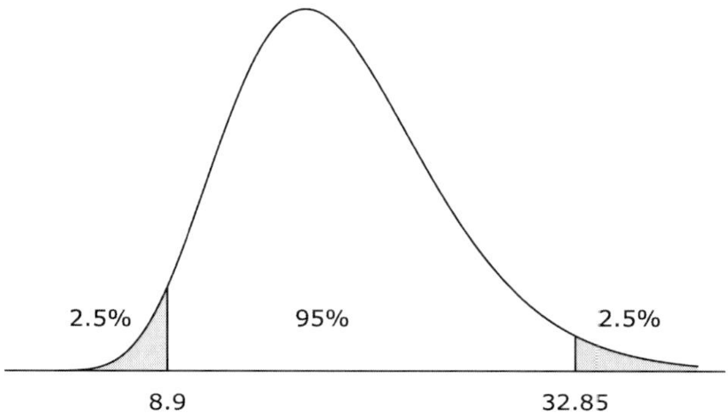

그림 2.6 카이제곱분포

자유도 $\phi = 19$, $\alpha = 0.05$ 이므로, 부록의 카이제곱분포표에 따라 우측 확률에 해당하는 카이제곱 값 $\chi^2(0.025; 19) = 32.85$ 와 좌측 확률은 $\chi^2(0.975; 19) = 8.90$ 을 얻을 수 있다. 그림 2.6과 같다.

여기서 우측 확률에 해당하는 카이제곱 값이 좌측 확률에 해당하는 값보다 매우 크다는 것을 알 수 있다. ■

2.4 가설 검정

표본 정보를 근거로 모수를 추정하는 것을 통계적 추론이라 한다. 통계적 추론은 크게 표본에서 얻어진 결과를 토대로 모수의 값을 직접 추정하는 방식과 사전에 모수에 대한 가설을 세우고 이 설정된 가설이 타당한지의 여부를 실험을 통해 알아내는 검정이 있다. 지금까지는 주로 모수의 값을 직접 추정하는 방식에 대해 살펴보았다. 그러나 실제 언어 자료를 다루는 연구에서는 가설을 세우고 실험을 통해 이를 검정하는 방법이 많이 사용되고 있다. 여기서는 언어학 연구에 많이 사용되는 몇 가지 가설 검정(hypothesis testing)에 대해 설명하고, 실제로 언어 자료 분석에 적용된 예들을 살펴보도록 한다.

2.4.1 가설의 분류

통계적 가설 (statistical hypothesis) 이란 모집단에 관한 어떤 가정 또는 주장으로 그것이 참이든 거짓이든 상관하지 않는다. 다만 실증적으로 증명되기 전에 설정된 것일 뿐이다. 통계적 가설은 크게 귀무가설(null hypothesis) 과 대립가설(alternative hypothesis) 로 나뉜다. 양자는 대립관계에 있으므로 어느 한 쪽을 택하면 다른 한 쪽은 버려야 한다.

가설은 주장하고자 하는 사실을 나타내거나 주장에 반하는, 즉 기존의 정보가 옳다고 주장하는 두 가지로 이루어져 있다. 일반적으로 연구자는 연구결과를 통해 자기의 주장이 종전과 다르다는 것을 밝히고 싶어 하므로 대립가설은 "종전방식과 차이가 있다", "종전방식에 비해 효과가 더 크다" 등으로 표현된다. 귀무가설은 일반적으로 동일하거나 변함이 없다고 주장하는 가설이다. 이를 정의하면 표 2.3 과 같다.

표 2.3 귀무가설과 대립가설

1. 귀무가설 (null hypothesis, H_0): H_0 는 $\leq, =, \geq$ 과 같이 동일함에 대한 주장이 포함되는 가설이다.
2. 대립가설 (alternative hypothesis, H_a): H_a 는 귀무가설에 반하는 가설로 $>, \neq, <$ 등을 포함하는 가설이다.

예제 2.4 이전에는 농구선수와 배구선수의 운동량에는 차이가 없는 것으로 알려져 있었는데, 어떤 연구자는 양자 간에 운동량에 차이가 있다고 생각한다. 이럴 경우 이 연구자는 자기의 주장을 가설을 통해 검정하길 원한다면 다음과 같이 가설을 세울 수 있다.

$$H_0 : \mu_1 = \mu_2$$

$$H_a : \mu_1 \neq \mu_2 \blacksquare$$

2.4.2 신뢰구간을 이용한 가설 검정

귀무가설 또는 대립가설을 세운 후 이 가설을 받아들일지 아니면 기각할지를 결정해야 한다. 일반적으로 표본의 결과로 얻어진 $\bar{x}$ 의 값과 모평균 가정치 μ 와의 차이를 가지고 가설을 기각할지 받아들일지를 결정하게 된다. 이런 경우 판단의 기준이 되는 평가 기준이 필요하다. 표본의 결과로 나온 $\bar{x}$ 의 값이 어느 정도일 때 귀무가설을 채택할 수 있는지 판가름할 수 있는 평가 기준이 필요하다. 이 평가 기준에는 크게 신뢰구간을 사용하는 것과 검정통계량(test statistic) 을 이용하는 방법이 있다. 우선 신뢰구간을 이용하는 경우를 살펴보자.

예제 2.5 어느 인삼 드링크에 사포닌 함량이 20mg 이라고 표기되어 있는데, 이 함량이 드링크마다 적절한지, 즉 많지도 않고 적지도 않은지를 알아보기 위하여 인삼 드링크 100 개를 표본으로 하여 표본평균을 구해 보니 $\bar{x}$=19.5mg 이 나왔다. 일반적으로 모표준편차인 σ 는 2.0mg 으로 알려져 있다. $\alpha = 0.05$ 로 하여 검정해 보자.

이 문제에서 사포닌 함량이 20mg 이라면 아무 문제가 되지 않기 때문에, 연구자가 밝히고 싶은 것은 의약품의 함량이 20mg 이 아닐 수도 있다는 것이다. 따라서 귀무가설은 $H_0 : \mu = 20$ 이고 대립가설은 $H_a : \mu \neq 20$ 이다. 신뢰구간을 이용한 가설 검정은 모평균 가정치 μ_0 가 신뢰구간 내에 들어오지 않으면 귀무가설을 기각한다. 따라서 다음과 같은 신뢰하한치와 신뢰상한치를 임계치로 사용한다.

$$\bar{x} - z_{\frac{\alpha}{2}}\sigma_{\bar{x}} \leq \mu_0 \leq \bar{x} + z_{\frac{\alpha}{2}}\sigma_{\bar{x}} \tag{2.9}$$

여기서 $\bar{x} = 19.5$, $n = 100$, $\sigma = 2.0$ 이고, $z_{0.025} = 1.96$, $\sigma_{\bar{x}} = \frac{2}{\sqrt{100}} = 0.2$ 이다. 따라서

$$x \pm z_{\alpha/2}\sigma_{\bar{x}} = 19.5 \pm 1.96 \times 0.2 = 19.5 \pm 0.392$$

$$19.108 \leq \mu \leq 19.892$$

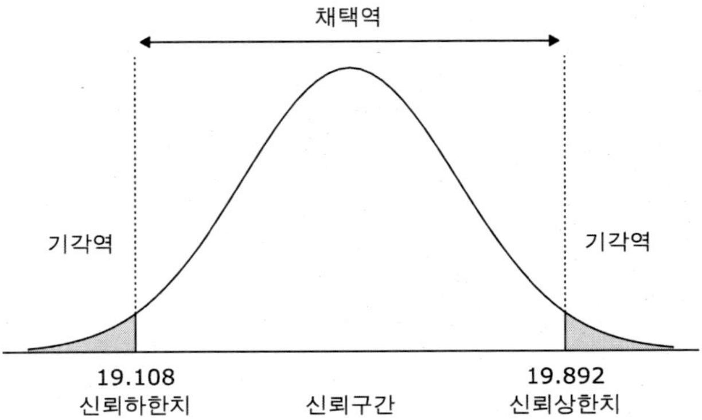

그림 2.7 예제 2.5의 표본 평균의 분포 및 기각역과 채택역

신뢰도 95%로 모평균 μ는 19.108과 19.892 사이의 값을 갖는다. 따라서 표본평균 $\bar{x} = 19.5$는 모평균이 19.108에서 19.892인 모집단에서 나온 것이라고 95%의 확신을 갖고 말할 수 있다. 귀무가설은 모평균을 20이라고 설정하고 있으므로 이 가설은 옳지 않다. 따라서 귀무가설을 기각하고 대립가설을 받아들이게 된다. ■

예제 2.5는 귀무가설의 채택 여부는 신뢰구간에 따른다는 것을 보여주고 있다. 귀무가설에서 설정한 모평균 가정치 μ(예제 2.5에서는 20)가 신뢰구간 내에 있으면 귀무가설 H_0을 받아들이고 이 구간 내에 있지 않으면 귀무가설을 기각하게 된다. 가설 검정에서 귀무가설을 받아들이는 신뢰구간을 채택역(acceptance region), 기각하게 되는 영역을 기각역(rejection region)이라 한다. 이는 그림 2.7로 표시될 수 있다.

2.4.3 검정통계량을 이용한 가설 검정

검정통계량(test statistic)을 이용한 가설 검정은 표본조사에서 얻어진 표본평균 $\bar{x}$에 해당하는 검정통계량 z-값을 구하고 이를 임계치에 해당하는 z-값과 비교하는 절차로 이루어진다. 이는 신뢰구간 검정 방법에서 사용한 신뢰하한치와 신뢰상한치를 이에 상응하는 z-값으로 바꾸는 것이

다. 이 z 를 구하는 방법에 대해 살펴보자. 우선 (2.9) 의 신뢰하한치와 신뢰상한치 양변에 $-\bar{x}$ 를 더하면 다음과 같다.

$$-z_{\frac{\alpha}{2}}\sigma_{\bar{x}} \le \mu_0 - \bar{x} \le z_{\frac{\alpha}{2}}\sigma_{\bar{x}} \tag{2.10}$$

이 식 양변에 -1 을 곱하면 다음과 같다.

$$z_{\frac{\alpha}{2}}\sigma_{\bar{x}} \ge \bar{x} - \mu_0 \ge -z_{\frac{\alpha}{2}}\sigma_{\bar{x}} \tag{2.11}$$

부등호를 다시 정렬하면, 아래와 같이 된다.

$$-z_{\frac{\alpha}{2}}\sigma_{\bar{x}} \le \bar{x} - \mu_0 \le z_{\frac{\alpha}{2}}\sigma_{\bar{x}} \tag{2.12}$$

양변을 $\sigma_{\bar{x}}$ 로 나누면, 이제 다음과 같이 된다.

$$-\bar{z}_{\frac{\alpha}{2}} \le \frac{\bar{x} - \mu_0}{\sigma_{\bar{x}}} \le z_{\frac{\alpha}{2}} \tag{2.13}$$

(2.13) 에서 $\frac{\bar{x}-\mu_0}{\sigma_{\bar{x}}}$ 는 모평균 μ 가 모평균 가정치 μ_0 라고 가정했을 때, 즉 귀무가설이 성립한다고 가정했을 때의 $\bar{x}$ 에 대한 표준 정규확률변수 z 의 값이다. 이 z 를 검정통계량 z_0 라고 한다.

예제 2.6 이제 예제 2.5 를 검정통계량을 사용해서 검정해 보자. z_0 의 값은 다음과 같이 구해진다.

$$z_0 = \frac{\bar{x} - \mu_0}{\sigma/\sqrt{n}} = \frac{19.5 - 20}{2/\sqrt{100}} = -2.5$$

이제 검정통계량 $z_0 = -2.5$ 로 표본평균과 모평균 가정치의 차이가 유의한지 아닌지를 어떻게 판정할 수 있는지를 살펴보자. 이는 유의수준(level of significance) α 일 때의 z-값으로 결정한다. 수식 (2.13) 에 의해 검정통계량 z_0 가 유의수준 α 일 때의 z 값인 $-z_{\alpha/2}$ 와 $z_{\alpha/2}$ 사이에 놓이면 유의한 차이라고 본다. 따라서 여기서 -2.5 는 임계치 $-z_{\alpha/2} =$

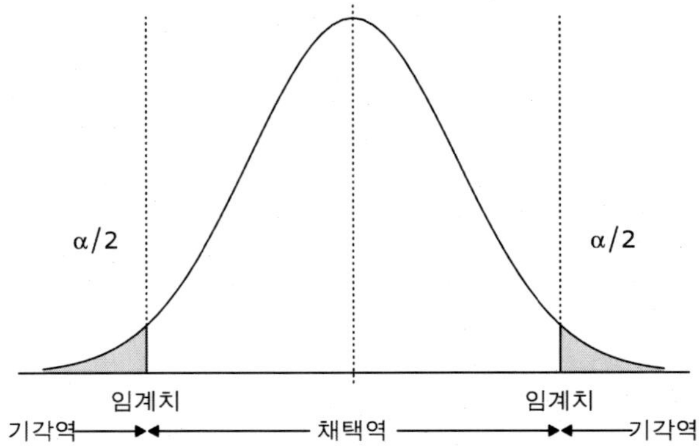

그림 2.8 검정통계량을 이용한 채택역과 기각역

-1.96 에 비해 더 작은 값이라 채택역 사이에 놓이지 않아 귀무가설을 기각하게 된다. 이는 그림 2.8 과 같다. ■

2.4.4 p-값을 이용한 검정

가설 검정을 위해서는 신뢰구간을 사용할 수도 있고 검정통계량을 사용할 수도 있으나 실제 가설 검정에서는 p-값을 이용한 검정을 많이 사용한다. 검정통계량 z_0 를 토대로 이에 해당하는 유의수준을 계산할 수 있는데 이를 유의확률 또는 p-값이라고 한다. p-값은 귀무가설을 기각할 수 있는 최소의 유의수준이라고 할 수 있다. p-값이 산정되면 이 값과 유의수준 α 를 직접 비교하여 귀무가설의 기각 여부를 결정하게 된다. 실제로 많은 통계 프로그램에서는 가설 검정을 위해 p-값을 사용하고 있다.

p-값은 귀무가설을 기각하게 하는 최소의 유의수준이라는 것은 귀무가설을 기각하려면 p-값 정도의 위험을 감수해야 한다는 의미다. 따라서 p-값이 유의수준 α 보다 작으면 귀무가설을 기각하게 되고 α 보다 크게 되면 기각할 수 없다. 예를 들어 $p = 0.02$ 라면 유의수준이 $\alpha = 0.05$ 일 경우는 귀무가설을 기각할 수 있고, $\alpha = 0.01$ 이라면 귀무가설을 기각할 수 없다. 그러나 만약 귀무가설을 기각하지 않았을 때 이는 귀무가설을 참이라고 받아들인다기보다는 귀무가설을 기각할 만큼의 충분한 증거가

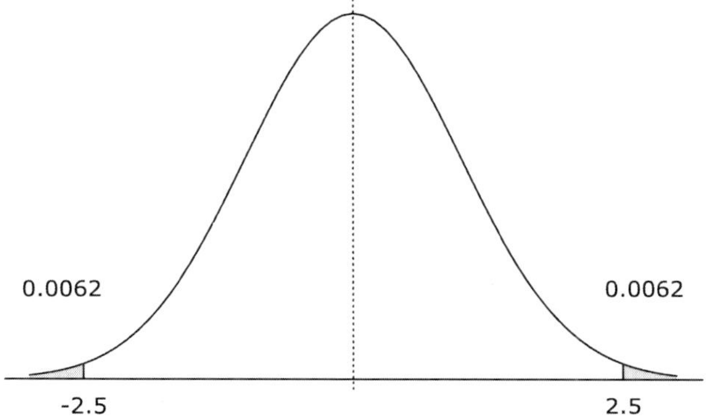

그림 2.9 예제 2.6, 2.7의 p-값

있지 않다고 이해하는 것이 바람직하다.

p-값은 검정통계량 z_0 를 토대로 구할 수 있다. z_0 은 귀무가설 H_0 가 성립할 때의 표본평균에 해당하는 z 값으로 표준정규분포를 통해 구할 수 있다. 이제 실제 p-값으로 가설을 검정하는 절차를 살펴보자.

예제 2.7 예제 2.5와 2.6을 통해 $z_0 = -2.5$ 의 검정통계량을 얻었다. 이는 표본에 해당하는 z 값으로 p-값을 위해서는 표준정규분포표에서 $Z < -2.5$, $Z > 2.5$ 인 값을 더하면 된다.

$$P(Z < -2.5) + P(Z > 2.5) = 0.0062 + 0.0062 = 0.0124$$

이는 그림 2.9와 같다. 실제 표준정규분포표에서 $z = 2.5$ 일 때의 값은 0.9938이다. 이 값보다 큰 값은 $1-0.9938 = 0.0062$ 가 된다. 정규분포는 좌우대칭이기 때문에 $z = -2.5$ 일 때의 값 0.0062를 사용해도 마찬가지다.

p-값 0.0124는 유의수준 $\alpha = 0.05$ 보다 작기 때문에 귀무가설을 기각할 수 있다. ■

지금까지의 가설 검정은 기각역이 양쪽 모두 설정되어 있는 양측검정(two tailed test)에 해당한다. 그러나 가설을 어떻게 설정하느냐에 따라 양측검정 또는 단측검정(one tailed test)으로 기각역을 설정할 수 있다. 다음의 가설을 살펴보자.

$$H_0 : \mu = \mu_0$$
$$H_a : \mu \neq \mu_0$$

대립가설 $H_a : \mu \neq \mu_0$ 이 의미하는 것은 모평균 μ 가 모평균 추정치 μ_0 보다 크거나 작을 수도 있다는 의미다. 따라서 양측검정이 사용되었다. 반면 가설을 다음과 같이 설정한 경우

$$H_0 : \mu = \mu_0$$
$$H_a : \mu > \mu_0$$

$H_0 : \mu = \mu_0$ 는 $H_0 : \mu \leq \mu_0$ 이라고 할 수 있다. 일반적으로 귀무가설은 직접 검정의 대상이 되고 검정을 편리하게 하기 위해 등호를 사용한다. 이렇게 대립가설에 크고 작음이 설정되어 있는 경우 양측검정보다는 단측검정이 필요하다. 단측검정에서는 기각역이 귀무가설을 기각하는, 즉 대립가설을 채택하는 영역을 의미하기 때문에 대립가설의 방향을 토대로 설정한다. 이를 정리하면 표 2.4와 같고, 전체적으로는 그림 2.10과 같이 요약할 수 있다.

표 2.4 대립가설과 검정 방법

1. 대립가설 H_a 이 부등호 $<$ 를 포함하면 좌측검정(left-tailed test)을 행한다.
2. 대립가설 H_a 이 부등호 $>$ 를 포함하면 우측검정(right-tailed test)을 행한다.
3. 대립가설 H_a 이 $\neq$ 를 포함하면 양측검정(two-tailed test)을 행한다.

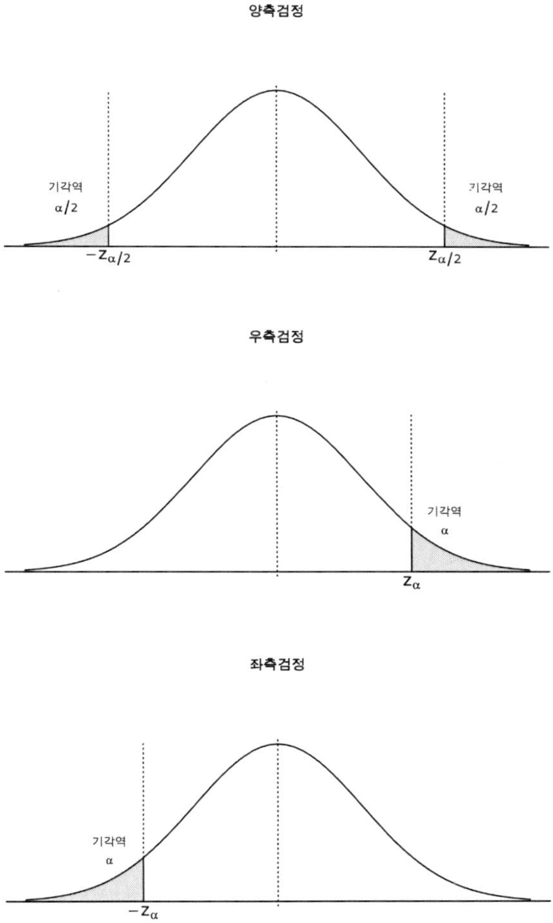

그림 2.10 양측검정, 우측검정, 좌측검정

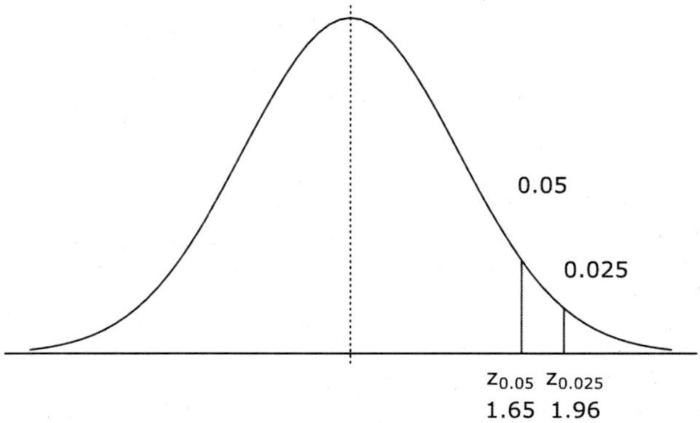

그림 2.11 양측검증과 단측검증 ($\alpha = 0.05$)

이제 양측검정과 단측검정의 관계에 대해 살펴보자. 유의수준 $\alpha = 0.05$ 인 경우 우측만을 놓고 보면 양측검정의 오른쪽 임계치는 $z_{0.025} = 1.96$ 이고 우측검정의 임계치는 $z_{0.05} = 1.645$ 이다 이때 그림 2.11 에서 보듯이, 0.05 가 0.025 보다 크기 때문에 단측검정의 기각역이 양측검정보다 넓어진다는 것을 알 수 있다. 따라서 양측검정으로 기각이 되지 않은 것이 단측검정으로는 기각이 될 수 있음을 보여 준다.

이제 우측검정과 좌측검정의 예를 좀 더 살펴보자(김영주 외 2006).

예제 2.8 어떤 공장에서 가동하는 기계 부품의 평균 수명은 30 년보다 길다고 주장한다. 임의로 추출한 부품 36 개는 표본평균 31.5 년이고 표준편차 3.5 년이다. 유의수준 $\alpha = 0.01$ 에서 위의 주장을 충분히 뒷받침하는 충분한 근거가 있는지 알아보자.

기계 부품의 평균 수명을 μ 로 하면, 다음과 같은 가설이 성립한다.

$$H_0 : \mu \leq 30$$

$$H_a : \mu > 30$$

z_0 검정통계량을 구하면 다음과 같다.[3]

$$z_0 = \frac{\bar{x} - \mu_0}{\sigma/\sqrt{n}} = \frac{31.5 - 30}{3.5/\sqrt{36}} = 2.57$$

대립가설이 $>$ 를 포함하기 때문에 우측검정에 해당한다. p-값은 $z_0 = 2.57$ 의 오른쪽 영역이다. 따라서 p-값은 $0.0051(1 - 0.9949)$ 이다. 이 값은 $\alpha = 0.01$ 보다 작기 때문에 귀무가설을 기각한다. 따라서 유의수준 1% 에서 부품의 평균수명은 30 년보다 길다는 주장은 충분히 근거가 있다. ■

예제 2.9 새로운 체중조절 프로그램에 대한 광고의 참가자는 평균 12 주 이내에 10kg 을 감량할 수 있다고 한다. 참가자 중 임의로 선택한 60 명의 한 달 동안의 감량을 조사한 결과 10kg 을 감량하는 데 평균 11.2 주, 표준편차 3.4 주로 나타났다. 유의수준 $\alpha = 0.05$ 에서 이 주장을 뒷받침하는 충분한 근거가 있는지 살펴보자.

참가자의 평균 감량 시간을 μ 로 하면, 다음과 같은 가설이 성립한다.

$$H_0 : \mu = 12$$
$$H_a : \mu < 12$$

z_0 검정통계량을 구하면 다음과 같다.

$$z_0 = \frac{\bar{x} - \mu_0}{\sigma/\sqrt{n}} = \frac{11.2 - 12}{3.4/\sqrt{60}} = -1.82$$

이 검정은 좌측검정에 해당한다. p-값은 $z_0 = -1.82$ 의 왼쪽 영역이고 그 값은 0.0344 이다. 이 값은 $\alpha = 0.05$ 보다 작기 때문에 귀무가설을 기각한다. ■

[3] $n \geq 30$ 이면 $\sigma \approx s = 3.5$ 이다.

2.4.5 t-분포와 가설 검정

이제 언어학에서 많이 사용되는 t-분포와 카이제곱분포를 가설 검정과 관련하여 살펴보자. 즉, 가설 검정과 관련하여서 위 두 분포를 사용하여 유의수준 또는 p-값과 관련하여 자료를 해석하는 방법에 대해 살펴보도록 하자.

t-분포는 모집단이 정규분포를 따르거나 정규분포에 근사하고, 모표준편차 σ 를 알지 못하며, 표본 n 이 30 이하일 때, 모평균 μ 에 대한 주장을 검정할 때 사용된다. 김영주 외 (2006: 181) 의 예를 수정한 예제 2.10 을 살펴보자.

예제 2.10 어떤 보험회사 직원은 자기 회사의 특정 자동차 모델에 대한 보험료가 한 달에 적어도 50 만 원이라고 한다. 이제 비슷한 보험회사 10 개를 임의로 선택하여 이 자동차 모델에 대한 보험료를 조사한 결과, 평균 보험료는 54 만 5,000 원, 표준편차는 6 만 8,000 원이 나왔다고 하자. 이를 바탕으로 하여 이 보험회사 직원이 특정 모델에 대한 다른 회사의 보험료가 더 높다고 하는 주장을 유의수준 $\alpha = 0.05$ 에서 검정해 보도록 하자. 이때 모집단은 정규분포를 따른다고 가정한다.

특정 자동차 모델에 대한 보험료를 μ 라고 하면 귀무가설과 대립가설은 다음과 같다.

$$H_0 : \mu = 50$$

$$H_a : \mu > 50$$

우선 t-검정을 이용한 검정통계량을 구해 보자. 앞 (2.3) 의 t-분포 수식을 적용하면 다음과 같은 t-값을 구할 수 있다.

$$t = \frac{\bar{x} - \mu}{s/\sqrt{n}} = \frac{54.5 - 50}{6.8/\sqrt{10}} \approx 2.09$$

대립가설이 '>' 를 포함하고 있기 때문에 검정은 우측검정에 해당한다.

t-분포표에 따라 유의수준이 $\alpha = 0.05$ 이고 자유도 (d.f) 가 $9(= 10 - 1)$ 인 t-값은 1.833 이다. 즉 임계치는 $t_a = 1.833$ 이다. 우측검정이기 때문에 $t_0 > 1.833$ 이다. 여기의 t-값 2.09 는 1.833 보다 크기 때문에 귀무가설은 기각된다. 따라서 특정 자동차 모델의 평균 보험료가 50 만 원보다 높다는 주장은 충분한 근거가 있다고 할 수 있다. ■

예제 2.10 은 t-값을 유의수준의 기각역과 채택역과 관련하여 검정하는 방법이다. 그러면 t-검정에서 p-값을 이용하여 검정하는 방법에 대해 살펴보자. 예제 2.10 에서 자유도는 9 이고 표본에서 구해진 t-값은 2.09 이다. 부록의 t-분포표에 따라, 자유도 9 에서 t-값이 2.09 이려면 $\alpha = 0.05$ (t-값은 1.833) 와 $\alpha = 0.025$(t-값은 2.262) 사이에 위치해야 함을 알 수 있지만 정확한 p-값은 알 수 없다. 그러나 정확한 p-값은 알 수 없으나, t-값을 통해 p-값의 구간 (0.025<p-값<0.05) 은 알 수 있다. 따라서 p-값이 임계값 $\alpha = 0.05$ 보다 작으므로 귀무가설을 기각할 수 있다. p-값을 이용하여 검정하려면 정확한 p-값을 구하기 위해 통계 패키지나 프로그램을 이용할 수 있다. 다음의 예제는 이를 보여 주고 있다.

예제 2.11 다음과 같은 20 명의 키 자료를 바탕으로 SAS 를 이용하여 t-검정에서 p-값을 구하여 가설 검정을 해보자.

175 130 143 163 165 143 159 168 161 182
145 164 151 170 158 146 158 168 149 162

이 학생들의 키 평균에 대하여 유의수준 $\alpha = 0.05$ 으로 다음과 같은 가설을 세웠다고 하자.

$$H_0 : \mu = 152$$
$$H_a : \mu > 152$$

SAS 를 이용하여 얻은 분석 결과는 다음과 같다.

```
Sample Statistics for height

           N           Mean          Std. Dev.        Std. Error
         --------------------------------------------------
          20          158.00          12.61             2.82

  Hypothesis Test

        Null hypothesis:   Mean of height <= 152
            Alternative:   Mean of height >  152

              t Statistic   Df        Prob > t
              ---------------------------------
              2.128         19        0.0233

   95 % Confidence Interval for the Mean

           Lower Limit:           152.10
           Upper Limit:           163.90
```

SAS 분석결과에 따르면 t-값은 2.218 이며 p-값은 0.0233 이다. 이 값은 유의수준 0.05 보다 작기 때문에 귀무가설을 기각할 수 있다. 따라서 키의 평균은 152cm 보다 크다고 주장할 수 있다. ■

한편 p-값 대신 기각역으로도 자료를 해석할 수 있다. 자유도 19 이고 유의수준 $\alpha = 0.05$ 인 t-값은 1.729 이다. 대립가설에 의하면 우측검정에 해당하기 때문에 구해진 t-값이 이 1.729 보다 크기 때문에 기각역에 속한다. 따라서 귀무가설을 기각하고 대립가설을 받아들이게 된다.

예제 2.12 Manning and Schütze(1999:195) 에서는, 'new companies' 가 연어 (collocation) 인지 아니면 그냥 우연한 결합인지를 $\alpha = 0.005$ 인 신뢰도에서 t-검정을 통해 분석하고 있다. 우선 전체 코퍼스에서 각각의 바이그램 (bigram)[4] 출현빈도는 'new' 가 15,828 이고, 'companies' 는 4,675 이다. 전체적으로는 14,307,668 개의 바이그램 토큰이 있다. 이를

[4] 바이그램과 같은 N-그램에 대해서는 4 장에서 자세히 논의한다.

바탕으로 한 각 단어의 확률은 다음과 같다.

$$P(\text{new}) = \frac{15828}{14307668}$$

$$P(\text{companies}) = \frac{4675}{14307668}$$

이제 'new'와 'companies'가 서로 관련이 없이 독립적으로 출현한다고, 즉 연어 구성이 아니라고 귀무가설을 설정한다. 독립적으로 출현하기 때문에 다음과 같은 확률이 설정된다.

$$\begin{aligned} H_0 : P(\text{new companies}) &= P(\text{new})P(\text{companies}) \\ &= \frac{15828}{14307668} \times \frac{4675}{14307668} \\ &\approx 3.615 \times 10^{-7} \end{aligned}$$

귀무가설이 참이라면 임의적으로 구성되는 바이그램에서 'new companies'가 나오면 성공, 그렇지 않으면 실패로 하는 베르누이 시행이라고 생각할 수 있다. 이 시행에서 성공할 확률은 3.615×10^{-7} 이다. 이는 평균은 $\mu = 3.615 \times 10^{-7}$ 이고 분산은 $\sigma^2 = p(1-p)$ 인 이항분포다.[5] 실제로 이 바이그램의 확률은 아주 작기 때문에 $\sigma^2 = p(1-p) \approx p$ 로 근사화한다.

이제 t-값을 계산해 보자. 'new companies'는 14,307,668 바이그램에서 8 번 나타난다. 따라서 평균은 $\bar{x} = \frac{8}{14,307,668} \approx 5.591 \times 10^{-7}$ 이다. 이를 바탕으로 t-값을 구하면 다음과 같다.

$$t = \frac{\bar{x} - \mu}{\sqrt{\frac{s^2}{N}}} \approx \frac{5.591 \times 10^{-7} - 3.615 \times 10^{-7}}{\sqrt{\frac{5.591 \times 10^{-7}}{14307668}}} \approx 0.999$$

$\alpha = 0.005$ 이고 자유도 ∞ 인 t-값은 2.576 이다.[6] 0.999 는 기각역

[5] 이항분포의 평균과 분산은 각각 np, $np(1-p)$ 이다. 여기서는 n 을 1 로 하여 계산하였다.

[6] t-분포표는 대개 자유도가 1 에서 30 까지인 경우와 그 다음은 ∞ 로 값이 제시된다.

2.576 보다 작기 때문에 귀무가설을 기각할 수 없다. 따라서 'new companies' 는 연어 구성이 아니라 독립적으로 나타난 구성이다. ■

2.4.6 카이제곱과 가설 검정

앞 2.3 에서 카이제곱 분포에 대해서 살펴보았다. 카이제곱분포는 연속형 확률분포의 일종이며 비대칭 분포임을 살펴보았다. 카이제곱 분포는, 모분산에 대한 추정에 사용되기도 하고, 두 변수 간의 독립성 여부를 분석하는 데 사용되기도 하며 모집단의 분포가 어떤 특정한 형태를 보이는가에 대한 적합도 검정에도 사용된다. 여기서는 분할표(contingent table)를 중심으로 하는 독립성 여부의 적용을 가설 검정을 통해 살펴보도록 한다.

예제 2.13 폐암과 흡연과의 관계를 조사한 다음의 표 2.5 에서 폐암은 흡연자에게 많이 나타난다고 할 수 있는지를 유의수준 0.05 에서 검정해 보자.

표 2.5 폐암과 흡연과의 관계

	흡연자	비흡연자	계
폐암 환자	1543	161	1704
기타 환자	1646	454	2100
계	3189	615	3804

분할표는 연구대상 전체를 몇 가지 분류 기준에 의해 구분하고 각 구간에 해당하는 도수를 조사하여 기록한 표다. 빈도분포표가 한 변수의 값에 해당하는 빈도수가 얼마인지를 보여 주는 반면, 분할표는 두 변수의 값이 공유하고 있는 빈도수가 얼마인지를 보여 준다. 따라서 표 2.5 는 열

자유도가 30 이상인 경우 t-분포는 대체적으로 정규분포를 따른다.

과 행의 각 칸에서 공유되고 있는 빈도수를 보여 준다. 즉 흡연자이면서 폐암환자는 1,543 명이고, 비흡연자이면서 기타 환자는 454 명이다.

이런 2×2 분할표에서 폐암과 흡연은 독립적이라고 할 수 있는지를 검정하기 위하여 귀무가설과 대립가설을 다음과 같이 설정한다.

H_0 : 폐암과 흡연은 무관하다.

H_a : 폐암과 흡연은 서로 관련이 있다.

만약 두 변수가 독립적이라면 한 변수는 다른 변수에 영향을 미치지 않는다. 카이제곱 검정에서는 표 2.5 에서와 같이 분할표 각 칸에서 나타난 실제도수 (또는 관찰도수) 와 두 변수가 서로 독립적이라는 귀무가설 아래에서 기대되는 이론도수의 차를 측정하여 통계적 검정을 한다. 이론도수는 분할표의 특성을 이용하여 해당 칸의 열의 합과 행의 합의 곱을 총 도수로 나누어 구한다. 가령 표 2.5 에서 흡연자이면서 폐암환자인 칸의 이론도수는 다음과 같이 구할 수 있다.

$$\frac{1704 \times 3189}{3804} = 1428.511$$

표 2.5 와 같은 구성에서는 흡연자이면서 폐암환자는 1428.511 명을 기대할 수 있다는 의미다. 표 2.5 에 대한 이론도수는 표 2.6 과 같다.

표 2.6 표 2.5 의 이론도수

	흡연자	비흡연자	계
폐암 환자	1428.511	275.489	1704
기타 환자	1760.489	339.511	2100
계	3189	615	3804

카이제곱은 일반적으로 다음의 식으로 구해진다.

$$\chi^2 = \sum \frac{(\text{관측도수} - \text{이론도수})^2}{\text{이론도수}} \tag{2.14}$$

표 2.5와 표 2.6을 이용해 카이제곱을 구하면 다음과 같다.

$$\begin{aligned}
\chi^2 &= \sum \frac{(\text{관측도수} - \text{이론도수})^2}{\text{이론도수}} \\
&= \frac{(1543 - 1428.511)^2}{1428.511} + \frac{(161 - 275.489)^2}{275.489} \\
&\quad + \frac{(1646 - 1760.489)^2}{1760.489} + \frac{(454 - 339.511)^2}{339.511} \\
&= 102.8088
\end{aligned}$$

2×2 분할표이므로 자유도 $(n-1)$는 1이며, $\alpha = 0.05$에서의 카이제곱값은 3.84이다. 102.8088은 3.84보다 크므로, 귀무가설은 기각된다. 따라서 흡연은 폐암에 영향을 준다고 볼 수 있다. ■

예제 2.14 예제 2.12의 'new companies'의 예를 이제 카이제곱으로 검정해 보도록 하자(Manning and Schütze 1999: 158). 귀무가설은 마찬가지로 'new companies'는 독립적인 구성이라고 설정한다. 우선 표 2.7과 같은 2×2 분할표를 구성할 수 있다.

표 2.7 'new companies'의 2×2 분할표

	$w_1 = new$	$w_1 \neq new$
$w_2 =$ *companies*	$O_{11} = 8$ (*new companies*)	$O_{12} = 4667$ (e.g., *old companies*)
$w_2 \neq$ *companies*	$O_{21} = 15820$ (e.g., *new machines*)	$O_{22} = 14287181$ (e.g., *old machines*)

이제 예제 2.13 에서처럼 각 칸의 이론도수를 구한 후 카이제곱값을 구할 수 있다. 카이제곱은 어떤 크기의 분할표로도 계산될 수 있지만 2×2 분할표의 경우 다음과 같은 계산에 의해 직접 구할 수 있다.

$$\chi^2 = \frac{N(O_{11}O_{22} - O_{12}O_{21})^2}{(O_{11} + O_{12})(O_{11} + O_{21})(O_{12} + O_{22})(O_{21} + O_{22})}$$

이에 따라 다음과 같은 카이제곱값을 구할 수 있다.

$$\frac{14307668(8 \times 14287181 - 4667 \times 15820)^2}{(8 + 4667)(8 + 15820)(4667 + 14287181)(15820 + 14287181)} \approx 1.55$$

$\alpha = 0.05$ 에서 자유도 1 인 카이제곱값은 3.84 이다. 1.55 는 3.84 보다 작아 기각역에 있지 않으므로 귀무가설을 기각하지 못한다. 따라서 *new companies* 는 연어 구성이 아니다. ■

2.5 두 모집단에 대한 통계적 추측

지금까지 모집단이 하나인 경우에 통계적으로 검정하는 방법에 대해 살펴보았다. 그러나 두 모집단의 모수들을 비교해야 되는 경우가 많다. 예를 들어 남자 대학생과 여자 대학생의 어학능력 비교, 서로 다른 두 약제의 성능 비교, 성별에 따른 전자제품을 사용하는 평균 시간 등의 차이 등이 이에 해당한다. 두 개의 모집단을 비교하는 경우 추출된 표본들이 독립적인 경우와 종속적인 경우가 가능한데, 우선 추출된 표본들이 독립적인 경우에 적용할 수 있는 여러 검정 방법들에 대해 살펴보도록 하자.

2.5.1 독립인 두 표본에서의 평균 차에 대한 z-검정

두 모집단의 평균을 비교할 때는 두 모집단의 평균에 차이가 없다는 가정에서부터 시작한다. 따라서 $\mu_1 - \mu_2 = 0$ 로 검정을 시작한다. 그 다음 각 모집단에서 표본을 추출하여 두 표본의 평균 $\bar{x}_1 - \bar{x}_2$ 를 구하여 가설 검정을 한다.

따라서 이는 모집단 모수들 자체의 값에 대한 검정이 아니라 모수들 차이에 대한 검정이 된다. 가설 검정을 위해 귀무가설과 대립가설을 설정해야 하는데 독립적인 두 모수 μ_1, μ_2 에 대해 다음과 같은 가설을 설정할 수 있다.

표 2.8 귀무가설과 대립가설의 설정

양측검정	좌측검정	우측검정
$H_0 : \mu_1 - \mu_2 = 0$	$H_0 : \mu_1 - \mu_2 \leq 0$	$H_0 : \mu_1 - \mu_2 \geq 0$
$H_1 : \mu_1 - \mu_2 \neq 0$	$H_1 : \mu_1 - \mu_2 > 0$	$H_1 : \mu_1 - \mu_2 < 0$

일반적으로 귀무가설의 형태가 $\mu_1 = \mu_2$, $\mu_1 \leq \mu_2$, $\mu_1 \geq \mu_2$ 이면 $\mu_1 = \mu_2$ 로 가정하고 $\mu_1 - \mu_2 = 0$ 으로 나타낸다.

두 모수 μ_1, μ_2 의 차이에 대한 표준정규분포에 따른 z-검정을 하기 위해서는 각 모집단에서 표본들은 독립적이고, 무작위로 추출되어야 하며 표본의 크기는 30 이상이어야 한다. 표준화된 검정통계량 z 는 다음과 같이 구해진다.

$$z = \frac{(\bar{x}_1 - \bar{x}_2) - (\mu_1 - \mu_2)}{\sigma_{\bar{x}_1 - \bar{x}_2}} \tag{2.15}$$

$$\sigma_{\bar{x}_1 - \bar{x}_2} = \sqrt{\frac{\sigma_1^2}{n_1} + \frac{\sigma_2^2}{n_2}} \tag{2.16}$$

관측된 평균의 차이 $\bar{x}_1 - \bar{x}_2$ 에서 가설화된 평균의 차이 $\mu_1 - \mu_2$ 를 뺀 것을 표준오차 $\sigma_{\bar{x}_1 - \bar{x}_2}$ 로 나누어 표준화된 검정통계량을 구한다. 표본이 충분히 크면 모표준편차 σ_1, σ_2 대신에 표본표준편차 s_1, s_2 를 사용할 수 있다.

예제 2.15 인문대학에서 남학생과 여학생의 영어 능력을 비교하려고 한다. 남학생 50 명과 여학생 50 명의 영어 성적을 조사하였더니, 남학생의 평균 성적은 79.84, 표준편차는 7.12 이고, 여학생의 평균 성적은 81.24

이고 표준편차는 8.36 으로 나타났다. 유의수준 $\alpha = 0.05$ 에서 성별에 따른 영어 성취도의 차이가 있는지를 검정해 보자.

우선 남학생의 평균 성적을 μ_1, 여학생의 평균 성적을 μ_2 로 하고 귀무가설과 대립가설을 다음과 같이 설정한다.

$$H_0 : \mu_1 - \mu_2 = 0$$
$$H_a : \mu_1 - \mu_2 \neq 0$$

두 표본의 크기가 충분히 크므로 표본표준편차를 사용하여 다음과 같이 표준오차를 구할 수 있다.

$$\sigma_{\bar{x}_1 - \bar{x}_2} = \sqrt{\frac{s_1^2}{n_1} + \frac{s_2^2}{n_2}} = \sqrt{\frac{7.12^2}{50} + \frac{8.36^2}{50}} \approx 1.55$$

z-통계량은 다음과 같다.

$$z = \frac{(\bar{x}_1 - \bar{x}_2) - (\mu_1 - \mu_2)}{\sigma_{\bar{x}_1 - \bar{x}_2}} \approx \frac{(79.84 - 81.24) - 0}{1.55} \approx -0.903$$

이 검정은 양측검정이고 유의수준은 $\alpha = 0.05$ 이기 때문에 임계치는 -1.96 과 1.96 이다. 따라서 기각역은 $z < -1.96$, $z > 1.96$ 이다. z-값이 이 기각역에 속하지 않기 때문에 귀무가설을 기각하지 못한다. 즉 영어 성적에 남녀 간 차이가 있다고 볼 수 없다.

이제 p-값을 이용하여 이를 검정해 보자. $\alpha = 0.05$ 이고, $z \approx -0.9$ 이기 때문에 표준정규분포에 해당하는 값은 0.1841 이다. 양측검정이기 때문에 p-값은 $2 \times 0.1841 = 0.3682$ 이다. 이 p-값은 유의수준 0.05 보다 크기 때문에 귀무가설을 기각하지 못한다. ■

2.5.2 독립인 두 표본에서의 평균 차에 대한 t-검정

두 모집단에서 추출된 표본의 크기가 30 이 넘어야 표준정규분포, z-검정을 행할 수 있다. 그러나 많은 경우에 30 이 넘는 표본을 얻기가 쉽지 않다. 이런 소표본에서 평균차에 대한 검정은 t-검정에 의해 이루어진다. t-검정을 하기 위해서는 표본들은 서로 독립적이고, 반드시 무작위로 추출되어야 하며 모집단은 정규분포를 보여야 한다. 표준화된 t-검정량은 z-검정과 같이 구해질 수 있다.

$$t = \frac{(\bar{x}_1 - \bar{x}_2) - (\mu_1 - \mu_2)}{\sigma_{\bar{x}_1 - \bar{x}_2}} \tag{2.17}$$

t-검정에서는, z-검정과 달리, 표본분포의 표준편차와 자유도는 모분산 σ_1^2 와 σ_2^2 의 동일 여부에 따라 달라진다. 그러나 많은 경우 모분산 σ_1^2 과 σ_2^2 를 모르기 때문에 그 값이 같다고 가정한다. 즉 두 모분산이 동일한 경우로 한정한다. 이 경우에 모분산 σ^2 의 추정량으로 표본분산 s_1^2 와 s_2^2 를 그대로 사용하기는 어렵다. 왜냐하면 표본의 크기가 30 이하로 작은 경우는 모분산의 추정량으로 표본분산은 신뢰성이 떨어지기 때문이다. 따라서 두 표본의 표본분산을 통합해서 가중산술평균을 내면 좀 더 신뢰할 수 있는 추정치를 구할 수 있기 때문에 두 표본분산을 통합한 통합분산(pooled variance) 과 통합표준편차(pooled sample standard deviation) 를 이용한다. 이는 각각 다음과 같이 구할 수 있다.

$$s_p^2 = \frac{(n_1 - 1)s_1^2 + (n_2 - 1)s_2^2}{n_1 + n_2 - 2} \tag{2.18a}$$

$$s_p = \sqrt{\frac{(n_1 - 1)s_1^2 + (n_2 - 1)s_2^2}{n_1 + n_2 - 2}} \tag{2.18b}$$

통합표본표준편차에 따른 $\bar{x}_1 - \bar{x}_2$ 의 표준편차는 다음과 같다.

$$\begin{aligned}\sigma_{\bar{x}_1 - \bar{x}_2} &= s_p\sqrt{\frac{1}{n_1} + \frac{1}{n_2}} \\ &= \sqrt{\frac{(n_1 - 1)s_1^2 + (n_2 - 1)s_2^2}{n_1 + n_2 - 2}} \cdot \sqrt{\frac{1}{n_1} + \frac{1}{n_2}}\end{aligned} \tag{2.19}$$

이때 자유도는 $n_1 + n_2 - 2$ 이다.

예제 2.16 어느 제강회사에서 동선코일의 인장강도를 테스트하기 위하여 A 코일 14 개와 B 코일 12 개를 조사하였더니 각각 평균 120 과 표준편차 8, 평균 116 과 표준편차 10 이 나왔다. 동선코일의 인장강도는 정규분포를 따른다고 할 때 코일 A 가 더 인장강도가 높다고 할 수 있는지를 99% 신뢰구간에서 검정해 보자.

우선 A, B 의 평균 인장강도를 각각 μ_1, μ_2 라고 하면 다음과 같은 귀무가설을 설정할 수 있다.

$$H_0 : \mu_1 - \mu_2 = 0$$
$$H_a : \mu_1 - \mu_2 > 0$$

(2.18) 에 의해 통합표준편차 (s_p) 를 다음과 같이 구할 수 있다.

$$s_p = \sqrt{\frac{(n_1 - 1)s_1^2 + (n_2 - 1)s_2^2}{n_1 + n_2 - 2}}$$
$$= \sqrt{\frac{(14 - 1)8^2 + (12 - 1)10^2}{14 + 12 - 2}} \approx 8.97$$

표준편차는 다음과 같다.

$$\sigma_{\bar{x}_1 - \bar{x}_2} = s_p\sqrt{\frac{1}{n_1} + \frac{1}{n_2}} = 8.97\sqrt{\frac{1}{14} + \frac{1}{12}} \approx 3.52$$

이를 바탕으로 t-값은 다음과 같이 구해진다.

$$t = \frac{(\bar{x}_1 - \bar{x}_2) - (\mu_1 - \mu_2)}{\sigma_{\bar{x}_1 - \bar{x}_2}} = \frac{120 - 116}{3.52} \approx 1.13$$

자유도는 $24(= 14 - 1 + 12 - 1)$ 이고, $\alpha = 0.05$ 이다. 이에 해당하는 t-값은 1.711 이다. 이 검정은 우측검정이기 때문에 기각역은 $t > 1.711$ 이다. 구해진 t-검정량 1.13 은 기각역에 있지 않기 때문에 귀무가설을 받아들여야 한다. 따라서 코일 A 가 인장강도가 더 높다는 주장은 충분한 근거가 없다. ■

예제 2.17 언어학과 관련된 좀 더 구체적인 예로 Minium et al.(1993)의 난독증(dyslexic)에 관한 연구를 가지고 살펴보자.[7] 난독증이 있는 어린이들에게 책에 파란색 반투명 필름을 대고 글을 읽게 한 경우에 읽기 능력이 향상되는지를 알아보기 위해 24 명의 난독증이 있는 아이들을 무작위로 선정하여 두 그룹으로 나눈 후 다음과 같은 결과를 얻었다. 파란색의 반투명 필름을 댄 것(X_1)과 투명의 필름을 대고 읽은 경우(X_2)에 차이가 없다는 귀무가설을 유의수준 $\alpha = 0.05$ 에서 이를 검정해 보자. 표 2.9 는 실험 결과다.

표 2.9 난독증 어린이에 관한 실험 결과

X_1	70	80	90	80	50	80	70	80	70	80	80	70
X_2	50	40	50	50	60	60	60	40	60	70	60	80

각각의 평균과 표준편차는 다음과 같다.

$$\bar{X}_1 = 75, \quad \bar{X}_2 = 56.7, \quad s_1 = 33.16, \quad s_2 = 38.29$$

통합표준편차(s_p), 표준편차는 아래와 같이 요약할 수 있다.

$$s_p = \sqrt{\frac{(n_1-1)s_1^2 + (n_2-1)s_2^2}{n_1+n_2-2}}$$

$$= \sqrt{\frac{(12-1)33.16^2 + (12-1)38.29^2}{12+12-2}} \approx 10.80$$

$$\sigma_{\bar{x}_1-\bar{x}_2} = s_p\sqrt{\frac{1}{n_1}+\frac{1}{n_2}} = 10.80\sqrt{\frac{1}{12}+\frac{1}{12}} \approx 4.40$$

---

[7] 이 자료는 실제 Williams et al. (1992) 의 자료를 Minium et al.(1993) 이 재인용한 것이다.

이를 바탕으로 t-값은 다음과 같이 계산된다.

$$t = \frac{(\bar{X}_1 - \bar{X}_2) - (\mu_1 - \mu_2)}{\sigma_{\bar{x}_1 - \bar{x}_2}} = \frac{75 - 56.7}{4.40} \approx 4.15$$

자유도 $22(= 12 + 12 - 2)$ 와 $\alpha = 0.05$ 에서 t-값은 ± 2.074 이다. 양측 검정이라 4.15는 기각역에 속한다. 따라서 차이가 없다는 귀무가설을 기각하게 된다. ■

2.5.3 종속인 두 표본에서의 평균 차에 대한 검정

지금까지의 가설 검정은 두 개의 추출된 표본이 독립적인 경우였다. 그러나 두 표본을 독립적으로 추출하지 않은 경우도 많이 있다. 가령 어느 제약회사에서 신경을 안정시키는 신약의 효능을 테스트하기 위해 어느 병원의 환자들로 구성된 모집단에서 두 표본을 독립적으로 취해 한 표본에는 신약을 제공하고, 다른 표본에는 신약을 제공하지 않았다고 하자. 이때 신약을 제공받은 표본을 실험표본이라 하고 그렇지 않은 표본을 대조표본이라 한다. 일정기간이 지난 후 신약을 복용한 그룹의 평균 불안감 정도가 대조표본의 평균보다 더 낮게 나왔다고 해서 모평균의 차이도 그럴 것이라고 결론을 내리기는 어렵다. 이는 신약의 효과 외에 건강상태, 체중 등 여러 다른 요인들이 영향을 미칠 수 있어, 표본 추출이 이런 요인에 의해 영향을 받을 수 있기 때문이다.

불안감을 줄이는 요인 외에 불안감에 영향을 미치는 다른 요인들을 가급적 제외하고 표본을 추출할 필요가 있는데 이런 실험방법을 쌍체비교법(paired comparison)이라 한다. 쌍체비교법은 모집단에서 두 표본을 추출할 때 조건이 같은 단위 둘씩을 한 쌍으로 설정하고, 이 쌍을 실험을 위한 실제 단위로 추출한다. 따라서 한 표본의 각 원소는 다른 표본의 원소에 대응되는데, 이때 두 표본을 종속이라고 한다. 종속표본은 쌍체표본(paird samples) 또는 대응표본(matched pairs)이라고도 한다.

쌍체비교법은 독립적인 두 실험단위를 한 쌍으로 하여 표본을 추출하는데, 실험대상에 따라 동질적인 실험단위를 한 쌍으로 구성하는 것이 어려울 수 있다. 이런 경우에 실험단위를 동질적으로 하는 가장 이상적인 방법은 동일인을 대상으로 실험하는 것이다. 가령 신경을 안정시키는 신약 테스트의 경우 동일한 환자를 대상으로 신약을 복용하기 전과 복용후의 불안감 정도를 비교하는 것이 그 예다. 언어학 실험에서도 주로 동일인을 대상으로 어떤 언어 현상에 대한 실험이 이루어지기 때문에 쌍체비교법이 많이 쓰이고 있다.

쌍체비교법에서는 두 자료 쌍의 차이에 관심을 갖는데, 이는 다음과 같이 구해진다.

$$D_i = X_i - Y_i \quad (i = 1, 2, \ldots, n) \tag{2.20}$$

또 이 차이의 평균에 관한 검정통계량은 다음과 같다.

$$\begin{aligned} \bar{D} &= \frac{1}{n}\sum_{i=1}^{n} D_i \\ &= \frac{1}{n}\sum_{i=1}^{n} (X_i - Y_i) \\ &= \bar{X} - \bar{Y} \end{aligned} \tag{2.21}$$

한편, 표준편차는 다음과 같다.

$$\begin{aligned} s_D &= \sqrt{\frac{1}{n-1}\sum_{i=1}^{n}(D_i - \bar{D})^2} \\ &= \sqrt{\frac{1}{n-1}\left(\sum_{i=1}^{n} D_i^2 - \frac{\left(\sum_{i=1}^{n} D_i\right)^2}{n}\right)} \end{aligned} \tag{2.22}$$

쌍체비교법의 가설검정에서는 모분산을 모르고 표본수가 작은 경우가 많기 때문에 검정통계량으로 t-값을 사용한다.

$$t_0 = \frac{\bar{D}}{s_D/\sqrt{n}} \tag{2.23}$$

예제 2.18 어떤 병원에서 환자의 신경을 안정시키는 신약을 개발하여 효과를 확인하려고 한다. 10 명의 환자들을 대상으로 신약 복용 전과 복용 후의 불안감을 느끼는 정도를 점수화하여 표 2.10 과 같은 결과를 얻었을 때 신약이 효능이 있는지의 여부를 $\alpha = 0.01$ 에서 검정해 보자.

표 2.10 환자들의 신약 복용 전후의 불안감의 정도

환자	1	2	3	4	5	6	7	8	9	10
복용 전	22	17	13	19	21	15	18	15	18	22
복용 후	19	16	16	15	14	19	18	12	16	23
D	3	1	-3	4	7	-4	0	3	2	-1
D^2	9	1	9	16	49	16	0	9	4	1

여기서는 신약의 복용으로 불안감이 낮아지는지를 알아보고자 한다. 따라서 복용 전의 불안감 평균을 μ_1, 복용 후의 불안감 평균을 μ_2 라고 하면 $\mu_1 > \mu_2$ 임을 가설 검정을 통해 밝히려고 한다. $\mu_1 > \mu_2$ 는 $\mu_1 - \mu_2 > 0$ 와 마찬가지이고 $\mu_1 - \mu_2 = \mu_D$ 이라고 하면 $\mu_D > 0$ 임을 밝히는 것이므로 다음과 같이 귀무가설과 대립가설을 설정할 수 있다.

$$H_0 : \mu_D = 0$$

$$H_a : \mu_D > 0$$

표 2.10 에서 $\sum D = 12$ 이고, $\sum D^2 = 114$ 이다. 차이의 평균은 다음과 같다.

$$\bar{D} = \frac{\sum D}{n} = \frac{12}{10} = 1.2$$

이는 $\bar{X}_1 = \frac{180}{10} = 18$, $\bar{X}_2 = \frac{168}{10} = 16.8$ 이기 때문에 (2.20) 에서 살펴본 것처럼 평균의 차이와

$$\bar{D} = \bar{X}_1 - \bar{X}_2 = 1.2$$

같은 값을 갖게 된다. 표준편차는 다음과 같이 구해진다.

$$s_D = \sqrt{\frac{\sum D_i^2 - \frac{(D_i)^2}{n}}{n-1}} = \sqrt{\frac{114 - \frac{12^2}{10}}{9}} \approx 3.32$$

이제 t-검정량은 다음과 같다.

$$t_0 = \frac{\bar{D}}{s_D/\sqrt{n}} = \frac{1.2}{3.32/10} \approx 3.61$$

유의수준은 $\alpha = 0.01$ 이고 자유도는 9 인 임계값은 2.821 이다. 우측 검정이기 때문에 기각역은 $t > 2.821$ 이다. 계산된 t-검정량은 3.61 로 기각역에 속하기 때문에 귀무가설을 기각한다. 따라서 유의수준 1% 에서 신약은 불안감을 낮춰 주는 효과가 있다고 볼 수 있다. ■

제 3 장 분산분석과 회귀분석

언어학 연구에서 실험을 통하여 의미 있는 연구 결과를 얻기 위해 어떤 통계분석 방법을 사용할 것인가를 연구 초기 단계부터 생각해 보아야 한다. 언어 자료에 대한 적절한 통계 분석 기법을 선택하기 위해서는 일반적으로 변수의 수, 분석의 성격, 척도의 종류, 집단의 수, 표본의 독립성 등의 요소들을 고려해야 한다. 변수의 수와 관련해서는 일변량 통계분석 (univariate analysis)과 다변량 분석 (multivariate analysis) 이 구분된다. 일변량 분석은 분석하고자 하는 변수의 수가 하나인 경우, 즉 한 변수의 분포에 대한 분석이다. 다변량 분석은 고려하는 변수가 두 개 이상인 방법들을 지칭하는 것으로, 변수의 수가 두 개인 이원변량분석 (bivariate analysis)과 세 개 이상인 다변량분석으로 세분되기도 한다. 이원변량 분석으로 상관관계분석 (correlation analysis), 단순회귀분석 (simple regression analysis), 일원분산분석 (oneway-anlaysis of variance) 등이 사용되고 다변량 분석으로 다변량 분산분석 (multivariate analysis of variance, MANOVA), 다중회귀분석 (multiple regression analysis), 요인분석 (factor analysis), 군집분석 (cluster analysis) 등이 사용된다.

이 장에서는 언어 자료 분석에 많이 사용되는 분산분석과 회귀분석에 대해서 설명하도록 한다. 특히 분산분석은 다수의 집단에서의 차이를 살피는 분석방법이라 언어 자료를 대상으로 한 실험에 많이 적용된다. 회귀분석은 5 장에서 살펴볼 최대 엔트로피 (maximum entropy) 와도 밀접하게 관련되기 때문에 이 두 분석 방법의 특징을 잘 파악할 필요가 있다.

3.1 분산분석

3.1.1 일원분산분석

앞 2.5.2 에서 두 개의 독립 표본들의 평균값들 간의 관계를 t-검정을 통해서 알아보았다. 이제 연구 대상이 세 개 이상의 집단을 포함하는 경우에 t-검정이 가능한지 살펴보자. 세 독립표본들의 평균 $\bar{x}_1$, $\bar{x}_2$, $\bar{x}_3$ 가 있다고 할 때, 2.5.2 에 따라 $\bar{x}_1 - \bar{x}_2$, $\bar{x}_1 - \bar{x}_3$, $\bar{x}_2 - \bar{x}_3$ 에 대한 t-값을 각각 계산하여 어느 차이가 통계적으로 유의한지를 결정하는 것이 의의가 있는지 알아보자. 계산상으로는 k 개의 집단이 있다면, 총 $k(k-1)/2$ 번의 비교가 필요하다.

예를 들어 고혈압에 쓰이는 다섯 가지 약의 효과를 비교한다면, 총 $10(=5 \times 4/2)$ 번의 독립적인 비교가 필요하다. 이 때 어떤 비교에서도 두 집단에 관한 정보만이 비교되고, 통계적으로 영향을 줄 수 있는 다른 집단에 대한 정보는 반영되지 못하는 문제가 생긴다. 이렇게 비교하면 전체적인 약효에 대한 증거가 아닌 10 개의 분리된 정보만이 도출될 뿐이다. 그러나 더 큰 문제는, 이런 비교에서는 제 1 종 오류[1]를 범할 확률이 증대된다는 점이다. 즉, 실제로는 차이가 없는데도 '유의한 차이'를 얻게 될 가능성이 증대한다. 두 개의 평균값만 있어 한 번만 검정을 할 경우보

[1] 가설 검정에서는 모집단이 아닌 표본집단이라는 불완전한 정보에 근거한 결정을 내리기 때문에 잘못된 결정을 내리는 오류의 가능성이 항상 존재한다. 가설 검정에는 두 가지 오류가 존재하는데 하나는 제 1 종 오류 (type I error) 이고 다른 하나는 제 2 종 오류(type II error) 다. 제 1 종 오류는 귀무가설이 참일 때 귀무가설을 기각하는 오류이고 제 2 종 오류는 귀무가설이 거짓일 때 귀무가설을 기각하지 않는 오류다. 가설 검정에서 발생하는 두 가지 오류는 모두 작을수록 좋다. 가설 검정에서 사용한 유의수준 α는 제 1 종 오류를 범할 수 있는 최대허용한계를 말한다.

다 열 번을 검정할 경우에 제1종 오류를 범할 확률은 더 커진다. 이 열 번의 검정은 독립적이지 않기 때문이다. 예를 들어, 만일 $\bar{x}_1$ 이 $\bar{x}_4$ 보다 유의하게 크고, $\bar{x}_4$ 가 $\bar{x}_5$ 보다 유의하게 크다면 $\bar{x}_1$ 은 $\bar{x}_5$ 보다 유의하게 커야만 한다(Minium et al., 1998).

이런 문제들을 해결하기 위해 Fisher에 의해 분산분석(analysis of variance, ANOVA)이 제안되었다. 분산분석은 하나의 요인(factor)이나 독립변수만을 포함하는 일원분산분석(one-way ANOVA)과 두 개의 요인을 포함하는 이원분산분석(two-way ANOVA)으로 크게 구분할 수 있다. 요인은 모집단을 구분하는 데 사용되는 변수이며, 실험자가 통제하는 변수로 반응변수에 영향을 미칠 것으로 판단되는 변수다. 요인이 가지는 값들을 요인의 수준(level)이라고 한다. 반응변수(response variable)는 종속변수라고도 하며 실험자가 관심을 갖고 있는 실험결과와 관련된 변수다. 앞의 예에서는 고혈압 약이라는 요인과 다섯 가지 서로 다른 약이 수준이 된다.

일원분산분석으로 두 개 이상의 독립적인 집단들의 평균값을 비교할 수 있다. 만일 두 집단만 비교할 때는 t-검정과 같은 결론이 도출되기 때문에 t-검정은 일원분산분석의 특별한 경우라고도 할 수 있다. 일원분산분석은 k 개의 모집단이 있을 경우에 사용하는데, 이 모집단들은 모두 정규분포를 보이고, 모분산은 알려지지 않았지만 모두 동일하다는 가정에 기초하고 있다. 따라서 모집단의 평균값 $\mu_1, \mu_2, \cdots, \mu_k$ 는 서로 다를 수 있는데 일원분산분석은 다음의 가설을 검정하게 된다.

$$H_0 : \mu_1 = \mu_2 = \cdots = \mu_k$$
$$H_a : H_0 \text{ 아님}$$

일원분산분석에서 귀무가설은 모집단의 평균값들은 서로 같다는 것으로 k 개의 표본은 어떤 처치에 있어 효과가 없음을 나타낸다. 만일 어떤 처치가 효과가 있다면 k 개의 표본 평균값 중에서 서로 차이가 생기게 되고, 따라서 서로 다른 표본평균분포를 보이게 될 것이다. 일원분산분석은 이런 차이가 있는지 없는지를 모분산 추정을 통해 검정한다.

표 3.1 어느 고등학교의 학년별 영어 점수

학년	영어 점수	평균
1	91 72 85 81 66	79.0
2	80 72 65 78 69	72.8
3	71 64 58 70 64	65.4

일원분산분석에서는 크게 집단내 변이(within-group variation), 집단간 변이(between-group variation) 그리고 F-비(ratio)의 계산을 통한 검정이 이루어진다. 이제 어떻게 일원분산분석이 행해지는지를 단계별로 알아보도록 하자. 가령 어느 고등학교에서 학년별 영어 실력을 비교하기 위하여 각 학년별로 5 명씩을 무작위로 추출하여 같은 영어시험을 보게 하였더니 표 3.1 과 같은 결과를 얻었다고 하자.

일원분산분석은 두 개 이상의 모집단의 표본평균을 가지고 모집단의 평균을 추정한다. 집단들 간의 비교가 종합적으로 이루어지기 위해서는 각 집단내 변이와 집단간 변이를 함께 고려해야 한다. 집단내 변이는 같은 집단 내에서 개개의 관찰값이 그 집단의 평균과 얼마나 차이를 보이는지를 나타내는 반면, 집단간 변이는 각 집단별로 어떤 차이가 있는지를 나타낸다.

우선 표 3.1 과 관련하여 집단내 변이에 대해 살펴보자. 집단내 변이는 한 집단의 내재적 변이(inherent variation)를 반영한다. 즉 학년별로 같은 영어 교육을 받았지만 개인들 간의 성취도에는 차이가 생기게 되는데 이 차이는 분산으로 계산될 수 있다. 모집단의 분산을 모르기 때문에 표본분산과 표본평균으로 모집단의 분산을 추정한다. 이는 제곱합(sum of squares)으로 계산된다. 집단내 제곱합(within-group sum of squares, SSW)은 각 집단의 관찰값에서 그 집단의 표본평균까지의 거리를 나타내며, 오차 제곱합(error sum of squares, SSE)이라고도 한다.

$$SSW = \sum_{\text{모든 점수들}} (X - \bar{X})^2 \tag{3.1}$$

표 3.1의 집단내 제곱합은 다음과 같이 계산된다.

$$\begin{aligned} SSW &= (91-79)^2+(72-79)^2+(85-79)^2+(81-79)^2 \\ &\quad +(66-79)^2+(80-72.8)^2+(72-72.8)^2+(65-72.8)^2 \\ &\quad +(78-72.8)^2+(69-72.8)^2+(71-65.4)^2+(64-65.4)^2 \\ &\quad +(58-65.4)^2+(70-65.4)^2+(64-65.4)^2 \\ &= 668 \end{aligned}$$

표본평균값 변이의 자유도는 $n-1$ 이다. k 개로 이루어진 집단내 자유도는 다음과 같다.

$$\text{집단내 자유도:} \qquad df_w = n_{\text{전체}} - k \tag{3.2}$$

여기서 n 은 연구에 포함된 전체 사례수이며 k 는 집단의 수다. 이 예에서, 전체 사례 수는 15개(=5개 표본×3개 집단)이며, 집단의 수는 3이다. 따라서, 자유도는 $12(=15-3)$ 가 된다.

표 3.1에서는 집단간의 표본평균값도 다른데, 이를 집단간 변이라 한다. 집단간 변이는 집단내의 고유한 변이에다, 집단간의 어떤 처치효과가 있다면 그 차이가 결합된 것을 반영한다. 집단내 변이와 마찬가지로 집단간 변이도 분산추정치로 표현될 수 있다.

집단간 변이는 여러 표본평균값에 차이가 있는지를 검정하는 것으로 전체 평균까지의 거리를 이용한다. 이를 집단간 제곱합(between-group sum of squares, SSB) 또는 처리 제곱합(treatment sum of squares, SSTr)이라고도 한다.[2]

$$SSB = \sum_{\text{모든 점수들}} (\bar{X} - \bar{\bar{X}})^2 \tag{3.3}$$

[2] 집단간 제곱합은 각 집단의 표본 각각의 표본평균에서 전체 평균을 뺀 제곱이기 때문에 각 표본 수 $x \times$ (표본평균 − 전체평균)와 마찬가지다.

전체 평균 $(\bar{\bar{X}})$ 은 각 집단의 평균들의 평균이다. 이 예에서는 $(79 + 72.8 + 65.4)/3 = 72.4$ 이다. 집단간 제곱합을 구하면 다음과 같다.

$$\begin{aligned} SSB &= (79-72.4)^2 + (79-72.4)^2 + (79-72.4)^2 + (79-72.4)^2 \\ &\quad + (79-72.4)^2 + (72.8-72.4)^2 + (72.8-72.4)^2 \\ &\quad + (72.8-72.4)^2 + (72.8-72.4)^2 + (72.8-72.4)^2 \\ &\quad + (65.4-72.4)^2 + (65.4-72.4)^2 + (65.4-72.4)^2 \\ &\quad + (65.4-72.4)^2 + (65.4-72.4)^2 \\ &= 463.6 \end{aligned}$$

또는

$$\begin{aligned} SSB &= 5 \times (79-72.4)^2 + 5 \times (72.8-72.4)^2 + 5 \times (65.4-72.4)^2 \\ &= 463.6 \end{aligned}$$

여기서 집단간 제곱합은 세 표본평균값의 편차 제곱의 합이다. 따라서 세 표본평균값의 편차를 갖기 때문에 다음과 같이 집단간 자유도를 결정할 수 있다.

$$\text{집단간 자유도:} \qquad df_b = k - 1 \tag{3.4}$$

이 예에서는 $2(= 3 - 1)$ 의 자유도를 갖는다.

이제 전체 제곱합(total sum of squares, SST) 에 대해 알아보자. 전체 제곱합은 소속 집단과는 관계없이 자료에 나타나 있는 전체 변이에 대한 측정값이다. 일원분산분석에 직접 이용되지는 않지만 이 합계는 전체 상황을 보여 주므로 유용하다. 전체 제곱합은 각 점수들과 총 평균치와의 편차이며 다음과 같이 정의된다.

$$SST = \sum_{\text{모든 점수들}} (X - \bar{\bar{X}})^2 \tag{3.5}$$

이 예의 전체 제곱합은 다음과 같이 계산된다.

$$
\begin{aligned}
SST &= (91-72.4)^2 + (72-72.4)^2 + (85-72.4)^{+}(81-72.4)^2 \\
&\quad + (66-72.4)^2 + (80-72.4)^2 + (72-72.4)^2 + (65-72.4)^2 \\
&\quad + (78-72.4)^2 + (69-72.4)^2 + (71-72.4)^2 + (64-72.4)^2 \\
&\quad + (58-72.4)^2 + (70-72.4)^2 + (64-72.4)^2 \\
&= 1131.6
\end{aligned}
$$

여기서 전체 제곱합은 총 15 개의 평균치에 대한 15 개의 점수들의 편차에 기초하기 때문에 $14(=15-1)$ 의 자유도를 갖는다. 이 자유도는 다음과 같이 정의된다.

$$\text{전체 자유도:} \qquad df_t = n_{\text{전체}} - 1 \tag{3.6}$$

자세히 살펴보면 전체 제곱합(SST)은 집단내 제곱합(SSW)과 집단간 제곱합(SSB)의 합임을 알 수 있다. 따라서 앞에서 계산된 전체 제곱합 1131.6 은 $SSW + SSB$ 의 합 $668 + 463.6$ 과 같다. 이를 정리하면 다음과 같다.

$$
\begin{aligned}
SST &= \sum (X - \bar{\bar{X}})^2 = \sum (X - \bar{X} + \bar{X} - \bar{\bar{X}})^2 \\
&= \sum \left\{ (X-\bar{X})^2 + (\bar{X} - \bar{\bar{X}})^2 + 2(X-\bar{X})(\bar{X}-\bar{\bar{X}}) \right\} \\
&= \sum (X-\bar{X})^2 + \sum (\bar{X}-\bar{\bar{X}})^2 + 2(\bar{X}-\bar{\bar{X}}) \sum (X-\bar{X}) \\
&= \sum (X-\bar{X})^2 + \sum (\bar{X}-\bar{\bar{X}})^2, \qquad \because \sum (X-\bar{X}) = 0 \\
&= SSW + SSB
\end{aligned}
$$

이제 집단내 제곱합 SSW와 집단간 제곱합 SSB를 각각의 자유도로 나누면 각각 집단내 분산 추정치 s_W^2 와 집단간 분산 추정치 s_B^2 를 구할 수 있다. 이는 다음과 같다.

$$s_W^2 = \frac{668}{15-3} \approx 55.66$$
$$s_B^2 = \frac{463.6}{3-1} \approx 231.8$$

일원분산분석은 집단내 분산 추정치와 집단간 분산 추정치의 비 (ratio) 인 F-검정량[3]에 의해 가설 검정을 하게 된다. t-분포와 마찬가지로 F-분포는 자유도에 따라 좌우되는 곡선들로 이루어져 있다. 이 예의 일원분산분석을 위한 F-비는 다음과 같다.

$$F = \frac{s_B^2}{s_W^2} = \frac{231.8}{55.66} \approx 4.16$$

F-분포의 임계치를 사용하려면 부록으로 수록되어 있는 F-분포표에서 분자, 분모 각각에 해당하는 자유도의 유의수준에 해당하는 값을 찾아야 한다. $\alpha = 0.05$ 라고 한다면, 분자 2, 분모 12 인 자유도에서 $F_{0.05} = 3.88$ 이다.[4] 산정된 값 4.16 은 기각역 3.88 보다 크므로 귀무가설을 기각할 수 있다. 따라서 모집단의 평균들은 서로 같다고 할 수 없으며, 영어 실력에는 차이가 있다고 할 수 있다. 이를 그래프로 보이면 그림 3.1 과 같다.

일원분산분석은 일반적으로 분산요인, 제곱합, 자유도, 분산추정치, 그리고 계산된 F-비를 나타내는 요약표로 표현된다. 여기서의 예를 분산분석표로 나타내면 표 3.2 와 같다.

만일, 이 예에서 F-값이 임계치인 3.88 보다 작게 나왔다면 모평균에는 차이가 없다고 결론을 내리게 되며 더 이상의 통계적 작업은 필요치 않다. 그러나 이 분석의 결과로 세 집단의 모평균이 같다는 귀무가설은 기각되고, 세 집단의 영어 실력에는 차이가 있다고 할 수 있다. 그러면 이 귀무가설을 기각하는 차이가 어느 집단 사이에 나타나는지를 밝혀야 할 필요가 있다. 즉, 1 학년과 2 학년 사이의 차이인지, 또는 2 학년과 3

[3] F-비는 George W. Snedecor 가 Fisher 의 이름을 따서 붙인 것이다.

[4] 보통 $F(2, 12)$ 로 나타낸다.

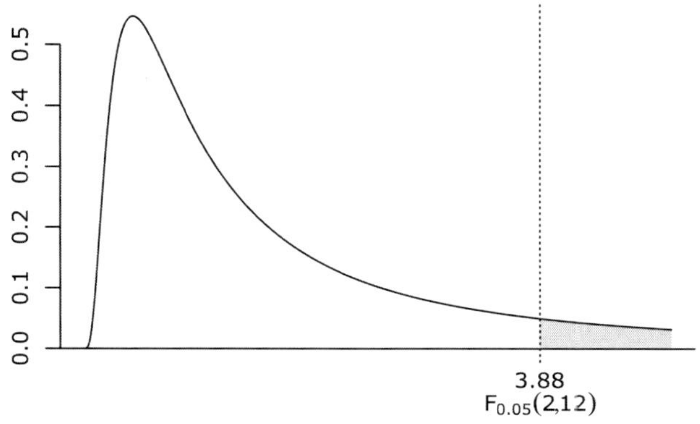

그림 3.1 자유도 2, 12를 가진 F-분포

표 3.2 영어 실력에 관한 일원분산분석표

요인	제곱합	자유도	분산추정치	F-비	p
집단간	$SSB = 463.6$	2	231.8	4.16	$p < 0.05$
집단내	$SSW = 668$	12	55.66		
전체	$SST = 1131.6$	14			

학년 사이의 차이인지, 또는 1학년과 3학년 사이의 차이인지, 아니면 각 학년별로 다 차이가 있는지를 밝혀야 한다. 이렇게 귀무가설이 기각될 때 다음 단계의 분석 작업이 필요하다. 이러한 목적을 위해 개발된 여러 검정 방법 중 하나인 Tukey의 정직한 유의차(honestly significant difference)에 대해 살펴보도록 하자.

Tukey 검정은 F-검정 결과가 유의하다는, 즉 각 집단간에 차이가 있다는 것이 밝혀진 후에 수행되는 일종의 사후비교(post hoc comparisons)다. 이미 두 개 이상의 집단의 t-검정에서 각 쌍의 평균값을 비교할 때 발생할 수 있는 제1종 오류에 대해서 앞에서 언급하였다. 사후 검정은 통계적으로 유의한 결과를 제공하기 위해 어떤 쌍의 평균값들의 차보다 더 큰 차이를 요구한다. 따라서 제1종 오류를 범할 확률이 유의수준 α

보다 더 커지는 것을 방지할 수 있게 한다. 즉 k 개의 집단 비교에서 가능한 $k(k-1)/2$ 개의 비교에서 적어도 한번 제1종 오류를 범할 확률을 α 와 같게 유지시킨다.

Tukey 검정을 위해서는 우선 정직한 유의차의 임계치를 결정할 필요가 있다. 모평균값들이 같다는 가설은 표본평균값들 간의 차이의 절대값이 임계치 이상이면 해당되는 쌍들에서는 그 가설이 기각되기 때문이다. 임계치는 다음과 같이 산정된다.

$$HSD = q\sqrt{\frac{s_W^2}{n_{집단}}} \tag{3.7}$$

q 는 유의수준 α 와 집단내 자유도(df), 그리고 집단 수(k)에 의해 구해지는 스튜던트화 범위 통계치(studentized range statistics)에 따르는 값이다. 스튜던트화 범위 통계치는 부록으로 제시되어 있다. s_W^2 는 집단내 분산 추정치이며 $n_{집단}$ 은 각 집단내에 있는 표본 수다.

이제 Tukey 검정을 앞의 예에 적용해 보자. 우선 q 를 구해야 한다. 집단내 자유도는 $12(= 15 - 3)$ 이고 $k = 3$ 이며 유의수준 0.05 인 스튜던트화 범위 통계치는 3.77 이다. 또한 $s_W^2 = 55.66$ 이고, $n_{집단}$ 은 5 이다. 따라서 정직한 유의치는 다음과 같다.

$$HSD = 3.77\sqrt{\frac{55.66}{5}} \approx 12.57$$

이 정직한 유의차 값은, 어떤 두 표본평균값들의 차에 대한 절대값이 유의하려면 그 값은 적어도 12.57은 되어야 한다는 것을 의미한다. 따라서 이를 확인하기 위해서는 표 3.3과 같이 모든 쌍들의 표본평균값의 차를 다 구해 보아야 한다.

세 쌍 중에서 그 차가 12.57을 넘는 것은 $|\bar{X}_1 - \bar{X}_3|$ 이다. 이는 $\mu_1 = \mu_3$ 의 귀무가설이 기각됨을 의미한다. 따라서 1학년과 3학년의 영어 실력은 같지 않다고 결론을 내릴 수 있다. 그러나 $\mu_1 = \mu_2$ 의 귀무가설을 기각하지 못하기 때문에 1학년과 2학년의 영어 실력에는 차이가 없다고

표 3.3 각 쌍들의 표본평균값 차이

	$\bar{X}_1 = 79$	$\bar{X}_2 = 72.8$	$\bar{X}_3 = 65.4$
$\bar{X}_1 = 79$	-	6.2	13.6
$\bar{X}_2 = 72.8$	6.2	-	7.4
$\bar{X}_3 = 65.4$	13.6	7.4	-

할 수 있다.

일반적으로 집단 수 k 가 증가할수록 정직한 유의차는 커진다. 이는 집단 수가 커지면 커질수록 어느 한 쌍의 비교가 통계적으로 유의하기가 더 어렵다는 것을 의미한다. 이는 Tukey 검정이 모든 가능한 쌍들을 비교할 때 제 1 종 오류의 확률이 증대되는 것을 어떻게 방지할 수 있는지를 보여 준다.

이제 각 집단들 속의 표본 수가 동일하지 않을 경우에는 어떻게 정직한 유의차를 구할 수 있는지 살펴보자. 앞의 예는 각 집단이 동일한 표본 수, 5를 갖는 경우다. 만일 2학년의 표본수가 7이라면 어떻게 정직한 유의치를 구할 수 있을까? 이런 경우는 표본 수의 조화평균값(harmonic mean), $\tilde{n}$ 를 구하여 근사화한다.

$$\tilde{n} = \frac{k}{\frac{1}{n_1} + \frac{1}{n_2} + \cdots + \frac{1}{n_k}} \tag{3.8}$$

여기서의 조화평균값은 다음과 같다.

$$\tilde{n} = \frac{3}{\frac{1}{5} + \frac{1}{7} + \frac{1}{5}} \approx 5.52$$

이 조화평균값을 가지고 정직한 유의차를 구하면 다음과 같다.

$$HSD = 3.77\sqrt{\frac{55.66}{5.52}} \approx 11.97$$

표 3.4 일원분산분석 정리

요인	제곱합	자유도	분산추정치	F-비
집단간	$\sum_{\text{모든 점수들}} (\bar{X} - \bar{\bar{X}})^2$	$k-1$	$s_b^2 = \frac{SSB}{df_b}$	$\frac{s_b^2}{s_W^2}$
집단내	$\sum_{\text{모든 점수들}} (X - \bar{X})^2$	$n_{\text{전체}} - k$	$s_W^2 = \frac{SSW}{df_w}$	
전체	$\sum_{\text{모든 점수들}} (X - \bar{\bar{X}})^2$	$n_{\text{전체}} - 1$		

이제 모집단들 차이에 대한 신뢰구간을 어떻게 설정할 수 있는지를 살펴보자. 각 모집단 사이의 차에 관한 신뢰구간은 다음과 같이 표본평균차와 정직한 유의차로 구할 수 있다.

$$|\bar{X}_i - \bar{X}_j| \pm HSD \tag{3.9}$$

여기서의 예, $\mu_1 - \mu_2$ 의 신뢰구간을 구해 보자.

$$|\bar{X}_1 - \bar{X}_2| \pm HSD = |79 - 72.8| \pm 12.57 = 6.2 \pm 12.57$$

따라서 1 학년과 2 학년의 평균 차이는 -6.37 에서 18.77 사이 어디에 있으리라고 95% 확신할 수 있다. 지금까지 살펴본 일원분산분석을 정리하면 표 3.4 와 같다.

3.1.2 이원분산분석

일원분산분석은 하나의 요인 (factor) 또는 독립변수들의 서로 다른 수준 (level) 을 다루지만 경우에 따라 두 가지 이상의 요인들을 동시에 연구할 필요가 있다. 예를 들어 어떤 의사가 우울증을 치료할 때 사용하는 두 치료법의 상대적인 효과와, 그것이 남녀 성별과 관련되는지를 연구하고자

할 때는 두 요인을 다 고려할 수 있다. 하나는 두 치료법의 효과이고 다른 하나는 성별에 따른 효과다. 이런 경우 일원분산분석에 따라 각 요인의 실험들을 따로따로 수행할 수도 있다. 그러나 이원분산분석(two-way ANOVA)을 하는 것이 요인들 간의 상호작용을 파악할 수 있기 때문에 더 효과적이다.

이원분산분석은 일원분산분석에 비해 상호작용이라는 개념이 도입되고 계산이 좀 더 정교화되지만 기본적으로는 일원분산분석과 동일한 방법으로 진행된다. 그럼 이원분산분석의 과정을 일원분석과 관련하여 살펴보자. 우선 두 개의 변수 각각을 A 요인, B 요인이라 하고 그 상호작용을 $A \times B$ 로 하자. 일원분산분석과 마찬가지로 집단내 제곱합(SSW)과 집단간 제곱합(SSB)의 합으로 전체 제곱합(SST)이 결정된다.

집단간 제곱합은 일원분산과 달리 요인에 따라 더 세분될 수 있다. 이 경우, A 요인 (SS_A), B 요인 (SS_B), $A \times B$ 상호작용 $(SS_{A\times B})$의 제곱합으로 더 구체적으로 표현될 수 있다. 있다. 따라서 다음과 같은 집단간 제곱합을 설정할 수 있다.

$$SSB = SS_A + SS_B + SS_{A\times B} \tag{3.10}$$

따라서 전체 제곱합은 다음과 같이 할 수 있다.

$$SST = SSW + SS_A + SS_B + SS_{A\times B} \tag{3.11}$$

이 제곱합들을 각각의 자유도로 나누면 분산추정치가 된다.

$$s_W^2 = \frac{SSW}{df_W} \tag{3.12a}$$

$$s_A^2 = \frac{SS_A}{df_A} \tag{3.12b}$$

$$s_B^2 = \frac{SS_B}{df_B} \tag{3.12c}$$

$$s^2_{A\times B} = \frac{SS_{A\times B}}{df_{A\times B}} \tag{3.12d}$$

s^2_W 는 모분산 σ^2 만의 추정치다. 즉, 집단내의 표본들의 분산으로 모분산을 추정한 것이다. 그러나 s^2_A 는 모분산 σ^2 에 A 요인의 효과를 합친 추정치가 되고, s^2_B 는 σ^2 에 B 요인의 효과를 합친 추정치이며, $s^2_{A\times B}$ 는 σ^2 에 두 요인들의 상호작용 효과를 합친 것이 된다. 왜냐하면 집단 간 제곱합에 의해 추정되는 분산은 각 집단에 어떤 처치를 했을 때 집단마다 어떤 영향을 받았는지를 보여 주기 때문이다. F-비는 각 요인들의 분산 추정치와 집단내의 분산추정치와의 비율로 결정된다.

$$F_A = \frac{s^2_A}{s^2_W} \tag{3.13a}$$

$$F_B = \frac{s^2_B}{s^2_W} \tag{3.13b}$$

$$F_{A\times B} = \frac{s^2_{A\times B}}{s^2_W} \tag{3.13c}$$

이상에서 개괄한 이원분산분석은 두 요인과 상호작용에 관한 집단간 제곱합을 더 세분화하여 이에 따른 모분산 추정을 하고, F-비도 이 요인들과의 상호작용에 따라 더 정밀하게 구분한다는 점에서 일원분산분석과 차이가 생긴다.

한편, 이원분산분석에서는 각 칸의 표본 수가 같아야 한다는 가정이 필요하다. 이런 경우를 균형 설계(balanced design)라 한다. 일원분산분석의 경우에 불균형 설계(unbalanced design)가 사용될 수 있었다. 앞에서 본 조화평균값이 그 예다. 이원분산분석에서 칸의 표본 수가 다를 경우 이를 다루는 방법이 아주 복잡하기 때문에 요인설계에서는 균형을 맞추는 것이 좋다.

이제 예를 중심으로 이원분산분석이 계산되는 과정을 살펴보자. 어떤

표 3.5 우울증 치료법과 성별에 따른 우울증 척도 결과

	치료법 (B 요인)	
성별 (A 요인)	상담치료법 (B_1)	약물치료법 (B_2)
남성 (A_1)	4, 3, 7, 6	3, 7, 8, 4
여성 (A_2)	3, 10, 8, 9	6, 9, 10, 11

표 3.6 이원분산분석: 칸 평균값, 칸 외 평균값, 총 평균

성별	치료법 (B 요인)		
(A 요인)	상담치료법 (B_1)	약물치료법 (B_2)	
남성 (A_1)	$\bar{X}_{A_1B_1} = 5$ (4, 3, 7, 6)	$\bar{X}_{A_1B_2} = 5.5$ (3, 7, 8, 4)	$\bar{X}_{A_1} = 5.25$
여성 (A_2)	$\bar{X}_{A_2B_1} = 7.5$ (3, 10, 8, 9)	$\bar{X}_{A_1B_1} = 9$ (6, 9, 10, 11)	$\bar{X}_{A_2} = 8.25$
	$\bar{X}_{B_1} = 6.25$	$\bar{X}_{B_2} = 7.25$	$\bar{X} = 6.75$

의사가 성인 우울증의 두 가지 치료법인, 상담치료법과 약물치료법의 상대적 효율성을 검정하고자 한다. 이런 치료법의 효율성 외에도, 의사는 그 결과가 개인의 성별과도 관련되는지도 알고 싶어한다. 그래서 이 두 치료법에 남녀 각각 8 명씩을 무작위로 할당하고 성격검사에서 나온 우울증 척도를 조사하였다. 그 결과는 표 3.5 와 같다. 여기서 높은 점수는 더 큰 우울 감정이 있음을 의미한다.

표 3.5 에서 전체 연구는 각각 4 명의 피험자로 된 4 개의 독립적인 집단으로 되어 있음을 알 수 있다. 여기서 각 칸 (cell) 은 특정 행 (A) 과 특정 열 (B) 의 조합이다. 여기서는 4 개의 조합이 가능하므로 2×2 설계가 된다. 이 점수들로부터 표 3.6 의 칸 평균값, 행 평균값, 열 평균값 등을 구할 수 있다.

이제 이 의사는 치료법 및 성별의 전체적인 영향에 관해 검정을 할 수 있다. 이를 주효과(main effects)에 관한 검정이라고 한다. 두 요인에 의한 주효과의 두 가지 귀무가설 및 그 상호작용에 관한 귀무가설을 다음과 같이 설정한다.

A 요인의 주효과(성별)	$H_0 : \mu_{A_1} = \mu_{A_2}$
B 요인의 주효과(치료법)	$H_0 : \mu_{B_1} = \mu_{B_2}$
상호작용	모집단에서 B 요인의 모든 수준에서 A 요인의 모든 수준들 간의 차이는 같다. 즉 상호작용이 없다.

$H_0 : \mu_{A_1} = \mu_{A_2}$ 에 대한 검정은 성별의 차이가 없다는 귀무가설로 표 3.6 에서의 행 평균치 $\bar{X}_{A_1} = 5.25$ 와 $\bar{X}_{A_2} = 8.25$ 가 유의하게 다른지를 알려주게 된다. 치료법에 관한 귀무가설 $H_0 : \mu_{B_1} = \mu_{B_2}$ 은 치료법에 차이가 없다는 귀무가설이다. 마찬가지로 $\bar{X}_{B_1} = 6.25$ 와 $\bar{X}_{B_2} = 7.25$ 가 유의미하게 다른지를 검정하게 된다.

상호작용은 성별과 치료법의 두 요인 사이에 서로의 영향이 가능한지를 알아보는 것이다. 만일 상호작용의 결과가 유의하게 나온다면, 성별 때문에 생기는 차이가 두 치료법에 있어서 같지 않다는 것을 의미한다. 유의하지 않다면 한 요인의 여러 수준들 간의 모집단의 차이는 다른 요인의 수준에 관계없이 같다는 것을 나타낸다. 이런 상호작용은 그림 3.2 와 같이 그래프로 나타내면 더 쉽게 이해할 수 있다.

여기서 네 점들은 각 칸 평균값들을 나타내고 성별에 따른 칸 평균값들이 직선으로 연결되어 있다. 치료법에 따른 성별의 평균값의 차이가 상호작용의 존재를 나타낸다. 만일 상호작용이 없다면 성별과 치료법 사이의 차이는 균일하게 나타날 것이다. 그래프 상에서 나타나는 이런 상호작용의 차이가 유의한지는 실제 검정에 의해 밝혀질 것이다.

이제 본격적으로 편차들을 계산해 보자. 우선 전체 제곱합(SST)을 계산해 보자. 이는 분석되는 모든 점수들의 총 평균값에서 제곱된 개인 점수들의 편차를 나타내는 것으로 자료에 나타나는 전체 변이를 측정한

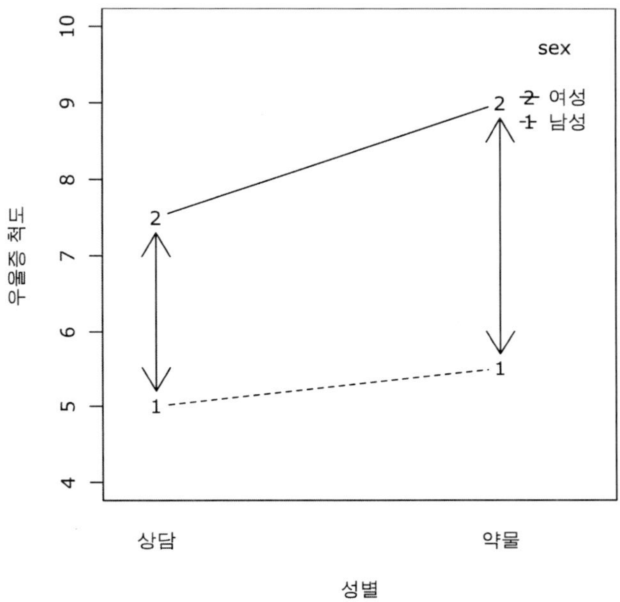

그림 3.2 2 × 2 분산분석의 칸 평균값

다. 일원분산분석과 같은 방식으로 다음과 같이 산정된다.

$$SST = \sum_{\text{모든 점수들}} X^2 - \frac{\left(\sum_{\text{모든 점수들}} X\right)^2}{n_{\text{전체}}} \tag{3.14}$$

모든 점수들의 제곱합은 각 칸의 점수들을 제곱하여 모두 더한 값이다. 표 3.6의 $\sum_{\text{모든 점수들}} X^2$ 을 계산해 보자.

$$\begin{aligned}\sum_{\text{모든 점수들}} X^2 &= 4^2 + 3^2 + 7^2 + 6^2 + 3^2 + 7^2 + 8^2 + 4^2 \\ &\quad + 3^2 + 10^2 + 8^2 + 9^2 + 6^2 + 9^2 + 10^2 + 11^2 \\ &= 840\end{aligned}$$

$(\sum_{\text{모든 점수들}} X)^2$ 은 이 계산과 달리 모든 점수들의 합의 제곱이다. 즉, 이 계산이 각 점수의 제곱의 합인 반면, $(\sum_{\text{모든 점수들}} X)^2$ 은 각 점수의 전체 합의 제곱이다. 행의 합과 열의 합은 같기 때문에, 표 3.6 에서 행의 합 $(A_1 + A_2)$ 이나 열의 합 $(B_1 + B_2)$ 중 어느 하나를 취하여 제곱을 하면 된다.

행의 합 $(A_1 + A_2)$:

(A_1): $4 + 3 + 7 + 6 + 3 + 7 + 8 + 4 = 42$

(A_2): $3 + 10 + 8 + 9 + 6 + 9 + 10 + 11 = 66$

열의 합 $(B_1 + B_2)$:

(B_1): $4 + 3 + 7 + 6 + 3 + 10 + 8 + 9 = 50$

(B_2): $3 + 7 + 8 + 4 + 6 + 9 + 10 + 11 = 58$

행의 합 $(A_1 + A_2)$ 과 열의 합 $(B_1 + B_2)$ 모두 108 이다. 전체 16 개의 표본이 있으므로 전체 제곱합은 다음과 같이 계산된다.

$$SST = 840 - \frac{108^2}{16} = 111$$

전체 제곱합의 자유도는 일원분산분석에서와 마찬가지로 전체 표본수에서 1 을 뺀 것이다.

$$df_t = n_{\text{전체}} - 1 \tag{3.15}$$

이 예에서는 전체 16 개의 값이 있기 때문에 전체자유도는 $15(= 16 - 1)$ 이다.

다음으로 집단내 제곱합(SSW) 을 계산해 보자. 이원분산분석에서 집단은 칸이다. 따라서 집단내 제곱합은 각 칸 내에서의 변이를 나타내며, 이는 개인 점수들이 그것이 속한 칸의 평균값으로부터 떨어져 있는 편차를 제곱하여 얻어진다.

$$SSW = \sum_{\text{모든 점수들}} X^2 - \frac{\sum_{\text{모든 칸들}} \left(\sum_{\text{칸}} X \right)^2}{n_{\text{칸}}} \tag{3.16}$$

이는 각 칸의 점수의 합을 제곱한 것을 모두 더한 것을 각 칸에 있는 표본 수로 나눈 다음 이를 모든 점수들의 제곱합에서 뺀 것이다. 모든 점수들의 제곱합은 앞에서 이미 계산되었고 $\sum_{\text{모든칸들}}(\sum_{\text{칸}} X)^2$ 의 값은 각 칸의 점수 합의 제곱을 모두 더한 것이다. 여기서 A_1B_1 칸의 합은 $4 + 3 + 7 + 6 = 20$ 이며 그 제곱은 400 이다. A_1B_2 칸의 합은 $3 + 7 + 8 + 4 = 22$ 이며 그 제곱은 484 이다. 이런 식으로 모든 칸의 합의 제곱을 구한 후 모두 더한다. 따라서 집단내 제곱합 (SSW) 은 다음과 같다.

$$SSW = 840 - \frac{20^2 + 22^2 + 30^2 + 36^2}{4} = 70$$

각 칸에는 4 개의 측정값이 있기 때문에 모든 칸의 합의 제곱을 4 로 나누어 준다.

각 칸에는 $n_{\text{칸}} - 1$ 의 자유도가 가능하다. 전체적으로 행 (R) 과 열 (C) 의 수만큼의 칸이 가능하기 때문에 다음과 같은 집단내 자유도가 된다.

$$df_w = (R)(C)(n_{\text{칸}} - 1) \tag{3.17}$$

이 예에서 집단 내 자유도는 $12 = 2 \cdot 2 \cdot (4 - 1)$ 이다.

이제 A 요인에 대한 제곱합 (SS_A) 을 구해 보자. 이는 B 요인의 수준들을 고려하지 않고 A 요인의 각 수준 (level) 들을 하나의 집단으로 간주하여 집단간 제곱합(SSB) 을 구하는 일원분산분석과 유사하다. 즉 A_1, A_2 의 두 집단으로 되어 있는 일원분산분석의 집단간 제곱합을 구하는 것과 같다. 이는 행평균값들이 총평균값으로부터 떨어진 편차들의 제곱으로 계산된다.

$$SS_A = \frac{\left(\sum X_{A_1}\right)^2 + \left(\sum X_{A_2}\right)^2 + \cdots}{n_A} - \frac{\left(\sum_{\text{모든 점수들}} X\right)^2}{n_{\text{전체}}} \tag{3.18}$$

(3.18) 의 수식에서 빼기 왼쪽 부분은 A 요인에 해당하는 각 행의 합을 제곱한 다음 이 행들의 표본 수로 나눈 것이다. 오른쪽은 이미 전체 제곱합에서 구한 것처럼 모든 점수들의 합을 제곱하여 전체 표본수로 나눈 것이다.

$$SS_A = \frac{42^2 + 66^2}{8} - \frac{108^2}{16} = 36$$

A 요인에는 행의 갯수 R 개의 수준이 가능하므로 자유도는 다음과 같다.

$$df_A = R - 1 \tag{3.19}$$

여기서 R 은 2 이므로 $df_A = 1(= 2 - 1)$ 이다.

B 요인에 대한 제곱합 (SS_B) 도 마찬가지이다. 이번에는 A 요인의 수준을 고려하지 않은 B 요인들의 수준의 집합이 된다.

$$SS_B = \frac{\left(\sum X_{B_1}\right)^2 + \left(\sum X_{B_2}\right)^2 + \cdots}{n_B} - \frac{\left(\sum_{\text{모든 점수들}} X\right)^2}{n_{\text{전체}}} \tag{3.20}$$

$$SS_B = \frac{50^2 + 58^2}{8} - \frac{108^2}{16} = 4$$

자유도는 열의 갯수 C 개의 수준을 반영한 것으로 다음과 같다.

$$df_B = C - 1 \tag{3.21}$$

여기서 $df_B = 1(= 2 - 1)$ 이다.

상호작용의 제곱합($SS_{A\times B}$) 은 상호작용이 없다고 기대할 때의 칸 평균값들로부터 실제로 얻어진 각각의 평균값들의 제곱으로 구할 수 있다. 이는 지금까지 구한 값들에서 쉽게 계산할 수 있다.

$$SS_{A\times B} = SS_T - (SS_W + SS_A + SS_B) \tag{3.22}$$

이에 해당하는 자유도는 df_A 와 df_B 를 곱한 값이다.

$$df_{A\times B} = (R-1)(C-1) \tag{3.23}$$

이 예의 $df_{A\times B} = 1 = (2-1)(2-1)$ 이다.

이제 F-검정을 위해 분산추정, 즉 모분산 분석을 행한다. 이를 위해 (3.12) 에서 살펴보았듯이 네 가지 제곱합들 — SS_W, SS_A, SS_B, $SS_{A\times B}$—을 각각 자신의 자유도로 나누어 각각의 분산을 추정한다. 이 예의 분산 추정치는 다음과 같다.

$$s_W^2 = \frac{SSW}{df_w} = \frac{70}{12} \approx 5.83$$

$$s_A^2 = \frac{SS_A}{df_A} = \frac{36}{1} = 36$$

$$s_B^2 = \frac{SS_B}{df_B} = \frac{4}{1} = 4$$

$$s_{A\times B}^2 = \frac{SS_{A\times B}}{df_{A\times B}} = \frac{1}{1} = 1$$

이제 s_A^2, s_B^2, $s_{A\times B}^2$ 을 집단 내 s_W^2 으로 나누어 F-비를 구할 수 있다.

$$F_A = \frac{s_A^2}{s_W^2} = \frac{36}{5.83} \approx 6.17$$

$$F_B = \frac{s_B^2}{s_W^2} = \frac{4}{5.83} \approx 0.68$$

$$F_{A\times B} = \frac{s^2_{A\times B}}{s^2_W} = \frac{1}{5.83} \approx 0.17$$

이제 통계적 유의성을 검정하기 위해 F-분포표에서 $\alpha = 0.05$ 의 유의수준에서의 임계치와 F-비를 비교해야 한다. 우선 F_A 와 관련하여, 분자의 자유도 (df_A) 는 1 이고 분모의 자유도 (df_w) 는 12 일 때, $\alpha = 0.05$ 에서의 F-값은 4.75 이다. $6.17 > 4.75$ 이므로 기각역에 해당한다. 즉 귀무가설 $H_0 : \mu_{A_1} = \mu_{A_2}$ 을 기각한다. 결론적으로 A 요인의 주효과는 유의하다고 할 수 있다. 반면, F_B 와 $F_{A\times B}$ 는 각각 $0.68 < 4.75$ 과 $0.17 < 4.75$ 이므로 귀무가설을 기각할 수 없다. 즉 B 요인과 상호작용은 유의하지 않다. 지금까지의 결과를 이원분산분석표로 요약하면 표 3.7 과 같다.

표 3.7 이원분산분석표

분산요인	제곱합	자유도	분산추정치	F-비	p
집단 간	41	3			
성별 (A)	36	1	36	6.17	$p < 0.05$
치료법 (B)	4	1	4	0.68	$p > 0.05$
상호작용 ($A \times B$)	1	1	1	0.17	$p > 0.05$
집단 내	70	12	5.83		
전체	111	15			

이원분산분석표에서 집단간 제곱합은 그것을 이루고 있는 세 요인의 합, 즉 성별 (36), 치료법 (4), 상호작용 (1) 인 41 이고, 이 집단간 합과 집단내 제곱합 (70) 을 더하면 다시 전체 제곱합 111 이 됨을 알 수 있다. 이는 자유도에서도 마찬가지다. 이러한 점은 분산분석에서 제곱합과 자유도들의 가법적 (additive) 속성을 보여 주는 것이다.

이제 $\alpha = 0.05$ 에서 성별이 유의한 ($p < 0.05$) 요인인 것으로 밝혀졌으니 어느 쌍에서 귀무가설을 기각하는 차이가 나타났는지를 더 검정해야 한다. 여기서도 일원분산분석에서 사용된 Tukey의 정직한 유의차를 적용할 수 있다. 그러나 성별은 두 개의 수준 (A_1, A_2) 만을 가지고 있기 때문에 사후검정은 불필요하다. 만일 세 개의 수준으로 되어 있다면 (A_1, A_2, A_3) 세 가지 가능한 평균값들의 쌍을 더 검정해야 한다. 또한 상호작용이 유의한 것으로 나왔다면 $\bar{X}_{A_1B_1} - \bar{X}_{A_2B_1}$, $\bar{X}_{A_1B_2} - \bar{X}_{A_2B_2}$의 차이를 더 검정해야 한다. 이원분산분석은 표 3.8과 같이 정리할 수 있다.

3.1.3 반복측정 분산분석

사회과학이나 행동과학에서의 실험단위는 흔히 사람이나 동물이 된다. 이렇게 실험의 대상이 되는 실험단위를 개체 (subject) 라 하고 동일한 개체에 대해 2회 이상 반복해서 측정이 이루어지는 자료를 반복측정(repeated measure) 이라고 한다. 반복측정에 있어 반응값에 영향을 미치는 원인을 반복요인(처리) 이라 한다.

지금까지 살펴본 분산분석은 독립적으로 추출된 표본들에 기초하고 있지만 반복측정은 그렇지 않다. 이는 2장에서 살펴본 독립된 두 표본에 근거한 t-검정과 종속된 두 표본에 근거한 쌍체 (paired) t-검정의 차이와 비슷하다. 셋 이상의 독립 표본을 t-검정을 행할 경우 제1종 오류를 범할 확률이 증가되는데, 이는 종속 표본에서도 마찬가지다. 이렇게 종속된 셋 이상의 표본을 분석하는 방법으로 반복측정 분산분석(analysis of variance for repeated measure) 이 쓰인다.

예를 들어, 우울증을 치료하기 위한 새로운 치료약의 서로 다른 용량이 효과가 있는지 실험할 때, 개체들 사이의 개인적인 차이를 알아보기 위해 각 개체들에게 용량을 달리하는 세 실험을 할 수 있다. 이 경우 한 개체에 대한 세 가지 용량의 실험은 독립적이지 못하고 서로 영향을 미칠 수 있는 종속적인 추출이 된다. 유추해 보면, t-검정이 일원분산분석의 한 경우 (표본이 둘인 경우) 라면 쌍체 t-검정은 반복측정 분산분석의 한

표 3.8 이원분산분석 정리

분산요인		제곱합	자유도	분산추정치	F-비
집단간		$SS_B = SS_A + SS_B + SS_{A\times B}$			
	A	$\dfrac{\left(\sum X_{A_1}\right)^2 + \left(\sum X_{A_2}\right)^2 + \cdots}{n_A} - \dfrac{\left[\sum_{\text{모든 점수들}} X\right]^2}{n_{\text{전체}}}$	$R-1$	$\dfrac{SS_A}{df_A}$	$\dfrac{s_A^2}{s_W^2}$
	B	$\dfrac{\left(\sum X_{B_1}\right)^2 + \left(\sum X_{B_2}\right)^2 + \cdots}{n_B} - \dfrac{\left[\sum_{\text{모든 점수들}} X\right]^2}{n_{\text{전체}}}$	$C-1$	$\dfrac{SS_B}{df_B}$	$\dfrac{s_B^2}{s_W^2}$
	$A\times B$	$SS_{A\times B} = SS_T - (SS_W + SS_A + SS_B)$	$(R-1)(C-1)$	$\dfrac{SS_{A\times B}}{df_{A\times B}}$	$\dfrac{s_{A\times B}^2}{s_W^2}$
집단내		$\sum_{\text{모든 점수들}} X^2 - \dfrac{\sum_{\text{모든 칸들}}\left[\sum_{\text{칸}} X\right]^2}{n_{\text{칸}}}$	$RC(n_{\text{칸}}-1)$	$\dfrac{SSW}{df_w}$	
전체		$\sum_{\text{모든 점수들}} X^2 - \dfrac{(\sum X)^2}{n_{\text{전체}}}$	$n_{\text{전체}}-1$		

경우라고 할 수 있다.

반복측정자료는 효율성을 높일 수 있는 실험방법이지만, 전에 실험된 처리의 효과가 다음 처리 효과에 영향을 미치는 이월효과(carry-over effect)에 주의해야 한다. 우울증 치료에서 이전 용량의 효과가 남아 있는 경우가 이에 해당한다. 따라서 가능한 실험 기간을 충분히 두거나 이월효과를 직접 측정하는 교차계획법(cross-over design) 등을 통하여 해결할 수 있다.

반복측정 분산분석은 반복요인의 수와 개체간 요인의 유무에 따라 그 분석방법이 다양할 수 있다. 개체간 요인이란 개체들을 구분하는 요인들을 말하는 것으로 개체들을 남녀의 성별로 구분하는 것이 한 예다. 반복요인의 수는 가령 앞의 우울증 약의 효과에 관한 실험에서 용량뿐만 아니라 시간을 달리하여 측정한다면 반복요인은 둘이 된다. 이는 일원분석과 이원분석의 반복된 자료 분석의 경우의 수로 생각할 수 있다. 따라서 개체간 요인이 없는 경우에 단일 반복요인의 분석과 반복요인이 둘 이상인 자료의 분석 그리고 개체간 요인이 있는 경우에 단일 반복요인의 분석과 반복요인이 둘 이상인 자료의 분석의 경우가 논리적으로 가능하다.

이제 반복측정 분산분석을 가장 간단한, 개체간 요인이 없는 단일 반복요인 자료, 즉 일원분산분석을 중심으로 살펴보자. 반복측정의 경우도 기본적으로 독립적인 일원분산분석과 동일하다. 우선 자료의 변이를 집단내 제곱합(SSW)과 집단간 제곱합(SSB)으로 나눈다. 집단내 변이는 집단내의 요소들의 개별적인 차이에 관한 변이를 측정하는 개체간 제곱합(subjects sum of squares, SSS)과 확률오차(random error)의 변이를 측정하는 잔차 제곱합(residual sum of squares, SSR)으로 이루어진다.

반복측정 분산분석에서는 개체들이 모든 조건에서 검정되기 때문에 개체의 차이를 측정할 수 있다. 이는 한 개체의 모든 값을 계산하고 이를 다시 다른 개체들의 값과 비교하여 행해진다. 만일 두 개체들의 값이 다르다면 그것은 개별적인 차이가 되고, 두 개체의 전체 값은 같으나, 그 값이 조건에 따라 다르다면 그것은 확률오차 때문이라고 할 수 있다. 우선 각 요인의 제곱합을 구해 보자. 전체 제곱합(SST)과 집단간 제곱합

(SSB) 은 독립적인 일원분석의 경우와 같으나 집단내 제곱합은 더 세분된다. 이 관계를 그림 3.3 과 같이 표시할 수 있다.

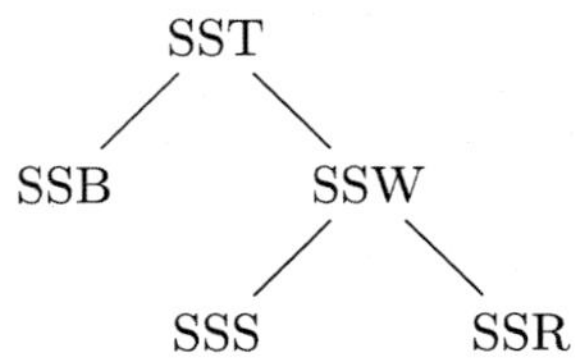

그림 3.3 반복측정 분산분석에서의 제곱합의 분할

개체간 제곱합(SSS) 은 다음과 같이 구할 수 있다.

$$SSS = \sum k(\bar{X}_{\text{subj}} - \bar{\bar{X}})^2 \tag{3.24}$$

여기서 $\bar{X}_{\text{subj}}$ 는 개별 개체의 모든 조건에서의 평균값을 나타내고, k 는 조건의 수를 나타낸다. 개체간 제곱합의 자유도는 개체 수에서 1 을 뺀 값이 된다.

잔차 제곱합(SSR) 은 전체 제곱합에서의 집단간 제곱합, 개체간 제곱합의 차에 의해 구해진다.

$$SSR = SST - SSB - SSS \tag{3.25}$$

잔차 제곱합의 자유도는 개체간 자유도× 집단간 제곱합 자유도다. 처치효과가 있는지를 보기 위한 F-비는 집단간 제곱합을 잔차제곱합으로 나누어 구한다.

$$F = \frac{s_B^2}{s_r^2} = \frac{\text{확률오차} + \text{처치효과}}{\text{확률오차}} \tag{3.26}$$

반복측정 일원분산분석을 정리하면 표 3.9 와 같다.

예제 3.1 한국인들이 영어를 배울 때 어려움을 느끼는 관사와 관련하여

표 3.9 반복측정 일원분산분석

자료	제곱합	자유도	분산추정치	F-비
개체간 (S)	$\sum k(\bar{X}_{\text{subj}} - \bar{\bar{X}})^2$	$n_{\text{개체}} - 1$	$\dfrac{SSS}{df_s}$	
집단간 (B)	$\sum_{\text{모든 점수들}} (\bar{X} - \bar{\bar{X}})^2$	$k - 1$	$\dfrac{SSB}{df_b}$	$\dfrac{s_B^2}{s_r^2}$
잔차 (R)	$SST - SSB - SSS$	$df_s \times df_b$	$\dfrac{SSR}{df_r}$	
전체 (T)	$\sum_{\text{모든 점수들}} (X - \bar{\bar{X}})^2$	$n_{\text{전체}} - 1$		

다음의 실험을 하였다.[5] 한국인들이 부정관사 'a' 대신에 'the'를 쓰는 경우가 많은지를 알아보기 위해 20 명의 실험자를 대상으로 부정관사 'a'가 나타나야 하는 곳에 정관사 'the'가 나타나는 경우를 부분성(partitive)[6]과 관련하여 세 수준으로 구분하여 실험을 하였다. 즉 명시적인 부분성(explicit partitive) 인 경우 (1a), 내재적인 부분성 (implicit partitive) 인 경우 (1b), 그리고 부분성이 아닌 (non-partitive) 경우 (1c) 에, 부정관사 'a' 대신 정관사 'the'를 남용하여 쓰는 횟수를 측정하여 'the'의 출현이 부분성과 관련이 있는지를 검정하려고 한다. 귀무가설은 'the'의 출현은 부분성과 관련이 없다는 것으로 다음과 같이 설정된다.

$$H_0 : \mu_{1a} = \mu_{1b} = \mu_{1c}$$
$$H_1 : H_0\text{가 아님}$$

이 실험에 대한 결과는 표 3.10과 같으며 계산 결과는 표 3.11로 정리할 수 있다.

[5] 이 예는 Ko et al.(2006)의 원자료를 구하여 분석하였다.

[6] 부분성 (partitive)은 언급되는 대상이 이전 대화에서 도입된 한 집합의 구성원 중의 하나로 정의된다.

표 3.10 관사 사용 오류에 관한 반복측정 분산 실험 결과 표

개체들	1a	1b	1c	$\text{Tot}(X_{\text{subj}})$	X^2_{subj}	$\bar{X}_{\text{subj}}$
1	0	2	1	3	9	1
2	3	2	0	5	25	1.66
3	0	2	0	2	4	0.66
4	1	1	0	2	4	0.66
5	0	1	0	1	1	0.33
6	1	1	1	3	9	1
7	1	2	0	3	9	1
8	0	1	0	1	1	0.33
9	2	2	0	4	16	1.33
10	0	0	0	0	0	0
11	1	2	0	3	9	1
12	1	1	0	2	4	0.66
13	1	1	0	2	4	0.66
14	1	1	0	2	4	0.66
15	2	2	0	4	16	1.33
16	0	0	0	0	0	0
17	3	2	1	6	36	2
18	3	1	2	6	36	2
19	1	2	0	3	9	1
20	0	0	0	0	0	0
합	21	26	5	52	196	
제곱합	43	44	7	94		
평균	1.05	1.3	0.25		$\sum \bar{\bar{X}} \approx 0.87$	

표 3.11 관사 사용 오류에 관한 반복측정 분산 계산 결과 표

구분	제곱합	자유도	평균합	F-비
개체간	20.26	19	1.06	
집단간	12.034	2	6.017	7.488
잔차	16.63	38	0.80	
총합	48.93	59		

실험 결과에 의한 F-비는 7.488 이다. 그리고 $\alpha = 0.05$ 에서 $F(2, 38)$ 는 3.25 이다. 실험 결과로 나온 F-비는 기각역에 속하기 때문에 귀무가설은 기각된다. 즉 부정관사 'a' 가 사용되어야 할 곳에 'the' 를 쓰는 경우 부분성에는 차이가 있다고 할 수 있다. 이제 어디서 차이가 나는지를 알기 위해서는 일원분석에서와 마찬가지로 Tukey 의 정직한 유의차 검정을 할 필요가 있다. 일원분산분석과 달리 집단내 평균 제곱합 s_W^2 대신에 s_r^2 을 사용한다.

$$HSD = q\sqrt{\frac{s_r^2}{n}} \tag{3.27}$$

여기서 $s_r^2 \approx 0.80$ 이고 $n = 20$ 이다. q 값을 위한 $\alpha = 0.05$ 에서 $df_r = 38$ 이고 $k = 3$ 인 스튜던트화 값은 3.44 이다.[7] 따라서 정직한 유의차는 다음과 같이 계산된다.

$$HSD = 3.44\sqrt{\frac{0.80}{20}} \approx 0.69$$

귀무가설을 기각하기 위해서는 조건의 평균 차가 0.69 이상은 되어야 한다. 1a 와 1c 의 차이 0.8 과 1b 와 1c 의 차이 1.05 가 해당한다. 명시적으로 부분성인 경우와 내재적으로 부분성인 경우가 부분성이 아닌 경우와 차이가 난다는 것을 보여 준다. 따라서 'the' 의 남용은 부분성과 관련이

[7] 통계책에 $df_r = 38$ 에 대한 정확한 값이 제시되지 않은 경우가 있다. 이 경우 $df_r = 40$ 을 사용하였다. 그 직전의 값, $df_r = 30$ 은 3.49 이다.

있다고 할 수 있다. ■

3.2 회귀분석

회귀분석(regression analysis)은 여러 변수들 사이의 관계를 알아보고자 하는 경우에 사용할 수 있는 분석 방법이다. 두 변수 사이의 관계를 알기 위해서는 두 변수의 상관계수를 구하는 방법도 있지만, 상관계수는 두 변수 사이에 어떤 함수관계가 있는지는 보여 주지 못한다. 그러나 변수들 사이의 관계를 규명한 후 이를 이용하여 한 변수의 값으로부터 다른 변수를 예측하는 경우에 그 관계를 함수식으로 나타낼 필요가 있다. 대학수학능력시험에서 높은 성적을 받은 학생이 낮은 성적을 받은 학생보다 대학에서 좋은 성적을 낸다면 수학능력시험에서 원점수 370 점을 받은 학생의 학점이 얼마 정도 될 것이라고 예측할 수 있을까? 그리고 이 예측에 대한 오차의 범위는 어느 정도라고 할 수 있는가? 등이 그 예다.

회귀분석의 창시자 골턴(Francis Galton)은, 아버지와 아들의 키를 각각 x_i, y_i 라 하고 $(x_1, y_1), (x_2, y_2), \cdots, (x_n, y_n)$ 과 같이 n 쌍의 부자 사이의 키에 대한 자료가 관측되었다고 하면 아버지와 아들의 키 사이에 다음과 같은 관계가 성립한다고 생각하였다.

$$y_i = M + \beta(x_i - M) + \epsilon_i, \quad i = 1, \cdots, n \tag{3.28}$$

여기서 M 은 아버지 키의 중앙값이며 ϵ_i 는 오차항이다. 골턴은 β 의 값이 0 과 1 사이에 있는 것으로 보고 β 값이 0 보다 크므로 아버지의 키가 크면 아들의 키도 커지는 경향이 있으나 β 의 값이 1 보다는 작으므로 아버지의 키가 아버지의 중앙값 M 보다는 아주 크더라도 아들의 키와 M 과의 차이는 아버지의 키와 M 과의 차이보다 작아지는 경향이 있다고 생각했다. 따라서 인간의 키는 그것의 중앙값으로 회귀(regression)한다고 결론을 내렸다. 이러한 종류의 분석을 회귀분석이라고 한다.

그러면 회귀에 따른 예측이 어떻게 이루어지는지 살펴보자. 그림 3.4

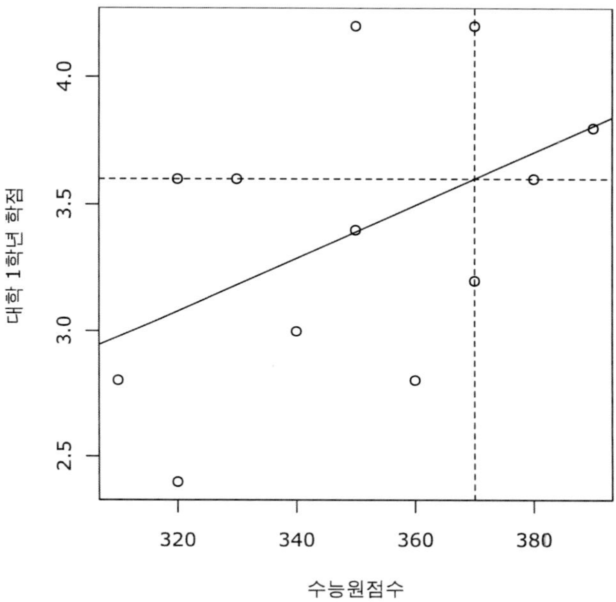

그림 3.4 수능점수에서 예측된 대학 1학년 학점

는 어느 대학 1학년 학생들의 수학능력 원점수(X 축)와 대학 학점(Y 축) 사이의 관계를 보여 주는 산포도다.

수능점수 370점에 대해 예측된 학점 3.58을 위해 직선을 사용하였다. 이 직선으로 수능점수에서 예측되는 학점을 구할 수 있다. 이렇게 수능점수와 학점 간의 경향성을 직선으로 표현할 수 있으면 최적의 직선을 구할 수 있고 수능점수에서 대학의 학점을 예측할 수 있다. 이러한 직선을 회귀선(regression line)이라 한다. 예측은 어떤 X 값에 상응하는 Y 값을 찾음으로 이루어진다.

만일 값들이 정확히 직선 위에 위치한다면, 예측에 오차가 없을 것이다. 그러나 상관계수가 작을 경우 예측오차(prediction error)가 생기게 된다. 따라서 회귀분석에서는 한 변수에서 다른 변수를 예측하고 예측한계를 결정하는 것이 중요하다. 이제 이 문제를 살펴보자.

3.2.1 최적선

회귀선이 최적선이 되는지를 알아보는 방법에 대해 생각해 보자. 예를 들어, 그림 3.4 에서 A 와 B 두 학생이 동일한 수능점수 370 점을 받았는데 이로 예측될 수 있는 학점은 3.58 이다. 그러나 실제 받은 학점은 각각 3.78 과 2.82 라고 하자. 예측된 값을 Y', 변수의 실제 값을 Y 라 하고 두 학생의 예측 오차를 구하면 다음과 같다.

A–오차: $(Y - Y') = 3.78 - 3.58 = 0.20$
B–오차: $(Y - Y') = 2.82 - 3.58 = -0.76$

회귀선은 전체적으로 산포도에 대한 예측오차$(Y - Y')$ 가 최소화되는 방법으로 그려진다. 따라서 최적선에서는 모든 예의 제곱된 예측오차의 합이 가능한 작아져야 하며, 적절한 회귀선이 되려면 다른 직선에 비해 오차 제곱합이 작아야 한다. 이를 최소제곱기준(least-squares criterion)이라 한다.

수능점수로부터 학점을 예측하는 것과 같이 X 에서 Y 를 예측할 때 X 는 독립변수, Y 는 종속변수라고 한다. X 에서 Y 를 예측하는 것은 X 에 Y 를 회귀시키는 것이 된다. 이제 이 예측이 어떻게 이루어지는지 알아보자

3.2.2 회귀식

산포도를 바탕으로 한 회귀선은 회귀식(regression equation) 에 의해 결정된다. 이는 회귀선을 방정식으로 표시한 것으로 기울기와 절편으로 이루어진다. 기울기는 회귀선의 각과 방향을 나타내며 절편은 $x = 0$ 일 때의 y 의 값이다.

$$\hat{y} = a + bx \tag{3.29}$$

일반적으로 회귀식을 구할 때는 가우스(Gauss) 의 최소제곱법이 널리 사용된다. 그림 3.5 를 살펴보자.

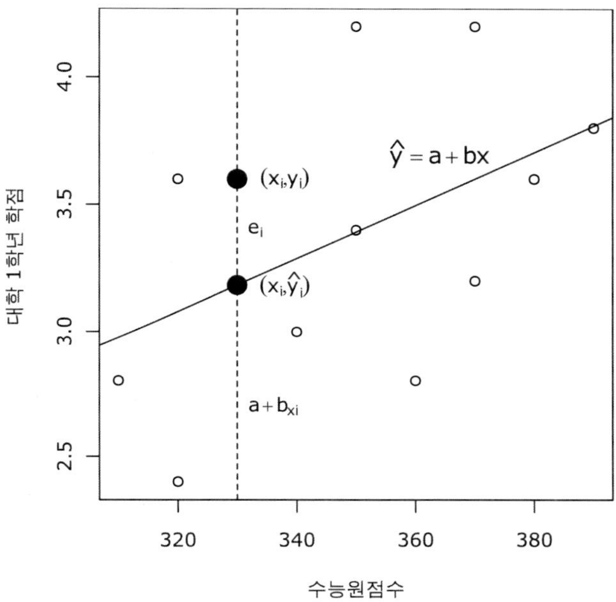

그림 3.5 수능점수와 학점의 관계

앞서 살펴본 대로 회귀선이 적절하기 위해서는 실제값과 추정값인 직선 상의 $\hat{y}$ 값 차이를 나타내는 잔차(residual error) e_i 가 가장 작을 때의 직선을 구해야 한다. 잔차는 다음과 같이 구해진다.

$$\begin{aligned} e_i &= y_i - \hat{y}_i \\ &= y_i - (a + bx_i) \end{aligned} \tag{3.30}$$

관측치가 n 개일 때 이를 모두 반영하기 위해 잔차의 합을 구해서 최소가 되는 값을 구해야 한다. 그러나 잔차가 +, − 로 나타나 서로 상쇄되어 그 합은 0 이 되어 버린다. 이를 해소하기 위해 잔차의 제곱합을 이용한다.

$$S = \sum_{i=1}^{n} e_i^2 = \sum_{i=1}^{n} [y_i - (a + bx_i)]^2 \tag{3.31}$$

잔차의 제곱합 S가 최소가 되는 a, b를 구하면 된다. 이를 위해 먼저 S를 미지 변수인 a, b로 각각 편미분한 값을 0으로 둔다(이창효 · 김종배 2005)

$$
\begin{aligned}
S &= \sum (y_i - a - bx_i)^2 \\
\frac{\partial S}{\partial a} &= \sum 2(y_i - a - bx_i)(-1) = 0 \\
&\Rightarrow \sum y_i = \sum a + b \sum x_i \\
&\Rightarrow \sum y_i = na + b \sum x_i \\
\frac{\partial S}{\partial b} &= \sum 2(y_i - a - bx_i)(-x_i) = 0 \\
&\Rightarrow \sum (y_i - a - bx_i)(x_i) = 0 \\
&\Rightarrow \sum x_i y_i = a \sum x_i + b \sum x_i^2
\end{aligned}
\tag{3.32}
$$

위 (3.32)를 정규방정식(normal equation)이라 한다. 또한 회귀계수 a, b는 이 정규방정식으로 구성된 연립방정식의 해로 다음과 같이 구할 수 있다.

$$
\begin{aligned}
a &= \frac{\sum y \sum x^2 - \sum x \sum xy}{n \sum x^2 - (\sum x)^2} \\
&= \bar{y} - b\bar{x}
\end{aligned}
\tag{3.33a}
$$

$$
\begin{aligned}
b &= \frac{n \sum xy - \sum x \sum y}{n \sum x^2 - (\sum x)^2} \\
&= \frac{\sum (x_i - \bar{x})(y_i - \bar{y})}{\sum (x_i - \bar{x})^2}
\end{aligned}
\tag{3.33b}
$$

예제 3.2 표 3.12는 10개월간 어느 백화점의 월간 광고비와 월간 판매량의 추이를 조사한 표다. 이 표를 바탕으로 기울기와 절편, 그리고 회귀식을 구해 보자.

표 3.12 어느 백화점의 월간 광고비와 월간 판매량

월	1	2	3	4	5	6	7	8	9	10
월간 광고비	2	4	5	4	6	7	8	9	12	13
월간 판매량	45	53	50	45	55	60	78	90	112	121

(3.33) 에 따라 기울기 b 와 절편 a 를 구하면 다음과 같다.

$$a = \frac{\sum y \sum x^2 - \sum x \sum xy}{n \sum x^2 - (\sum x)^2} = \frac{709 \times 604 - 70 \times 5833}{10 \times 604 - 4900} \approx 17.47$$

$$b = \frac{n \sum xy - \sum x \sum y}{n \sum x^2 - (\sum x)^2} = \frac{10 \times 5833 - 70 \times 709}{10 \times 604 - 4900} \approx 7.63$$

회귀선은 다음과 같다.

$$\hat{y} = 17.47 + 7.63x$$

이제 이 회귀선에 따른 판매량을 예측해 보자. 만일 10 월에 광고비 지출액이 13 이라고 하면 추정치 $\hat{y}$ 는 다음과 같다.

$$\hat{y} = 17.47 + 7.63 \times 13 = 116.66$$

$x_{10} = 13$ 에 해당하는 실제 판매량은 $y = 121$ 이다. 예측된 값은 116.66 이므로, 잔차 $e_{10} = 121 - 116.66 = 4.34$ 가 생긴다. ■

3.2.3 회귀선의 적합도

회귀선을 구한 다음에는 이 회귀선이 실제 관측치와 얼마나 잘 부합하는지를 검토해 볼 필요가 있다. 즉 구해진 회귀선을 신뢰할 수 있는지에 대한 검토가 필요하다. 이때 사용되는 통계량에는 회귀표준오차(standard error of regression) 와 결정계수(coefficient of determination) 가 있다.

회귀표준오차는 실제 관측값이 유도된 회귀선을 중심으로 얼마나 분산되어 있는가를 보여 주는 것으로 $S_{y \cdot x}$ 로 나타낸다. 즉, 예측된 $\hat{y}$ 값들에 대한 실제 y 값들의 표준편차를 나타낸다.

$$S_{y \cdot x} = \sqrt{\frac{\sum e_i^2}{n}} = \sqrt{\frac{\sum (y_i - \hat{y})^2}{n}} \tag{3.34}$$

$S_{y \cdot x} = 0$ 인 경우는 모든 관찰값이 회귀선 상에 있는 경우다. 따라서, 이 값이 작을수록 회귀선 부근에 실제 관측값이 근접해 있다는 것을 의미하므로 이 값이 작게 나오는 회귀선이 유효한 회귀선이 된다. 그러나 어느 정도가 작은 값인지 불분명하다. 또한 $S_{y \cdot x}$ 는 크기는 y 의 단위에 의존한다. 이런 단점을 해결하기 위해 상대적인 측도인 결정계수 r^2 를 도입한다. 결정계수는 y_i 들이 가지는 총변량 중 회귀선에 의해 설명되는 변량의 비율이기 때문에 변수의 종류와 단위에 상관없이 사용할 수 있는 상대적 측도다.

결정계수를 위해서는 우선 편차가 어떻게 분할되는지 알아볼 필요가 있다. 총편차는 다음과 같이 두 가지로 구분할 수 있다.

$$\begin{aligned} \text{총편차} &= \text{회귀선에 의해 설명되지 않은 편차} \\ &\quad + \text{회귀선에 의해 설명되는 편차} \end{aligned} \tag{3.35}$$

이를 표시하면 (3.36) 과 그림 3.6 과 같다(이창효, 김종배 2005).

$$y_i - \bar{y} = (y_i - \hat{y}_i) + (\hat{y}_i - \bar{y}) \tag{3.36}$$

한 좌표 (x_i, y_i) 에서 편차는 그림 3.6 에서 보듯이 그 좌표의 y 값과 y 의 평균값과의 차이다. 이는 좌표의 y 값과 회귀선의 해당 $\hat{y}$ 값 간의 차와 다시 그 $\hat{y}$ 값과 평균값 $\bar{y}$ 과의 차이를 더한 것과 같다. 따라서 회귀선에 의해 설명되는 편차와 회귀선에 의해 설명되지 않은 편차를 더한 값이 특정 좌표에서의 편차가 된다. (3.36) 의 양변을 제곱한 후 더하게 되면

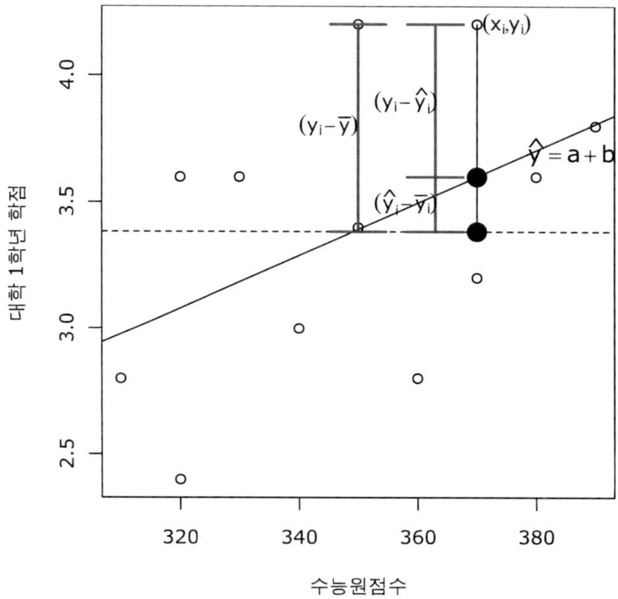

그림 3.6 편차의 분할

전체 제곱합, 즉 총변동(total sum of squares, SST) 이 된다.

$$\begin{aligned}\sum(y_i - \bar{y})^2 &= \sum\left[(y_i - \hat{y}_i) + (\hat{y}_i - \bar{y})\right]^2 \\ &= \sum(y_i - \hat{y}_i)^2 + \sum(\hat{y}_i - \bar{y})^2 + 2\sum(y_i - \hat{y}_i)(\hat{y}_i - \bar{y}) \\ &= \sum(y_i - \hat{y}_i)^2 + \sum(\hat{y}_i - \bar{y})^2\end{aligned} \tag{3.37}$$

$\sum(y_i - \bar{y})^2$ 은 총변동 (SST), $\sum(y_i - \hat{y}_i)^2$ 은 회귀선에 의해 설명되지 않은 변동, 또는 잔차에 의한 변동 (sum of errors due to residual error, SSE), $\sum(\hat{y}_i - \bar{y})^2$ 은 회귀에 의한 변동 (sum of squares due to regression, SSR) 을 나타낸다. 따라서 (3.36) 에 의해 $SST = SSE + SSR$ 임을 알 수 있다. 결정계수 r^2 은 총변동 중 회귀에 의한 변동의

비율로 다음과 같이 표시된다.

$$r^2 = \frac{SSR}{SST} = \frac{\sum(\hat{y}_i - \bar{y})^2}{\sum(y_i - \bar{y})^2} \tag{3.38}$$

이제 예제 3.2 에서의 결정계수를 구해 보자. 표 3.13 은 이를 정리한 표다.

표 3.13 예제 3.2 의 결정계수를 위한 값들

월	x	y	$\hat{y}$	$(y_i - \bar{y})$	$(\hat{y}_i - \bar{y})$	$(y_i - \bar{y})^2$	$(\hat{y}_i - \bar{y})^2$
1	2	45	32.74	-25.9	-38.15	670.81	1456.02
2	4	53	48.00	-17.9	-22.89	320.41	524.16
3	5	50	55.63	-20.9	-15.26	436.81	232.96
4	4	45	48.00	-25.9	-22.89	670.81	524.16
5	6	55	63.26	-15.9	-7.63	252.81	58.24
6	7	60	70.90	-10.9	0.00	118.81	0.00
7	8	78	78.53	7.1	7.63	50.41	58.24
8	9	90	86.16	19.1	15.26	364.81	232.96
9	12	112	109.05	41.1	38.15	1689.21	1456.02
10	13	121	116.68	50.1	45.78	2510.01	2096.67
합계						7084.9	6639.47

y 평균 $\bar{y} = 70.9$ 이고, 결정계수 $r^2 = \frac{6639.47}{7084.9} \approx 0.937$ 이다. 결정계수는 총변동 중 회귀선에 의해 설명되는 변동이 기여하는 비율이며 그 값은 1 보다 클 수 없다. r^2 의 값이 클수록 그 회귀선이 적절하다고 여겨진다. 일반적으로 r^2 의 값이 0.7 이상이면 그 회귀선은 적절하다고 보며, 더 큰 신뢰를 위해서는 보통 0.9 이상은 되어야 한다. 여기서는 0.937 이기 때문에 추정된 회귀식을 사용할 수 있음을 알 수 있다.

이 결정계수 r^2 은 두 변수 간의 선형관계를 나타내는 것으로 직선관계가 강한지 약한지를 보여 준다. 일반적으로 r 을 상관계수(correlation coefficient) 라고 한다. 상관계수는 -1 에서 1 사이의 값이다. 결정계수는 상관계수의 제곱이므로 0 과 1 사이의 값이 된다.

3.2.4 다중회귀분석

다중회귀분석(multiple regression analysis) 은 두 개 이상의 독립변수와 종속변수 간의 선형관계를 나타낸다. 예를 들면 한국의 주가는 어느 한 요소뿐만 아니라 금리, 환율, 물가, 유가, 미국의 다우지수 등 여러 요소에 의해 영향을 받는다. 다중회귀분석은 다음과 같이 표시된다.

$$\hat{y} = a + b_1 x_1 + b_2 x_2 + \cdots + b_n x_n \tag{3.39}$$

예제 3.2 에서 월간 광고비 (x_1) 외에 또 다른 독립변수, 가령 소비 지수라는 변수 (x_2) 가 있으면 이에 따른 종속변수, 월간 판매량 (y) 에 대한 다중회귀방정식은 다음과 같다.

$$\hat{y} = a + b_1 x_1 + b_2 x_2 \tag{3.40}$$

이를 가지고 회귀계수인 a, b_1, b_2 를 유도하는 과정을 살펴보자. 여기서도 최소제곱법을 이용할 수 있다. 잔차의 제곱합을 S 라 하면 다음과 같이 표시된다.

$$\begin{aligned} S &= \sum e_i^2 = \sum (y_i - \hat{y}_i)^2 \\ &= \sum (y_i - a - b_i x_{1i} - b_2 x_{2i})^2 \end{aligned} \tag{3.41}$$

마찬가지로 S 를 미지변수인 a, b_1, b_2 로 편미분하여 다음의 방정식을 유도할 수 있다.

$$\begin{aligned} \frac{\partial S}{\partial a} &= 2 \sum (y_i - a - b_1 x_{1i} - b_2 x_{2i})(-1) = 0 \\ \sum y_i &= na + b_1 \sum x_{1i} + b_2 \sum x_{2i} \end{aligned} \tag{3.42}$$

$$\begin{aligned} \frac{\partial S}{\partial b_1} &= 2\sum(y_i - a - b_1x_{1i} - b_2x_{2i})(-x_{1i}) = 0 \\ \sum x_{1i}y_i &= a\sum x_{1i} + b_1\sum x_{1i}^2 + b_2\sum x_{1i}x_{2i} \end{aligned} \tag{3.43}$$

$$\begin{aligned} \frac{\partial S}{\partial b_2} &= 2\sum(y_i - a - b_1x_{1i} - b_2x_{2i})(-x_{2i}) = 0 \\ \sum x_{2i}y_i &= a\sum x_{2i} + b_1\sum x_{1i}x_{2i} + b_2\sum x_{2i}^2 \end{aligned} \tag{3.44}$$

(3.42) 에서 (3.44) 까지는 일차연립방정식으로 정규방정식이 되며, 이를 풀면 회귀계수 a, b_1, b_2 를 구할 수 있다.

지금까지 다중회귀분석에 대해 간략히 살펴보았다. 다중회귀분석은 5장의 최대 엔트로피 (maximum entropy) 와 관련하여 다시 논의될 것이다.

3.3 통계 소프트웨어 R

언어 자료를 통계 분석할 때 주로 SPSS, SAS 등의 통계 패키지를 이용한다. 통계 패키지들은 사용자들을 위한 그래픽 위주의 인터페이스를 제공하고, 다양한 통계 방법과 검정 방법을 제공하기 때문에 유용하다. 그러나 통계 패키지들은 일반적으로 값이 비싸고 수식이나 공식을 포함하여, 플롯된 그래프들의 질이 출판에 직접 사용될 수 있을 정도로 고품질은 아니다.

한편 벨 (Bell) 연구소에서 개발된 S 언어의 통계적 계산과 그래픽 구현을 위해 개발된 것으로 R 이 있다. R 은 여러 통계 분석과 그래픽 출력을 가능하게 하는 도구로 자유롭게 사용할 수 있다. R 은 간편한 통계 분석 환경을 제공하기 때문에 다양한 분야에 응용되어 사용된다. 언어학에서도 R 을 사용한 언어 분석이 이루어지고 있고, 관련 강좌도 개설되고 있다. 여기서는 R 의 전반적인 내용과 언어 분석에 어떻게 적용될 수 있는지를 간략히 살펴보도록 한다.

3.3.1 R의 설치

R은 R 프로젝트 홈페이지[8]에서 자유롭게 내려받을 수 있다. R은 전세계의 여러 미러 사이트에서 얻을 수 있으며 한국의 경우는 서울대학교의 미러 사이트[9]에서도 얻을 수 있다.

R은 리눅스, 매킨토시, 그리고 윈도우의 운영체제에 따라 패키지를 다운 받을 수 있으며 그 설치과정도 비교적 쉽다. 윈도우용으로는 2009년 7월 현재 2.9.0의 버전이 최신판이다. R을 설치한 후 실행하면 다음 그림 3.7과 같은 화면이 나타난다. 이 기본 콘솔 화면에서는 직접 명령을 쳐서 필요한 작업을 수행할 수 있다.

R은 또한 스크립트를 사용하여 복잡한 작업을 수행할 수 있는데 이 스크립트를 작성하거나 실행할 수 있는 창들이 있다. 그림 3.8은 이 창을 실행한 경우다.

R을 사용하여 기본적인 계산에서부터 복잡한 통계 분석, 그리고 그래프 출력까지 다양한 작업을 할 수 있다. 자세한 것은 R의 설명서나 관련 강좌를 참조할 수 있다. 그 중에서 Aarhus Universitet의 Halekoh & Højsgaard 교수의 2007년 강의 “Introduction to R: A course in the statistical programming environment R” [10]이 참조할만하다.

3.3.2 언어 자료 분석을 위한 R

언어 자료를 R로 분석하는 방법과 패키지를 제공하고 있는 것은 Baayen (2008)이다. Baayen은 언어 분석과 관련한 여러 자료를 languageR이란 패키지로 제공하고 있다. languageR 패키지는 R을 설치한 후 R의 명령어 상태에서 다음을 입력하여 설치해야 한다.

```
install.packages(c("rpart", "chron", "Hmisc", "Design",
"Matrix", "lme4", "coda", "e1071", "zipfR", "ape",
```

[8] http://www.r-project.org/

[9] http://bibs.snu.ac.kr/R/

[10] http://gbi.agrsci.dk/statistics/courses/Rcourse-DJF2007/

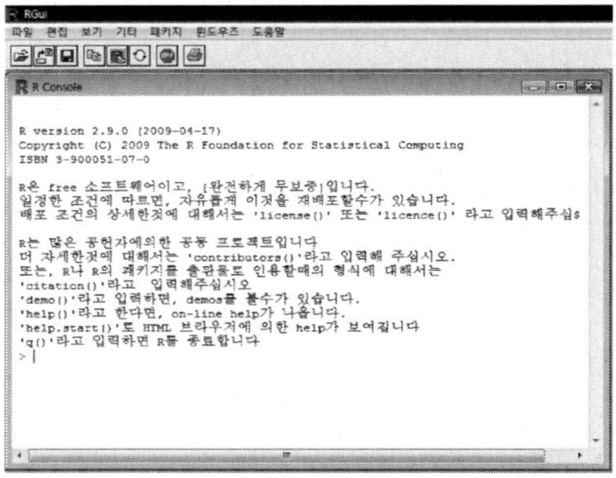

그림 3.7 R의 초기 화면

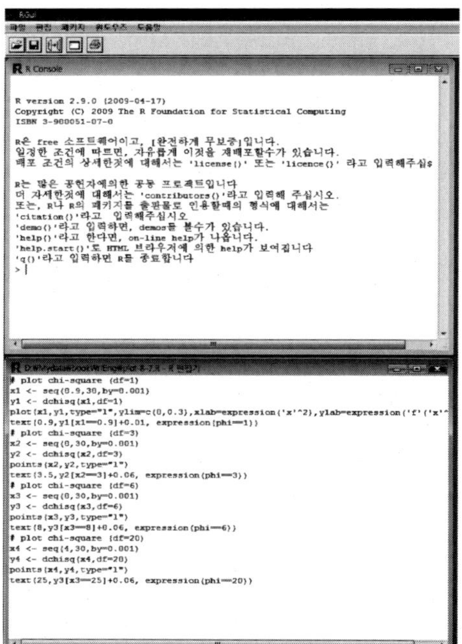

그림 3.8 스크립트 창

```
"languageR"), repos="http://cran.r-project.org")
```

langaugeR 패키지는 R의 홈 디렉토리 아래에 있는 library 폴더에 설치된다. 이 패키지가 R을 실행할 때마다 자동적으로 불러지게 하려면, R 홈디렉토리 아래 .Rprofile 이라는 파일을 만들고 다음을 첨가하여 넣어야 한다.

```
library(languageR)
```

Baayen(2008)의 languageR 패키지 중 한 예를 살펴보자. languageR에 포함된 verbs는 Bresnan et al.(2007)의 영어 여격 교체(dative-alternation)를 다루는 자료다. 영어의 여격이 명사구(NP)로 실현되는 경우(Mary gave John the Book)와 전치사구(PP)로 실현되는 경우(Mary gave the book to John)를 유정성(animacy), 단어의 길이, 그리고 대상(theme)과 대상자(recipient)의 대명사성들과 같은 변수로 예측해 보고자 만든 자료다. 자료 출력을 예로 살펴보자.

```
head(verbs, n = 10)
```

이 명령어에 의해 다음과 같은 10개의 자료들이 출력된다.

```
   RealizationOfRec  Verb AnimacyOfRec AnimacyOfTheme LengthOfTheme
1                NP  feed      animate      inanimate     2.6390573
2                NP  give      animate      inanimate     1.0986123
3                NP  give      animate      inanimate     2.5649494
4                NP  give      animate      inanimate     1.6094379
5                NP offer      animate      inanimate     1.0986123
6                NP  give      animate      inanimate     1.3862944
7                NP   pay      animate      inanimate     1.3862944
8                NP bring      animate      inanimate     0.0000000
9                NP teach      animate      inanimate     2.3978953
10               NP  give      animate      inanimate     0.6931472
```

이 외에도 더 복잡한 통계 작업을 행할 수 있다. 자세한 것은 Baayen(2008)을 참조하라.

제 4 장 N-그램

통계적인 언어처리 방법이 발달함에 따라 음성 인식 (speech recognition), 기계 번역 (machine translation), 철자 교정 (spelling correction), 그리고 정보 검색 (information retrieval) 등의 분야에서 단어가 연쇄될 때의 확률을 밝힐 수 있는 언어 모델 (language model) 이 필요하게 되었다. N-그램은 자료가 불충분할 때 다음 단어를 예측하기 위해 그때까지 주어진 단어를 이용하여 확률을 추정하는 방법이다. 여기서 'N-' 자리에는 여러 숫자가 들어갈 수 있는데, '1'이 올 경우 유니그램(unigram), '2'가 올 경우 바이그램(bigram), '3'이 올 경우 트라이그램(trigram) 등으로 부른다. 이 숫자는 단어의 연쇄 개수를 나타내며 바이그램은 두 단어의 연쇄를, 트라이그램은 세 단어의 연쇄를 의미한다.

N-그램에서는 한 단어와 그 다음 단어들과의 조건 확률로 연쇄들의 확률을 구하며, 단어들의 연쇄인 문장의 확률은 이 단어들의 결합확률(joint probability) 로 구할 수 있다. 이처럼 N-그램에 의해 한 단어와 다음 단어들 사이의 확률, 더 나아가 문장 전체의 확률을 추정할 수 있기 때문에, N-그램은 자연언어처리, 코퍼스 언어학, 음성 처리 분야 등에서 중요한 역할을 한다. 이 장에서는 N-그램과 관련한 단어 빈도, 확률, 그리고 희박한 자료 (sparse data) 의 확률을 추정하기 위한 평탄화 (smoothing) 에

대해 살펴보도록 한다.

4.1 단어와 토큰

언어 모델은 어떤 단어나 그 연쇄 s 의 확률분포 $P(s)$ 를 설정한다. 언어 모델에서 확률은 코퍼스(corpus) 에서 단어의 빈도 (frequency) 를 기준으로 구해지기 때문에 특정 단어의 수를 세는 것이 그 출발이 된다. 단어를 명확히 정의하는 것은 쉽지 않으나 간단하게 띄어쓰기를 중심으로 분리되는 글자 단위라고 할 수 있다. 따라서 'I loved Mary's house, and I bought it.' 이라는 문장은 띄어쓰기를 단위로 할 때, 8 개의 단어로 이루어져 있다. 그러나 쉼표 (,) 와 문장 종결 부호 (.) 소유격 표지 (') 까지 별도의 단위로 설정한다면 그 수는 더 늘어난다.

한국어의 경우도 띄어쓰기를 기본 단위로 하여 단어의 수를 셀 수 있다. 한국어의 띄어쓰기에 의해 분리되는 단위는 단어보다는 어절이라고 한다. 그 이유는 한국어와 같이 다양한 접사에 의해 문법관계가 표시되는 언어의 경우 띄어쓰기로 나눠지는 단위는 단순한 단어라기보다는 여러 활용 접사가 첨가된 복합 단위이기 때문이다.

분리된 단위의 수를 세는 경우에도 문제는 간단하지 않다. 영어의 경우, 실제 발화에서 나타나는 'uh', 'um' 등의 간투사와 같은 불연속적인 단위들을 단어로 받아들여야 하는지, 또한 대소문자의 경우 'she' 와 'She' 가 별도의 단어로 구분되어야 하는지 등의 문제가 있다. 단어를 다양하게 활용하는 한국어의 경우에도 마찬가지다. 가령 '서울'과 '서울들', '서울에서', '서울까지' 등은 띄어쓰기를 기준으로 한다면 별도의 어절로 달리 세야 한다. 그러나 이런 단어들은 레마(lemma) 는 같으나 그 어형(wordform) 이 다른 경우다. 레마는 단어들이 굴절, 파생되기 이전의 공통된 어휘형이며, 어형은 단어가 굴절 (inflection) 되거나 파생 (derive) 된 형태를 말한다. 어형을 기준으로 단어의 빈도를 계산하는 것이 기본이나, 형태론적 구성이 복잡한 언어는 어형만을 가지고 빈도를 계산하는 것이 바람직하지 않을 수도 있다. 특히 유니그램에서 바이그램 또는 트라이그램으로 연쇄 단어의 수를 늘리는 언어 모델에서는 상위 그램의 출현 빈도는 아주 낮아지는 문제가 생긴다. 조사와 어미가 풍부하고 그 결합이 복잡한 한국어의 경우에 이런 문제를 해결할 수 있는 여러 방법이 고려되어야 한다.

단어의 수를 셀 때 일반적으로 유형(type)과 토큰(token)을 구분한다. 유형은 어떤 언어 자료 또는 코퍼스에서 서로 구별되는 단어들의 수, 즉 어휘 수다. 한국어의 경우는 띄어쓰기에 의해 구별되는 어절들의 수가 유형이 된다. 토큰은 해당 코퍼스에서 나타나는 전체 단어나 어절 수가 된다. 앞의 'I loved Mary's house, and I bought it.' 문장은 띄어쓰기를 기준으로 하고 문장 종결부호, 쉼표, 소유격 표지 등을 구분하지 않을 경우 총 8개의 토큰과 7개의 유형으로 되어 있다.

4.2 단어 연쇄의 확률

4.2.1 최대우도추정

단어 또는 어절의 수를 세면 N-그램에 따른 확률을 구할 수 있다. 우선 가장 단순한 경우인 유니그램을 생각해 보자. 21세기 세종 형태-의미 코퍼스(이하 세종코퍼스로 언급)는 총 1,630,471개의 유형과, 11,119,813개의 토큰으로 되어 있다. 세종코퍼스에서 단순히 띄어쓰기를 기준으로 센 유니그램의 상위 10어절의 수는 표 4.1과 같다.

여기서 빈도는 각 어절이 출현한 횟수이며 해당 어절의 빈도수를 전체 어절 수로 나눈 것이 확률이 된다. 일반적으로 한 문장을

$$S = w_1 w_2 \cdots w_i \cdots w_n$$

이라고 하면 문장의 확률은 다음과 같이 추정된다.

$$P_{MLE}(S) = \frac{C(w_i, \cdots, w_n)}{N} \tag{4.1}$$

표 4.1 세종코퍼스의 상위 10어절

어절	빈도	확률
그	75765	0.00681351
수	63774	0.00573517
있는	56976	0.00512383
있다.	54475	0.00489891
이	46621	0.00419261
한	38907	0.00349889
것이다.	38077	0.00342425
나는	29988	0.00269681
것은	26240	0.00235975
있었다.	25351	0.0022798

여기서 $C(w_1, \cdots, w_n)$는 단어 연쇄 $w_1, w_2, \cdots, w_i, \cdots, w_n$의 빈도이고 N은 길이가 n인 단어 연쇄의 수다. 이렇게 단어의 빈도에 따라 확률을 계산하는 것을 최대우도추정(maximum likelihood estimation, MLE)이라 한다. 이제 이 단어 연쇄에 대해 생각해 보자. 단어들 연쇄의 이력(history, h)이 주어졌을 때 그 다음 단어가 어떤 특정 단어 w일 확률은 $P(w|h)$의 조건 확률이 된다. 가령 "나는 어저께 수학 공부를"이라는 연쇄 다음에 "했다"라는 어절이 나올 확률은

$$P(\text{했다}|\text{나는 어저께 수학 공부를})$$

에 의해 구해질 수 있다. 이 확률은 코퍼스에서 "나는 어저께 수학 공부를 했다"라는 문장의 수를 센 다음 이를 "나는 어저께 수학 공부를"이라는 연쇄의 수로 나누는 상대 빈도(relative frequency)에 의해 구해진다.

$$P(\text{했다}|\text{나는 어저께 수학 공부를}) = \frac{C(\text{나는 어저께 수학 공부를 했다})}{C(\text{나는 어저께 수학 공부를})}$$

그러나 웹을 포함한 아주 큰 규모의 언어 자료에서도 위와 같은 문장 연쇄의 출현 수를 구하기는 어렵다. 따라서 다른 방법으로 확률을 추정할 필요가 있다. 이런 단어 연쇄를 위해서는 일반적으로 결합확률(joint probability)을 이용한다. 즉, "나는 어저께 수학 공브를 했다" 문장의 경우 이 다섯 단어들이 결합하여 이룰 수 있는 가능한 연쇄 중에서 얼마나 많은 연쇄가 "나는 어저께 수학 공부를 했다"라는 문장이 되는지를 살펴보는 것이다. 따라서 다음과 같은 결합확률 P(나는, 어저께, 수학, 공부를, 했다)로 이 문장의 확률을 추정하게 된다. 즉, 단어들의 결합확률 $P(w_1, w_2, \ldots, w_n)$로 이 문장의 확률을 추정한다. 이 결합확률은 1장의 (1.28)에서 살펴본 대로 연쇄확률규칙에 의해 다음과 같이 전개될 수 있다.

$$
\begin{aligned}
P(w_1^n) &= P(w_1)P(w_2|w_1)P(w_3|w_1^2)\cdots P(w_n|w_1^{n-1}) \\
&= \prod_{i=1}^{n} P(w_i|w_1^{i-1})
\end{aligned}
\tag{4.2}
$$

여기서 w_1^n는 $w_1, \cdots, w_n$의 연쇄를 나타낸다. 연쇄규칙은 결합확률을 조건확률을 이용하여 구할 수 있게 한다. 따라서 P(나는, 어저께, 수학, 공부를, 했다)는 다음과 같은 확률 곱으로 구해진다.

$$
\begin{aligned}
&P(\text{나는})P(\text{어저께}|\text{나는})P(\text{수학}|\text{나는 어저께}) \\
&\quad \times P(\text{공부를}|\text{나는 어저께 수학})P(\text{했다}|\text{나는 어저께 수학 공부를})
\end{aligned}
$$

그러나 이런 연쇄규칙을 문장에 적용할 때에는 그 연쇄가 길어질수록 자료의 희박성(data sparseness) 문제가 생긴다. 즉 이전 단어들의 이력을 바탕으로 그 다음 단어의 확률을 구하는 것은 단어 연쇄가 길면 길수록 그 연쇄가 나타날 가능성이 희박하기 때문에 확률을 구하기 어려운 문제가 생긴다. 이럴 경우, 바이그램이나 트라이그램으로 연쇄를 단순화하여 문장 확률을 근사화시킬 수 있다. 바이그램으로 근사화하는 경우 다음과 같이 형식화된다. 이에 대해서는 6장의 마르코프 모델에서 자세히 설명하도록 한다.

$$P(w_n|w_1w_2\cdots w_{n-1}) \approx P(w_n|w_{n-1}) \tag{4.3}$$

(4.3) 을 바탕으로 하여 이제 P(나는, 어저께, 수학, 공부를, 했다) 의 확률을 다음과 같이 구할 수 있다.[1]

$$P(\text{나는}|\text{<BOS>})P(\text{어저께}|\text{나는})P(\text{수학}|\text{어저께})P(\text{공부를}|\text{수학})$$
$$\times P(\text{했다}|\text{공부를})P(\text{<EOS>}|\text{했다})$$

단어나 문장의 확률을 빈도에 따라 추정하는 것은 최대우도추정인데, 최대우도추정은 한 모델 M 이 주어졌을 때 어떤 학습 (training) 대상 T 의 확률 $P(T|M)$ 를 최대화시키는 방법으로 얻어진 확률이라는 의미다. 가령 '서울'이라는 단어가 100 만 어절로 되어 있는 코퍼스에서 100 번 나타난다면, 그 상대적 빈도에 의해 100/1000000=0.0001 의 확률을 갖는다. 이 확률은 코퍼스에 따라 최대의 확률값이 아닐 수도 있지만 100 만 어절로 되어 있는 코퍼스에서 '서울'을 100 번 정도는 기대할 수 있다는 의미다. N-그램 모델에 따른 최대우도추정은 대상의 수를 코퍼스에서 구한 다음 이를 0 과 1 사이의 확률값으로 나타내기 위해 정규화(normalizing) 하는 과정을 통해 이루어진다. 바이그램을 예로 들면 다음과 같다.

$$P_{MLE}(w_n|w_{n-1}) = \frac{C(w_{n-1}w_n)}{\sum_w C(w_{n-1}w)} = \frac{C(w_{n-1}w_n)}{C(w_{n-1})} \tag{4.4}$$

(4.4) 에서 보듯이 특정 바이그램의 확률은 그 연쇄의 관찰된 빈도를 w_{n-1} 로 시작하는 전체 바이그램 수로 나누어서 얻어진다. 여기서 w_{n-1}

---

[1] 여기서 <BOS>, <EOS> 는 각각 Beginning of Sentence, End of Sentence 를 의미한다. 이는 문장 시작 단어와 끝나는 단어의 바이그램을 위해 가상으로 설정한 것이다. Chen and Goodman(1998) 에서 지적된 바와 같이, <EOS> 는 실제 확률분포를 위해 필요하다. 만일 이를 설정하지 않으면 일정한 길이의 문장의 확률은 총합이 1 이 되어 버리고, 전체 언어의 확률도 무한하게 된다.

로 시작하는 바이그램의 총합은 w_{n-1} 유니그램의 총수와 같다. 왜냐하면 w_{n-1} 로 시작하는 바이그램은 언제나 유니그램 w_{n-1} 를 포함해야 하기 때문이다. 이 최대우도 N-그램 추정을 일반화하면 다음과 같다.

$$P_{MLE}(w_n|w_{n-N+1}^{n-1}) = \frac{C(w_{n-N+1}^{n-1}w_n)}{C(w_{n-N+1}^{n-1})} \tag{4.5}$$

여기서 대문자 N 은 해당 N-그램을 나타낸다. 즉 N 대신 2를 넣으면 바이그램의 단어 연쇄를, 3을 넣으면 트라이그램의 단어 연쇄를 나타낸다.

예제 4.1 Chen and Goodman(1998) 에 제시된 최대우도 바이그램모델 추정을 살펴보자. 우선 학습 자료로 다음과 같은 세 문장이 있다고 하자. 문장의 처음과 끝에 각각 <BOS>, <EOS> 가 있다고 가정하자.

<BOS> JOHN READ MOBY DICK <EOS>
<BOS> MARY READ A DIFFERENT BOOK <EOS>
<BOS> SHE READ A BOOK BY CHER <EOS>

이를 바탕으로 $P(\text{JOHN READ A BOOK})$ 의 확률을 구해 보자.

$$P(\text{JOHN}|\text{<BOS>}) = \frac{C(\text{<BOS> JOHN})}{\sum_w C(\text{<BOS>}\ w)} = \frac{1}{3}$$

$$P(\text{READ}|\text{JOHN}) = \frac{C(\text{JOHN READ})}{\sum_w C(\text{JOHN}\ w)} = \frac{1}{1}$$

$$P(\text{A}|\text{READ}) = \frac{C(\text{READ A})}{\sum_w C(\text{READ}\ w)} = \frac{2}{3}$$

$$P(\text{BOOK}|\text{A}) = \frac{C(\text{A BOOK})}{\sum_w C(\text{A}\ w)} = \frac{1}{2}$$

$$P(\text{<EOS>}|\text{BOOK}) = \frac{C(\text{BOOK <EOS>})}{\sum_w C(\text{BOOK}\ w)} = \frac{1}{2}$$

$$P(\text{JOHN READ A BOOK}) = \frac{1}{3} \times 1 \times \frac{2}{3} \times \frac{1}{2} \times \frac{1}{2} \approx 0.06 \ ■$$

4.2.2 문장의 확률 추정

문장의 확률을 구하기 위해서는 우선 언어 모델을 설정해야 한다. 언어 모델을 설정하기 위해 N-그램의 빈도를 구해야 하는데 이때 사용되는 코퍼스를 학습 코퍼스(training set) 라 한다. 이렇게 학습된 언어 모델을 적용하거나 시험하기 위해서 사용되는 코퍼스를 실험 코퍼스(test set) 라고 한다. 보통 전체 코퍼스에서 일정한 분량을 나누어서 두 코퍼스를 분리하는데, 대개 80% 대 20% 로 학습 코퍼스와 실험 코퍼스를 구성한다. 만일 학습 코퍼스에서 얻어진 언어 모델을 또다시 학습 코퍼스에서 실험한다면, 그 확률은 편향적으로 높은 값을 가지게 될 것이며 결국은 부정확한 모델을 설정하게 될 것이다.

언어 모델은 유한하고 이미 정해져 있는 단어들의 집합을 가정하지만 실제 언어에서는 그렇지 못하다. 언어 모델은 나타나지 않은 단어 (out-of-vocabulary, OOV) 들도 다룰 수 있어야 한다. 코퍼스의 크기가 아주 크더라도 그 속에 언제나 한 언어의 모든 단어들이 다 나타나는 것은 아니다. 따라서 학습 코퍼스에서 나타나지 않는 어떤 단어들이 실험 코퍼스에서는 나타날 수 있다. 또한 아주 드물게 나타나는 단어들의 빈도도 신뢰하기는 어렵다.

이런 단어들을 다루는 방법은 크게 두 가지가 있다. 첫째는 폐쇄적인 어휘 (closed vocabulary) 를 가정해서, 학습 코퍼스와 실험 코퍼스에 나타나는 단어들을 미리 파악해 놓고 이 어휘들 외의 단어들은 무시하는 방법이다. 또 다른 방법은 개방적인 어휘 (open vocabulary) 를 가정하는 것으로, 미지의 (unknown) 토큰을 의미하는 <UNK> 를 새로운 어휘, 즉 알려지지 않은 어휘에 할당하는 방법이다. 이 <UNK> 는 학습 코퍼스와 실험 코퍼스 모두에 적용된다. 언어 모델의 중심이 되는 어휘는 외부 사전으로부터 규정되기도 하고, 또는 코퍼스에서 추출되기도 한다. 이럴 경우에 단지 한번만 나타나는 N-그램들 (hapax legomena) 은 제외하기도 한다. 따라서 가장 많이 나타나는 유형들을 어휘에 포함시키기도 하고 어떤 한계를 설정하기도 한다. 가령 5 번 이하 나타나는 어휘들을

표 4.2 유니그램과 바이그램의 빈도 및 확률

유니그램			바이그램		
w_i	C	P_{MLE}	w_{i-1}, w_i	C	P_{MLE}
<s>	997179	-	-	-	-
세계는	369	0.0000332	<s> 세계는	35	0.0000351
지금	5438	0.0004890	세계는 지금	6	0.0162602
어려운	2245	0.0002019	지금 어려운	0	0
경제를	238	0.0000214	어려운 경제를	1	0.0004454
극복하기	93	0.0000084	경제를 극복하기	0	0
위하여	1032	0.0000928	극복하기 위하여	4	0.0430108
노력하고	106	0.0000095	위하여 노력하고	0	0
있다.	54475	0.0048989	노력하고 있다.	24	0.2264151
</s>	997179	0.0896759	있다.</s>	54475	1

<UNK> 로 나타내기도 한다.

이제 앞서 언급한 21 세기 세종 코퍼스를 가지고 다음 문장의 확률을 계산해 보자.

> <s> 세계는 지금 어려운 경제를 극복하기 위하여 노력하고 있다.</s>

이 문장에서는 확률 계산을 위해 문장 앞과 뒤에 문장 시작 부호 <s>, 끝 부호 </s> 를 인위적으로 첨가하였다. 앞에서 지적한 대로, 세종 코퍼스는 총 1,630,471 개의 유형과, 11,119,813 개의 토큰으로 되어 있다. 이 문장에 나타나는 단어들의 유니그램과 바이그램의 빈도는 표 4.2 와 같다. 여기서 <s> 는 유니그램 확률에서 제외하였다.

표 4.2 의 모든 단어들은 세종 코퍼스에 나타난다. 이제 유니그램의

상대 빈도에 따른 이 문장의 확률을 구해 보면 다음과 같다.

$$\begin{aligned} P(S) &\approx P(\text{세계는}) \times P(\text{지금}) \times \cdots \times P(\text{있다.}) \times P(\text{</s>}) \\ &\approx 2.27 \times 10^{-34} \end{aligned}$$

4.3 평탄화

4.3.1 희박한 자료

이제 바이그램에 근거한 문장의 확률에 대해 생각해 보자. 표 4.2 에서 보듯이 "세계는 지금 어려운 경제를 극복하기 위하여 노력하고 있다." 라는 문장에서 형성되는 바이그램 중에서 그 빈도가 0 인 구성이 있다. 이는 바이그램에 기반한 결합규칙으로 문장의 확률을 계산할 때 그 확률값을 0 으로 만들어 버린다. 빈도가 0 인 바이그램은 현재의 코퍼스에서는 나타나지 않으나 다른 코퍼스에서는 나타날 수도 있기 때문에, 단순히 확률을 0 이라 할 수도 없다. 이처럼 코퍼스의 크기와 종류에 따라 최대우도추정이 가능할 수도 있고 그렇지 않을 수도 있는 문제가 생긴다. 가령 10,000 여 개의 유형으로 이루어진 코퍼스에서 논리적으로 가능한 바이그램의 수는 $10,000^2$ = 100,000,000 개이고 트라이그램은 $10,000^3 = 1,000,000,000,000$ 개에 이른다. 그러나 어느 코퍼스도 이런 가능한 결합을 다 포함하지는 못한다.

음성 인식 (speech recognition) 이나 언어처리 분야에서도 확률값이 0 이 되는 것은 언어 모델 설정 자체를 무의미하게 만든다. 가령, 한 음향 신호 A 를 어떤 문장 S 로 인식하기 위해 확률 $P(S|A)$ 가 최대가 되는 값을 구한다고 하자. $P(S|A) = P(A|S)P(S)/P(A)$ 이기 때문에 $P(S)$ 가 0 이라면 전체 확률은 0 이 되어 음성 인식 시스템에 문제를 야기한다. N-그램에서 이런 구성들은 의도적으로 결합하는 경우를 제외하고는 그 형성이 거의 불가능하거나, 아니면 그 코퍼스에서 나타나지 (unseen) 않는 구성이다. 이것을 희박한 자료(sparse data) 라고 하며, 출현 빈도에

의존하는 최대우도추정에 의해서는 그 확률을 추정할 수 없다.

평탄화(smoothing)는 이와 같은 희박한 자료에 확률을 할당하는 방법이다. 즉 확률이 0이 되는 구성을 위해 전체 구성의 최대우도를 재조정한다. 따라서 평탄화라는 말은 확률분포를 더 균등(uniform)하게 한다는 의미이며, 고확률은 낮추고 0과 같은 낮은 확률은 높이는 방법을 의미한다. 평탄화는 단순히 확률값이 0인 구성에 확률을 부여하기도 하지만, 전체적으로는 한 언어 모델의 정확성을 증대시키는 기능을 한다.

예제 4.2 평탄화에 의해 재조정되는 확률에 대해 Chen and Goodman (1998:5)을 중심으로 살펴보자. 가장 간단히 모든 바이그램에 1을 더하는 경우를 생각해 보면 다음의 수식이 가능하다.

$$P(w_i|w_{i-1}) = \frac{1+C(w_{i-1}w_i)}{\sum_{w_i}[1+C(w_{i-1}w_i)]} = \frac{1+C(w_{i-1}w_i)}{|V|+C(w_{i-1})} \tag{4.6}$$

여기서 $|V|$는 전체 어휘 수, 즉 유형의 수다. 예제 4.1의 경우에는 총 11개의 어휘가 있다. 각 바이그램에 그 빈도를 1씩 증가시키면 전체적인 바이그램 토큰 수도 증가하는데 그 증가 비율은 그 코퍼스의 어휘 수만큼 증가하게 된다. w_{n-1}로 시작하는 바이그램의 수는 w_{n-1} 유니그램의 수와 같음이 이미 (4.4)에서 지적되었다. 따라서 (4.6)에서처럼 w_{n-1} 유니그램의 총수에 전체 유형을 더한 수로 정규화한다. 예제 4.1의 'JOHN READ A BOOK' 문장의 확률을 평탄화에 의한 확률로 계산해 보자.

$$\begin{aligned}
&P(\text{JOHN READ A BOOK})\\
&= P(\text{JOHN}|<\text{BOS}>)P(\text{READ}|\text{JOHN})P(\text{A}|\text{READ})\\
&\quad \times P(\text{BOOK}|\text{A})P(<\text{EOS}>|\text{BOOK})\\
&= \frac{2}{14}\times\frac{2}{12}\times\frac{3}{14}\times\frac{2}{13}\times\frac{2}{13}\\
&\approx 0.0001
\end{aligned}$$

예제 4.1 에서 최대우도추정에 의해 계산된 확률값은 0.06 이었지만 평탄화에 의해서는 훨씬 더 작은 그러나 더 합당해 보이는 확률값이 추정된다. 즉 최대우도추정에 의해, 대략 100 문장당 6 번꼴로 이 문장이 출현한다고 추정하지만 평탄화에 의해서는 대략 만 문장당 한 번꼴로 나온다고 추정한다. ■

평탄화는 이렇게 최대우도추정에 의해 얻은 확률을 더 정밀화하기도 한다. 이제 몇 가지 중요한 평탄화에 대해 살펴보도록 하자.

4.3.2 가산적 평탄화

가산적 평탄화(additive smoothing)는 예제 4.2 에서 살펴본 것과 같이 N-그램 단위에 일정한 빈도를 더하여 증대시키는 방법이다. 이 평탄화는 Laplace 평탄화라고 불리기도 한다. 가령 어떤 N-그램이 원래 횟수보다 δ 번 더 나타난다면 다음과 같이 확률을 설정할 수 있다.[2]

$$P_{\text{add}}(w_i|w_{i-n+1}^{i-1}) = \frac{\delta + C(w_{i-n+1}^{i})}{\delta|V| + \sum_{w_i} C(w_{i-n+1}^{i})} \tag{4.7}$$

Lidstone(1920) 과 Jeffreys(1948) 는 δ 가 1 인 경우를 주장하고 있으나, Gale and Church(1990; 1994) 에 따르면 그럴 경우 평탄화 자체에 문제가 있다고 지적한다. 이 평탄화를 예제 4.1 과 4.2 의 경우를 가지고 살펴보자. 우선 바이그램의 횟수는 이미 살펴보았듯이, 다음과 같이 조절된다.

$$C^*(w_{i-1}w_i) = \frac{[C(w_{i-1}w_i) + 1] \times C(w_{i-1})}{C(w_{i-1}) + V} \tag{4.8}$$

바이그램에서 조절된 횟수 (C^*) 는 해당 바이그램의 출현 횟수에 1 을 더하고 그 바이그램의 시작 단어 (w_{i-1}) 의 횟수를 곱한다. 이를 바이그램의 첫단어 w_{i-1} 에 전체 어휘 유형의 수를 더한 것으로 나눈다.[3] 이

[2] 일반적으로 δ 는 $0 < \delta \leq 1$ 사이로 설정된다.

[3] 조절된 출현 횟수는 원래 횟수에 1 을 더하고 그 증가한 비율로 정규화하여 이루어진다. 이 경우 원래 횟수에 1 을 더하기 때문에 $\frac{N}{N+V}$ 가 정규화 인자가 된다. 따라서

표 4.3 Laplace 방법에 의한 바이그램 확률

w_{i-1}, w_i	$C(w_{i-1}, w_i)$	$C(w_i,) + V$(유형수)	$P_{Lap}(w_i \mid w_{i-1})$
<s> 세계는	35	99179+1,630,471	0.000014
세계는 지금	6	369+1,630,471	0.000004
지금 어려운	0	5438+1,630,471	0.000001
어려운 경제를	1	2245+1,630,471	0.000001
경제를 극복하기	0	238+1,630,471	0.000001
극복하기 위하여	4	93+1,630,471	0.000003
위하여 노력하고	0	1032+1,630,471	0.000001
노력하고 있다.	24	106+1,630,471	0.000015
있다.</s>	54475	54475+1,630,471	0.032331

조절된 횟수를 바이그램의 첫 단어의 수 $C(w_{i-1})$ 로 나누면 바이그램 확률이 되고 이는 앞 (4.6) 과 같다.

예제 4.3 이제 예제 4.2 의 바이그램의 확률 계산을 위해 Laplace 규칙을 적용해 보자. 즉, 모든 바이그램 빈도를 1 씩 증가시키고 그 바이그램 확률을 구해 보자. 이를 정리하면 표 4.3 과 같다.

이제 빈도가 0 이었던, '지금 어려운' 이나 '위하여 노력하고' 바이그램 구성도 확률을 갖게 되었다. 그러나 단순히 1 씩 빈도를 증가시키는 방법은 너무 급격한 절하 (discounting) 를 가져온다. 특히 타입의 수가 많을수록 이 편차는 더 커진다. '세계는 지금' 의 최대우도추정 (P_{MLE}) 에 의한 확률은 0.016 이었지만 Laplace 평탄화에 의하면 0.000004 로 절

조절된 횟수는 다음과 같다. 여기서 N 은 총 토큰 수, V 는 총 유형 수를 나타낸다.

$$C_i^* = (C_i + 1)\frac{N}{N+V}$$

하되었다. P(있다. </s>) 확률은 1 에서 0.03 으로 절하되었다. 유형의 수가 많고, 나타나지 않은 N-그램이 많은 경우 1 씩 빈도를 증가시키는 방법은 원자료의 심한 절하를 이룬다. 이를 조절하기 위해 1 대신 0.5 씩 더하는 방법을 쓰기도 한다. ■

가산적 평탄화는 비교적 단순한 방법으로 희박한 자료에서 야기되는 확률값이 0 이 되는 문제를 해결할 수 있지만 통계적으로 편차가 너무 심한 자료의 절하 문제가 생긴다. 따라서 여러 다른 평탄화는 이 절하를 얼마나 합리적으로 하느냐에 초점을 맞춘다.

4.3.3 Good-Turing 추정

Good-Turing 추정(estimation) 은 Good(1953) 이 제시한 것으로 한 번도 나타나지 않은 N-그램은 한 번 나타난 N-그램으로 추정할 수 있다는 것이다. Good-Turing 추정은 출현 횟수가 0 인 N-그램을 한 번 나타난 N-그램의 횟수로 추정하기 때문에 전체 확률분포가 재조정되는 효과가 있다.

N_c 를 코퍼스에서 c 번 나타난 N-그램의 수라고 하면, N_0 은 한 번도 나타나지 않은 N-그램의 수이고, N_1 은 한 번 나타난 N-그램의 수가 된다. 바이그램의 경우를 생각해 보면 N_0 의 값은 전체 어휘 유형 수의 제곱, V^2 에서 나타난 바이그램의 수를 빼면 된다. Good-Turing 추정에 의한 c 번 나타난 N-그램의 조절된 횟수는 다음과 같이 구해진다.

$$c^* = (c+1)\frac{E(N_{c+1})}{E(N_c)} \tag{4.9}$$

여기서 $E(X)$ 는 확률변수 X 의 기댓값을 나타낸다. 위 공식은 일반적으로 다음과 같이 근사화된다.

$$c^* = (c+1)\frac{N_{c+1}}{N_c} \tag{4.10}$$

따라서 Good-Turing 에 따르면, 한 번도 나타나지 않은 N-그램의 조절된 횟수는 $c^* = \frac{N_1}{N_0}$ 가 되고 한 번 나타난 N-그램의 횟수는 $c^* = \frac{2N_2}{N_1}$ 이 된다.

예제 4.4 세종 코퍼스는 총 1,630,471 개의 어휘가 있다. 따라서

$$1,630,471^2 = 2,658,435,681,841$$

개의 바이그램이 가능하다. 이 중에서 한 번도 나타나지 않은 바이그램의 수는 2,658,427,862,316 개다. 한 번 나타나는 바이그램 수는 6,926,049 개이며, 두 번 나타나는 바이그램 수는 496,693 개다. 따라서 한 번도 나타나지 않은 바이그램은 Good-Turing 에 의해

$$6,926,049/2,658,427,862,316 = 0.0000026$$

의 조절된 횟수를 갖게 된다. 한 번 나타난 바이그램 수는

$$2 \times (496,693/6,926,049) = 0.143$$

이 된다. 표 4.4 는 세종 코퍼스에서 빈도가 9 까지인 바이그램의 조절된 횟수를 보여 준다.

표 4.4 에 따르면 빈도가 0 인 바이그램은 이제 0.0000026 의 빈도로, 빈도가 9 인 바이그램은 7.84 로, 빈도가 1 인 바이그램은 0.14 의 빈도로 각각 조절된다. 이 방법은 Laplace 에 의한 빈도의 재조정에 비해 그 절하율이 상대적으로 작다. ■

한편, 일정한 빈도 이상으로 출현하는 N-그램은 상대적으로 그 값을 신뢰할 수 있기 때문에 어떤 기준치 $c < k$ 를 설정하기도 한다. k 는 일정한 기준값, 즉 $5, 6, \cdots, 10$ 을 나타내는 상수다. 따라서 k 를 10 으로 설정하면 $c \geq 10$ 인, 즉 횟수가 10 번 이상인 N-그램은 신뢰할 수 있기 때문에 원래 빈도를 사용하고 그 이하는 재조절된 횟수를 사용한다. 이 조절된 횟수를 바탕으로 하여 Good-Turing 에 의한 확률은 다음과 같이

표 4.4 바이그램의 재추정된 횟수

빈도	N_c	c^*
0	2658427862316	0.0000026
1	6926049	0.143427515
2	496693	0.903533974
3	149593	1.911346119
4	71481	2.854744617
5	40812	3.862687445
6	26274	4.956801401
7	18605	5.781671594
8	13446	6.757028112
9	10095	7.847449232

계산될 수 있다.

$$P_{GT}(w_1 w_2 \cdots w_n) = \frac{c^*(w_1 w_2 \cdots w_n)}{N} \tag{4.11}$$

c^* 는 N-그램의 조절된 횟수이며, N 은 해당 N-그램의 원래 빈도다. 조건부 횟수에 의한 확률은 다음과 같이 구할 수 있다.

$$P_{GT}(w_n | w_1 w_2 \cdots w_{n-1}) = \frac{c^*(w_1 w_2 \cdots w_n)}{C(w_1 w_2 \cdots w_{n-1})} \tag{4.12}$$

표 4.5 는 세종 코퍼스의 Good-Turing 추정에 의해 조절된 횟수와 이를 이용한 확률을 정리한 표다. 빈도 10 미만은 횟수를 재조절하였고, 그 이상은 원래의 빈도를 사용하였다. (4.12) 의 조건 확률과 표 4.3 에 있는 w_{i-1} 의 빈도로 Good-Turing 확률을 계산할 수 있다. 이 값을 표 4.3 의 Laplace 에 의한 확률값과 비교해 보라.

예를 들어 '<s> 세계는' 바이그램의 Good-Turing 에 의한 확률은 이

표 4.5 Good-Turing을 사용한 조건 확률

w_i, w_{i+1}	$C(w_i, w_{i+1})$	$c^*(w_i, w_{i+1})$	$P_{GT}(w_{i+1}\|w_i)$
<s> 세계는	35	35	0.000035099
세계는 지금	6	4.96	0.013441734
지금 어려운	0	0.0000026	0.000000001
어려운 경제를	1	0.14	0.000062361
경제를 극복하기	0	0.0000026	0.000000011
극복하기 위하여	4	2.85	0.030645161
위하여 노력하고	0	0.0000026	0.000000003
노력하고 있다.	24	24	0.226415094
있다.</s>	54475	54475	1

바이그램의 조절된 확률을 유니그램 '<s>'의 수로 나눈, 즉 35/997179에 의해 계산된다.

4.3.4 Jelinek-Mercer 평탄화

만일 두 바이그램 '나는 그', '나는 한'의 빈도가 0이라고 하면, 앞의 Laplace 평탄화나 Good-Turing 추정을 따른다면 새로 조절된 횟수가 설정될 것이고 이 횟수를 바탕으로 조건 확률 P(그|나는), P(한|나는)가 계산된다. 이 두 바이그램의 빈도가 0이기 때문에 각각의 평탄화 방법에 의한 두 확률은 같게 될 것이다. 그러나 직관적으로 보면, P(그|나는)이 P(한|나는) 보다 커야 할 것이다. 왜냐하면, 표 4.1에서도 확인할 수 있듯이, '그'의 출현 빈도가 상대적으로 '한'보다 아주 높기 때문이다.

평탄화에 이런 직관을 반영하기 위해, 바이그램 모델에 유니그램 모델을 보간(interpolation) 하는 방법을 사용하기도 한다. 앞에서 살펴본 대로, 유니그램 모델의 최대우도추정 (MLE) 은 특정 유니그램 갯수를 전체 유니그램 갯수로 정규화하여 얻어진다.

$$P_{\text{MLE}}(w_i) = \frac{c(w_i)}{\sum_{w_i} c(w_i)} \tag{4.13}$$

이제 바이그램에 유니그램을 보간하여 확률을 구하면 다음과 같다.

$$P_{\text{interp}}(w_i|w_{i-1}) = \lambda P_{\text{MLE}}(w_i|w_{i-1}) + (1-\lambda)P_{\text{MLE}}(w_i) \tag{4.14}$$

$P_{\text{MLE}}(\text{그}|\text{나는})$ 와 $P_{\text{MLE}}(\text{한}|\text{나는})$ 이 0 이기 때문에 (4.14) 에 따르면, 유니그램 $P_{\text{MLE}}(w_i)$ 을 이용한 보간에 따라 바이그램 확률이 결정된다. $P_{\text{MLE}}(\text{그})$ 가 $P_{\text{MLE}}(\text{한})$ 보다 확률값이 크기 때문에 의도하는 대로

$$P_{\text{interp}}(\text{그}|\text{나는}) > P_{\text{interp}}(\text{한}|\text{나는})$$

이 된다. 여기서 $0 \le \lambda \le 1$ 이다.

이렇게 상위 그램의 확률을 추정할 때 그 빈도가 0 이거나 자료가 충분치 않아, 하위 그램 모델을 삽입하여 계산하는 방법을 보간법이라 한다. 이는 Jelinek and Mercer(1980) 가 일반화하였기 때문에 Jelinek-Mercer 의 평탄화라고도 한다. Brown et al.(1992) 는 이 보간법을 다음과 같이 형식화하고 있다.

$$\begin{aligned} P_{\text{interp}}(w_i|w_{i-n+1}^{i-1}) = {} & \lambda_{w_{i-n+1}^{i-1}} P_{\text{MLE}}(w_i|w_{i-n+1}^{i-1}) \\ & + (1-\lambda_{w_{i-n+1}^{i-1}}) P_{\text{interp}}(w_i|w_{i-n+2}^{i-1}) \end{aligned} \tag{4.15}$$

이 수식은 n 번째 상위 평탄화 모델과 $n-1$ 번째의 평탄화 모델이 순환적으로 적용됨을 보여 준다. 가령 트라이그램일 경우 이 트라이그램의 확률 (P_{MLE}) 이 0 이면 하위의 바이그램의 평탄화 확률 (P_{interp}) 에 의해 확률값이 추정되고, 그 하위 그램 (유니그램) 까지 순환적으로 적용된다.

매개변인 (parameter) λ 는 보간되는 각 모델의 가중치를 나타낸다. 만일 어떤 바이그램의 출현 빈도를 정확히 알고 있다면, 이 바이그램을

근간으로 하는 트라이그램은 더 신뢰할 수 있고, 따라서 그 트라이그램에 더 높은 가중치를 부여할 수 있다. 이 λ는 보통 최대우도값을 구한 학습 코퍼스가 아니라 이런 매개변인을 위해 여분으로 남겨진 보류 코퍼스(held-out)에서 얻어진다. 보류 코퍼스에서 λ를 최대화하는 값을 학습하여 N-그램 평탄화에 사용한다.

4.3.5 Katz 평탄화

Katz(1987) 평탄화는, 만일 어떤 N-그램 구성이 출현하지 않으면 하위(lower) 그램, $(N-1)$-그램으로 후퇴(backoff)하여 빈도를 추정하는 것으로, Good-Turing 평탄화를 확장한 것이라 할 수 있다. Good-Turing 평탄화는 나타나지 않은 N-그램은 모두 동일한 가능성을 지닌다고 가정하기 때문에 각각에 동일한 확률 분포를 가정한다. Katz 평탄화는 이렇게 동일한 확률분포를 가정하기보다는 나타나지 않은 구성에 대해 계속 하위 그램으로 후퇴하여 실제 존재하는 하위 그램의 출현 정보를 이용한다. 예를 들어 트라이그램의 경우, 이 구성이 나타나지 않으면 바이그램으로, 다시 바이그램도 출현하지 않는다면 유니그램으로 후퇴하여 그 확률을 추정한다. 이는 다음과 같이 표시될 수 있다.

$$P_{\text{Katz}}(w_i|w_{i-2}w_{i-1}) = \begin{cases} P^*(w_i|w_{i-2}w_{i-1}), & C(w_{i-2}w_{i-1}w_i) \neq 0 \\ \alpha_1 P(w_i|w_{i-1}), & C(w_{i-2}w_{i-1}w_i) = 0, C(w_{i-1}w_i) \neq 0 \\ \alpha_2 P(w_i), & \text{그렇지 않을 경우} \end{cases} \tag{4.16}$$

이 트라이그램 확률을 어떻게 구할 수 있는지 살펴보자. 우선 최대우도추정에 근거하여 트라이그램의 확률을 구한다면 다음과 같이 된다.

$$P_{\text{MLE}}(w_i|w_{i-2}w_{i-1}) = \frac{C(w_{i-2}w_{i-1}w_i)}{C(w_{i-2}w_{i-1})} \tag{4.17}$$

그러나 하위 그램으로 후퇴하여 확률을 추정하는 경우에는, 하위 그램의 확률이 더해지기 때문에 총 확률값이 1 이상이 되어 버린다. 따라서 확률 총합이 1 이 되기 위해 하위 그램에서 그 값을 절하할 수 있는 α_1, α_2 와 같은 인자가 필요하다.

이 α_1, α_2 값을 어떻게 구할 수 있는지 살펴보자. 후퇴에 기반한 평탄화는 앞 절에서 살펴본 Good-Turing 추정과 결합하여 적용된다. 가령 후퇴에 의해 어떤 트라이그램의 확률을 계산할 때 최대우도추정에 의한 확률 대신에, 다음과 같이 실제로 나타나는 트라이그램을 절하하는 Good-Turing 추정을 사용한다고 하자.

$$P^*(w_i|w_{i-2}w_{i-1}) = \frac{C^*(w_{i-2}w_{i-1}w_i)}{C(w_{i-2}w_{i-1})} \tag{4.18}$$

(4.18) 은 최대우도추정이 아니라 절하된 트라이그램의 빈도를 사용하기 때문에 최대우도추정에 의한 트라이그램 확률값보다 언제나 작게 된다. 따라서 그 조절된 값만큼 바이그램으로 후퇴할 때 사용할 수 있다. 이제 확률의 총합 1 에서 (4.18) 에 의해 계산되는, 즉 출현한 트라이그램의 절하된 확률값들의 합을 빼면, 출현하지 않은 트라이그램의 총합이 된다.

$$1 - \sum_{w_i, C(w_{i-2}w_{i-1}w_i)>0} P^*(w_i|w_{i-2}w_{i-1}) \tag{4.19}$$

이렇게 구해진 값에 바이그램이 부합하도록 α_1 의 값을 산정할 수 있다. 즉 나타난 트라이그램의 절하된 확률과 바이그램으로 후퇴하게 될 때 얻는 가중치의 합이 1 이 될 수 있도록 α_1 를 산정한다. 만일 후퇴한 바이그램 또한 출현하지 않는다면, 다시 유니그램으로 후퇴하여 확률을 추정한다. 이때에도 Good-Turing 에 의해, 관찰된 바이그램의 값을 절하하여 유니그램으로 추정할 수 있는 여지를 만들고 다시 α_2 를 조절하여 관찰된 바이그램의 절하된 확률과 유니그램으로 후퇴하여 얻게 되는 가중치의 합이 1 이 될 수 있게 한다.

4.3.6 절대 절하

절대 절하(absolute discounting) 방법은 앞서 살펴본 Jelinek-Mercer 와 같이 N-그램과 $(N-1)$-그램의 보간법을 이용하지만, N-그램에서 최대우도추정 (MLE) 에 의한 확률에 가중치 λ 를 곱하는 대신, 고정된 절댓값, $D(D \leq 1)$ 를 출현 횟수에서 빼는 방법을 취하는 차이가 있다. 우선 Jurafsky and Martin(2008) 의 예를 살펴보자. 표 4.6 은 Good-Turing 절하에 의해 나타난 원래 횟수와 조절된 횟수 (c^*) 를 보여 준다.

표 4.6 Good-Turing 에 의해 조절된 횟수

c(MLE)	0	1	2	3	4	5	6	7	8	9
c^*(GT)	0.000027	0.446	1.26	2.24	3.24	4.22	5.19	6.21	7.24	8.25

조절된 횟수 0, 1 을 제외하고는 최대우도 (MLE) 횟수에서 0.75 를 빼면 조절된 횟수가 나온다. 절대 절하는 이런 특성을 반영한 것으로 다음과 같이 절대 절하의 확률을 공식화할 수 있다.

$$
\begin{aligned}
P_{\text{abs}}(w_i|w_{i-N+1}^{i-1}) = & \frac{\max\{C(w_{i-N+1}^{i-1}) - D, 0\}}{\sum_{w_i} C(w_{i-N+1}^{i-1})} \\
& + (1 - \lambda_{w_{i-N+1}^{i-1}}) P_{\text{abs}}(w_i|w_{i-N+2}^{i-1})
\end{aligned} \tag{4.20}
$$

Jelinek-Mercer 에 따르면, N-그램에서는 최대우도 횟수에서 고정값 D 를 뺀 횟수를 N-그램의 전체 합으로 나누어 확률을 구하고 $(N-1)$-그램에서는 다시 $(1-\lambda)$ 의 가중치를 절대 절하 확률에 순환적으로 곱한다. (4.20) 의 확률분포의 합이 1 이 되기 위하여 $(1-\lambda)$ 는 다음과 같이 정의된다.

$$
1 - \lambda_{w_{i-N+1}^{i-1}} = \frac{D}{\sum_{w_i} C(w_{i-N+1}^{i})} N_{1+}(w_{i-N+1}^{i-1} \bullet) \tag{4.21}
$$

$N_{1+}(w_{i-N+1}^{i-1} \bullet)$ 은 단어 연쇄 다음에 나타나는 구별되는 단어들의 수

를 나타내며 다음과 같이 정의된다.

$$N_{1+}(w_{i-N+1}^{i-1}\bullet) = \left|\{w_i : C(w_{i-N+1}^{i-1}w_i) > 0\}\right| \tag{4.22}$$

이는 '아름다운 우리의 ~'와 같은 바이그램으로 시작하는 트라이그램의 경우, 이 뒤에 나오는 서로 다른 유형(단어)들의 총수를 나타낸다.

Ney et al.(1994)는 이 고정된 값 D를 학습 자료에서 추정하여 다음과 같이 정의하였다.

$$D = \frac{n_1}{n_1 + 2n_2} \tag{4.23}$$

n_1, n_2는 Good-Turing에서처럼 빈도의 빈도를 나타낸다. 즉 바이그램이라면, n_1은 한 번 나타난 바이그램의 총수를, n_2는 두 번 나타난 바이그램의 총수를 나타낸다.

4.3.7 Kneser-Ney 절하

Kneser-Ney 절하(Kneser-Ney discounting)는 절대 절하에 기초한 평탄화의 일종이다. 일반적으로 하위 N-그램의 확률분포는 원래의 최대우도추정에 기초한 확률분포를 평탄화하여 이루어진다. 따라서 상위 N-그램이 전혀 나타나지 않거나 그 출현 횟수가 극히 적을 때는 이 하위 N-그램의 확률분포가 중요해진다. Kneser-Ney는 이때 하위 N-그램을 단순히 평탄화하기보다는 그 출현 양상을 반영할 필요가 있다고 본다. 예를 들어 자주 나타나는 'FRANCISCO'와 같은 단어를 포함하는 바이그램 모델을 설정하는 경우, 이 단어의 빈도, C(FRANCISCO)가 높기 때문에 유니그램 확률 P(FRANCISCO)도 높게 될 것이다. 평탄화의 경우에도, 가령 절대 절하의 경우에도 바이그램의 이력에 따라 높은 확률을 할당하게 될 것이다. 그러나 실제로 이 'FRANCISCO'는 확률이 높지 않아야 한다. 왜냐하면 이 단어는 거의 'SAN' 다음에만 나오는 유일한 바이그램 구성을 보이기 때문이다. 따라서 바이그램에서 유니그램으로 후퇴하는 경우 'FRANCISCO'는 단일한 바이그램 구성에서만 나타남에도 불구하고 그 빈번한 출현으로 여전히 높은 확률을 갖게 될 것이다. 그러나 어떤 단어들은 여러 바이그램 구성에서 나타나는 다양한 분포를 보이나 그 출현 횟수가 상대적으로 적어 낮은 확률을 갖는 경우가 있다. 따라서 단순히 유니그램으로 후퇴하여 평탄화하면 단어의 분포에 따른 부정확성이 야기될 수 있다. Kneser-Ney 는 평탄화에서 유니그램의 특성, 즉 어떤 단어 w 가 얼마나 다른 문맥에서 사용되는가를 고려한다. 왜냐하면 더 많은 문맥에서 사용되는 단어들이 새로운 문맥에서 사용될 수 있는 확률도 더 크기 때문이다. Jurafsky and Martin(2008) 은 이를 '지속 확률'로 다음과 같이 규정하고 있다.

$$P_{\text{continuation}}(w_i) = \frac{|\{w_{i-1} : C(w_{i-1}w_i) > 0\}|}{\sum_{w_i} |\{w_{i-1} : C(w_{i-1}w_i) > 0\}|} \tag{4.24}$$

이 수식의 분자는 바이그램 $w_{i-1}w_i$ 에서, w_i 앞에 나오는 서로 다른 w_{i-1} 의 수를 나타내며 분모는 w_{i-1} 으로 시작하는 바이그램의 총수를 나타낸다. 따라서 'FRANCISCO' 의 경우 단일한 바이그램의 구성을 보이기 때문에 분자의 값이 작아 그 많은 출현에도 불구하고 낮은 $P_{\text{continuation}}$ 을 갖게 될 것이다. 반대로 여러 다른 바이그램에서 나타날 수 있는 어휘들은 상대적으로 높은 확률을 갖게 된다. Kneser-Ney 평탄화는 다음과 같이 형식화된다. 여기서 α 는 후퇴 평탄화에서 여분의 확률 값을 조절하기 위한 계수다.

$$\begin{aligned} &P_{\text{KN}}(w_i|w_{i-1}) \\ &= \begin{cases} \dfrac{C(w_{i-1}w_i) - D}{C(w_{i-1})}, & C(w_{i-1}w_i) > 0 \\ \alpha(w_i)\dfrac{|\{w_{i-1} : C(w_{i-1}w_i) > 0\}|}{\sum_{w_i} |\{w_{i-1} : C(w_{i-1}w_i) > 0\}|}, & \text{그렇지 않으면} \end{cases} \end{aligned} \tag{4.25}$$

평탄화에서 일반적으로 후퇴 (backoff) 가 선형적 보간법(linear interpolation) 보다 더 효과가 있다고 알려져 있다. 그러나 Kneser-Ney 보간법에서는 (4.25) 와 같이 후퇴에 기초한 것보다 보간법에 근거한 것이 더

낫다 (Jurafsky and Martin, 2008). 보간법에 기초한 Kneser-Ney 평탄화는 다음과 같다. 여기서 β 는 유니그램의 문맥을 반영한 가중치다.

$$\begin{aligned} P_{\mathrm{KN}}(w_i|w_{i-1}) = &\frac{C(w_{i-1}w_i) - D}{C(w_{i-1})} \\ &+ \beta(w_i)\frac{|\{w_{i-1} : C(w_{i-1}w_i) > 0\}|}{\sum_{w_i}|\{w_{i-1} : C(w_{i-1}w_i) > 0\}|} \end{aligned} \tag{4.26}$$

4.3.8 범주에 기초한 N-gram

범주에 기초한 N-그램 (class-based N-grams) 은 일반적인 단어 연쇄에 기초한 N-그램에서 더 나아가 그 단어가 지니는 범주에 따른 N-그램을 나타내며 클러스터 (cluster) 라고도 한다. 가령 바이그램 'to Seoul' 이 현재 코퍼스에서 전혀 나타나지 않을 경우 그 확률을 구하기 위해서는 앞의 여러 평탄화 방법 중 하나를 적용해야 한다. 그러나 범주에 기초한 방법은, 만일 코퍼스에 'to Seattle', 'to Busan' 등의 바이그램이 나타나고 이들이 도시라는 것을 안다면 이런 범주를 바탕으로 전치사 'to' 다음에 도시가 나타나는 확률을 예측할 수 있고 이를 나타나지 않은 구성에 적용한다.

범주에 기초한 N-그램은 여러 방법이 있지만 일반적으로 IBM 클러스터링으로 알려져 있는 클러스터에 기초한 방법이 널리 사용된다. 이에 따르면 바이그램 $w_{i-1}w_i$ 의 확률은 다음과 같이 규정된다.

$$P(w_i|w_{i-1}) \approx P(c_i|c_{i-1})P(w_i|c_i) \tag{4.27}$$

어떤 단어의 바이그램 확률은 이 단어들이 속하는 범주 연쇄의 확률에 해당 범주 c_i 에 그 단어 w_i 가 속할 확률을 곱하여 얻어진다. 이 IBM 클러스터링은 한 단어가 한 범주를 갖는 경우에 적용된다. 따라서 한 단어가 어떤 범주에 속할 확률과 범주 연쇄의 최대우도추정에 기반한 확률을 다음과 같이 각각 구할 수 있다.

$$P(w|c) = \frac{C(w)}{C(c)} \tag{4.28}$$

$$P(c_i|c_{i-1}) = \frac{C(c_{i-1}c_i)}{\sum_c C(c_{i-1}c)} \tag{4.29}$$

4.4 N-그램 툴킷

앞에서 살펴본 평탄화의 여러 방법은 언어 모델을 설정할 때 중요하다. 그러나 대량의 코퍼스를 가지고 평탄화를 직접 구현하는 것은 쉽지 않다. 이런 언어 모델 및 평탄화 방법론들을 적용할 수 있는 툴킷이 여럿 있는데 그중에서도 대표적인 것이 SRI Speech Technology and Research Laboratory 에서 개발된 SRILM(SRI Language Modeling Toolkit) 이다. 이 SRILM 을 사용하여 통계적인 언어 모델을 설정하는 방법을 살펴보도록 하자.

4.4.1 SRILM 설치

SRILM 은 SRI 의 사이트[4]에서 얻을 수 있다. 여기에 SRILM 에 관한 설명과 다운로드를 할 수 있는 사이트가 연결되어 있다. SRILM 은 리눅스나 PC 기반의 리눅스 환경인 Cygwin 에서 실행할 수 있다. Cygwin 이 없는 경우는 Cygwin 홈페이지[5]에서 다운받을 수 있다. 완전한 실행화일이 제공되지 않고 소스코드가 제공되기 때문에 소스화일을 다운받은 후 설명에 따라 컴파일해야 실행파일이 생성된다. SRILM 에서 제공하는 설명서는 비교적 상세하나 컴파일시 리눅스 종류나 환경에 따라 제대로 컴파일되지 않는 경우가 있다. 그럴 경우 컴파일러의 최신판이나 필요한 모듈을 다운받아야 한다. 설명서에서 확인되지 않은 에러가 나오는 경우

[4] http://www.speech.sri.com/projects/srilm/

[5] http://www.cygwin.com

는 FAQ[6]에서 필요한 정보를 찾을 수도 있다.

4.4.2 SRILM을 이용한 언어 모델

SRILM은 N-그램을 이용한 언어 모델을 위해 다양한 명령어들을 제공한다. 이 명령어들의 설명은 매뉴얼[7]에서 확인할 수 있다. 언어 모델을 세종형태소분석 코퍼스에 적용해 실제로 사용하는 방법을 간략히 살펴보자. 영어의 경우는 형태적 활용이 다양하지 않기 때문에 원자료로 언어 모델을 설정할 수 있지만, 한국어는 형태가 복잡하기 때문에 그대로 언어 모델을 설정하기 어렵다. 따라서 많은 경우에 형태분석된 단위들을 중심으로 N-그램 모델을 설정한다. 즉 어절에 기반한 언어 모델이라기보다는 형태소 연쇄에 기반한 언어 모델이라고 할 수 있다. 세종 형태소분석 코퍼스는 각 어절을 그 어근과 접사로 분리해 놓고 태그를 붙여 놓았기 때문에 언어 모델 설정을 위해서는 이 태그들을 다 없앨 필요가 있다. 태그를 없애면 표 4.7과 같은 형태소 단위의 코퍼스가 된다.

`ngram-count` 명령어를 사용하면 N-그램에 대한 로그 확률 (log probability) 과 로그 후퇴 가중치 (log backoff weight) 가 생성된다. 어떤 옵션도 명시하지 않으면 기본으로 트라이그램에 Good-Turing 절하와 Katz의 후퇴 (backoff) 가 적용된 결과를 도출한다.

```
ngram-count -text SejongMorph.txt -lm lm.txt
```

이 명령어는 표 4.7과 같은 SejongMorph.txt를 읽어와 lm.txt 파일을 생성한다. lm.txt 파일에는, 앞에서 언급한 대로, N-그램에 대한 빈도와 로그 확률 그리고 Good-Turing, Katz의 평탄화 결과를 수록한다. 표 4.8은 그 일부다.

가령, "-6.522542 무조 -0.3102094" 에서 -6.522542 는 로그 확률이고, -0.3102094 는 로그 후퇴 가중치를 나타낸다. `ngram-count`에 몇 가지 옵션을 수행하면 다양한 결과를 얻을 수 있다. 다음은 몇 실행 예다.

[6]http://www.speech.sri.com/projects/srilm/manpages/srilm-faq.7.html

[7]http://www.speech.sri.com/projects/srilm/manpages/

표 4.7 태그를 제거한 세종 형태분석 코퍼스

```
「 동아 광장 」
이런 축구 저런 축구 시작 은 항상 설레 ㅁ을 동반 하 ㄴ다 .
월드컵 은 어젯밤 그렇 게 두근거리 는 세계인 의 가슴 속 에 막 을 올리 었 다 .
이번 월드컵 에 우리 가 열광 하 는 것 은 물론 이 축제 의 절반 이 한반도 에서 열리 ㄴ다는
감격 때문 이 기 도 하 다 .
그러나 우리 의 마음 을 더욱 들뜨 게 하 는 것 은 몇 차례 평가전 에서 보이 어 주 ㄴ 한국
대표 팀 의 높 아 지 ㄴ 기량 이 혹 이번 대회 에서 기대 이상 의 놀랍 ㄴ 성과 로 이어지
지 않 을까 하 는 바람 때문 이 다 .
▼ 축구 가 정치 보다 좋 은 이유
▼ " 막판 집중력 이 떨어지 어 골 을 내주 ㄴ 것 은 유감 이 다 .
마지막 순간 을 어떤 자세 로 임하 느냐 는 것 은 바로 그 팀 의 수준 을 말 하 아 주 는
것 이 다 .
" 세상사 여러 곳 에 상징 적 교훈 을 주 는 대단히 인상 적 이 ㄴ 분석 이 다 .
이 말 을 우리 정치 에 대입 하 아 보 면 어떻 ㄹ까 .
정권 이 임기 후반기 에 들어서 ㄴ 이후 집중력 이 현저 하 게 떨어지 면서 각종 게이트 로
스스로 를 해치 고 망치 는 모습 에서 우리 는 히딩크 감독 이 말 하 는 정권 의 수준 을
읽 게 되 ㄴ다 .
그것 이 한계 이 었 다 .
```

-order n 다음 명령으로 3-그램까지의 언어 모델을 설정한다.

```
ngram-count -text SejongMorph.txt -order 3 -lm lm.txt
```

-cdiscountn discount 다음 명령으로 3-그램까지 count 에서 0.5 를 빼는 절대 절하를 적용한다. `cdiscount1` 은 1-그램에, `cdiscount3` 은 3-그램에 적용된다.

```
ngram-count -text SejongMorph.txt -order 3
            -lm lm_absolute0.5gram.txt
            -cdiscount1 0.5
            -cdiscount2 0.5
            -cdiscount3 0.5
```

-kndiscountn Chen and Goodman 의 수정된 Kneser-Ney 절하를 적용한다.

표 4.8 ngram-count에 의한 언어 모델 정보

```
\data\
ngram 1=200989
ngram 2=2331224
ngram 3=1547582

\1-grams:
...
-6.522542   무조     -0.3102094
-4.676433   무조건   -0.2724784
-7.300586   무조소   -0.187773
-6.522542   무좀     -0.1705577
-7.300586   무종     -0.1897614

...

\2-grams:
...
-0.3667601  군종 교구    -0.08042386
-1.530162   군종 교구장
-1.530162   군종 사목
-0.9907063  군종 신부
-1.530162   군종 으로
-1.530162   군종 장교p
-2.181038   군주 (  -0.3164993
-2.720493   군주 )
-1.766948   군주 ,
...

\2-grams:
...
-0.1753731  을 영솔 하
-0.2860875  * 영수 는
-0.2860875  : 영수 는
-0.6982518  <s> 영수 :
-0.9850575  <s> 영수 가
-0.6982518  <s> 영수 는
-0.2860875  ㄴ다면 영수 회담
-1.131186   여야 영수 들
-0.1047354  여야 영수 회담
-0.4621787  와 영수 가
```

```
ngram-count -text SejongMorph.txt -order 3
            -lm lm_knd3_.txt
            -kndiscount1 -kndiscount2 -kndiscount3
```

-ukndiscountn 수정되지 않은 기본적인 Kneser-Ney 절하를 적용한다.

```
ngram-count -text SejongMorph.txt -order 3
            -lm lm_uknd_3.txt
            -ukndiscount1 -ukndiscount2 -ukndiscount3
```

-interpolaten 보간법(interpolation)을 적용한다. 여기서는 수정되지 않은 Kneser-Ney 절하에 보간을 적용한 경우다.

```
ngram-count -text SejongMorph.txt -order 3
            -lm lm_uknd_inter_5.txt
            -ukndiscount1 -ukndiscount2 -ukndiscount3
            -interpolate1 -interpolate2 -interpolate3
```

표 4.9는 확률값들이 절하 방법에 따라 변화되고 있음을 보여 준다.

4.4.3 혼잡도 계산

ngram-count에 의한 생성되는 언어 모델을 기초로 ngram 명령어를 사용하여 학습 자료(training set)와 실험 자료(test set)에 대해서 혼잡도(perplexity)[8]를 계산할 수 있다. 기본적으로는 트라이그램에 대해 계산된다.

```
ngram -lm lm.txt -ppl test.txt
```

이것은 ngram 명령어를 사용하여 학습자료 test.txt의 혼잡도를 계산하는 명령어다. 다음과 같은 결과가 도출된다.

[8] 혼잡도는 엔트로피와 관련된 개념으로 5.6에서 자세히 설명한다.

표 4.9 평탄화에 따른 확률값의 변화

(Chen and Goodman 에 의해 수정된 Kneser-Ney)

```
-2.986042    는지 이야기 -0.1071039
-3.962162    는지 이웃
-2.986042    는지 이유   -0.4071188
-2.655142    는지 이제   -0.1167123
-3.962162    는지 이쪽
-3.962162    는지 이틀
-2.523046    는지 이해   -0.4624015
-3.962162    는지 인간
```

(default 로 설정된 언어 모델)

```
-3.525146    는지 이상   -0.3873259
-3.152505    는지 이야기 -0.0846151
-4.315907    는지 이웃
-3.152505    는지 이유   -0.6953672
-2.910684    는지 이제   -0.05536588
-4.315907    는지 이쪽
-4.315907    는지 이틀
-2.402528    는지 이해   -1.022596
```

(3-그램까지 0.5 를 빼는 절대 절하)

```
-3.466986    는지 이상   -0.6869446
-3.124563    는지 이야기 -0.2552168
-4.165956    는지 이웃
-3.124563    는지 이유   -1.021068
-2.935507    는지 이제   -0.1727467
-4.165956    는지 이쪽
-4.165956    는지 이틀
-2.410081    는지 이해   -1.008172
```

```
file test.txt: 171154 sentences, 4829620 words,
26626 OOVs 0 zeroprobs,
logprob= -9.34268e+06 ppl= 75.5524 ppl1= 88.1413
```

이는 기본적인 값으로 생성된 lm.txt의 언어 모델을 사용하여 test.txt의 혼잡도를 계산한 결과다. 여기서 26626 OOVs는 Out Of Vocabulary를 나타내며 학습 자료에서 나타나지 않은 어휘수다. 혼잡도 ppl과 ppl1은 다음 값으로 계산된다.

$$\text{ppl} = 10^{-\frac{\log prob}{\#\text{sent}+\#\text{word}}} \tag{4.30}$$

$$\text{ppl1} = 10^{-\frac{\log prob}{\#\text{word}}} \tag{4.31}$$

제 5 장 정보 이론: 엔트로피

정보 이론(information theory) 은 2 차 세계대전 무렵 Claude Shannon 에 의해 발달되었다. Shannon 은 당시에 불완전한 통신 채널을 통해 정보를 전송할 때 정보 전송 효과를 최대로 극대화하는 방법에 관심을 가졌다. Shannon 은 정보 전송을 극대화하는 이론적 방법으로 엔트로피(entropy, H) 로 나타나는 자료의 압축, 그리고 전송 채널의 용량 (C) 에 따르는 전송 비율 (transmission rate) 을 제시했다. 정보 이론에 바탕을 둔 엔트로피는 자연언어처리의 여러 분야뿐만 아니라 다양한 학문 분야에서도 사용되는 중요한 개념이다. 이 장에서는 엔트로피의 기본 개념에서부터 시작하여, 교차 엔트로피 (cross entropy), 상호 정보 (mutual information), 혼잡도 (perplexity), 그리고 최대 엔트로피 (maximum entropy) 등에 대해 설명하도록 한다. 특히 최대 엔트로피는 3 장에서 설명한 회귀와 관련되며 자연언어처리에서는 연쇄 분류자 (sequential classifier) 로 쓰일 뿐 아니라 이론 언어학에서도 언어 현상을 설명하는 중요한 기제로 사용되고 있다.

5.1 정보량

우선 한 사건 (event) 에서 기대되는 정보량(quantity of information, I) 을 어떻게 나타낼 수 있는지를 생각해 보자. 이 정보량을 수량화하기 위하여 확률 (P) 과 정보량 (I) 을 Gawron(2010) 에 따라 다음의 두 확률 조건의 관점에서 살펴보자.

1. 중요성 (significance): 어떤 사건이 일어날 가능성이 작으면 작을수록, 그 사건은 더 많은 정보를 지닌다.
   $P(x_1) > P(x_2) \Rightarrow I(x_1) < I(x_2)$

2. 가법성(additivity): 만일 x_1, x_2 가 독립적인 사건이라면 다음을 만족해야 한다.
   $I(x_1 x_2) = I(x_1) + I(x_2)$

중요성 조건은 어떤 사건의 확률이 높을수록 이 사건으로 알려지는 정보량은 적어짐을 나타낸다. 따라서 확률값을 역으로 취하여 중요성에 따른 정보량을 나타낼 수 있다.

$$I(x) = 1/P(x) \tag{5.1}$$

예제 5.1 확률과 정보량의 관계는 다음과 같이 예시될 수 있다.

$P(x_1) = \frac{1}{2}$ 이면 $I(x_1) = \frac{1}{1/2} = 2$
$P(x_2) = \frac{1}{4}$ 이면 $I(x_2) = \frac{1}{1/4} = 4$

따라서 중요성의 조건이 만족된다. 만일 두 사건이 서로 독립적이라면,

$$P(x_1 x_2) = P(x_1) \times P(x_2) = \frac{1}{2} \times \frac{1}{4} = \frac{1}{8}$$
$$I(x_1 x_2) = \frac{1}{P(x_1 x_2)} = 8$$

이다. 그러나 가법성에 따라

$$I(x_1x_2) = I(x_1) + I(x_2) = 2 + 4 = 6$$

이다. 따라서 가법성의 조건이 충족되지 못한다.

두 독립 사건의 확률값은 곱으로 이루어지지만, 두 사건의 결합된 정보 내용은 더해져야만 한다. 정보의 가법성을 위해서 곱이 아닌 더하기가 필요하다. 따라서 이와 유사한 기능을 하는 log를 도입하게 된다.[1]

$$\log(xy) = \log x + \log y \tag{5.2}$$

즉 확률을 역으로 하여 중요성 기준을 만족시킬 수 있고, log를 사용하여 가법성의 조건을 만족시킬 수 있다. 이제 이 둘을 결합하면 어떤 확률 변수 x가 지니는 정보량은 다음과 같이 계산될 수 있다.

$$I(x) = \log \frac{1}{P(x)} = -\log P(x) \tag{5.3}$$

예제 5.2 예제 5.1을 로그를 사용하여 계산해 보자.

$P(x_1) = \frac{1}{2}$ 이면 $I(x_1) = -\log(\frac{1}{2}) = \log 2 = 1$
$P(x_2) = \frac{1}{4}$ 이면 $I(x_2) = -\log(\frac{1}{4}) = \log 4 = 2$

$P(x_1) > P(x_2) \Rightarrow I(x_1) < I(x_2)$ 인 중요성의 조건을 만족한다. 또,

$$P(x_1x_2) = P(x_1)P(x_2) = \tfrac{1}{8} \Rightarrow I(x_1x_2) = -\log(\tfrac{1}{8}) = 3$$
$$I(x_1x_2) = I(x_1) + I(x_2) = 1 + 2 = 3$$

으로 가법성의 조건도 만족하게 된다.

---

[1] 정보 이론에서 사용되는 로그는 대개 밑이 2인 로그를 의미한다. 이 장에서 사용되는 로그는 특별한 명시가 없는 한 밑이 2인 로그다.

이렇게 계산된 정보량은 밑이 2인 로그로 계산되기 때문에 그 단위는 비트(bit)가 된다. 따라서 확률변수 X에 대한 정보량(I)은 5.3과 같이 확률값을 역으로 취한 로그값으로 구할 수 있다. 이 로그로 표시되는 값은 그 사건에 의해 생성되는 놀라움의 정도(amount of surprise)라고 할 수 있다. 확률값이 작으면 작을수록 이 사건에 의해 나타나는 놀라움의 정도는 커지게 된다. 확률값이 크면 클수록 우리는 그 사건에 의해 나타날 결과를 더 많이 예측할 수 있기 때문에, 그 결과에 대한 놀라움의 정도는 적어진다.

5.2 엔트로피

확률 변수 X의 표본 공간에서 나타나는 모든 사건들의 정보량의 평균적인 기댓값(expectation)을 엔트로피라 하고 H로 표시한다. 엔트로피는 자연언어처리와 음성인식에 있어서 중요한 역할을 한다. 예를 들어 엔트로피는 언어 처리를 위해 설정된 모델이 어느 정도 그 언어에 적합한 정보를 지니고 있으며, 또 실제 언어에 얼마나 잘 부합하는지 등을 측정할 수 있는 방법을 제공한다. 일반적으로 엔트피로의 계산은 어떤 확률 변수가 지니는 평균적인 불확실성(uncertainty)을 측정하여 이루어지며 다음의 수식으로 표시된다.

$$H(p) = H(X) = -\sum_{x \in X} P(x) \log_2 P(x) \tag{5.4}$$

엔트로피는 이 수식에서 볼 수 있듯이, 한 확률 변수에서 나타나는 개별적인 사건의 확률과 그 정보량을 곱하고 다시 이를 모두 더하여 얻어진 기댓값이다. 또한 밑이 2인 로그를 사용하기 때문에 비트(bit)에 관한 정보도 나타낸다.

예제 5.3 어떠한 알려진 정보도 없이, 1번부터 8번까지 8마리 말이 참가하는 경마에서 매 경기마다 우승하는 말의 번호를 확률변수 X로 하는 경우, 이 확률 변수의 엔트로피는 8마리 말이 각각 우승할 확률의 합으로 다음과 같다.

$$H(X) = \sum_{i=1}^{8} \frac{1}{8} \log \frac{1}{8} = -\log \frac{1}{8} = 3\text{비트}$$

정보이론에서 엔트로피는 최적의 코딩을 위해 필요한 비트 수의 하계(lower bound)가 된다. 이 경우 우승할 말의 정보를 0, 1로 이루어진 이진수로 전송한다고 하면 각각의 말을 구별하여 표시하기 위해서는 다음과 같이 최소한 세 비트가 필요하다는 것을 의미한다. ■

말1	말2	말3	말4	말5	말6	말7	말8
001	010	011	100	101	110	111	000

만일 이 확률변수에 대해서 우리가 좀 더 많은 정보를 갖고 있다면 그 불확실성(엔트로피)은 줄어들 것이다. 이제 표 5.1과 같은 8마리의 말의 우승할 확률이 주어졌다고 하자.

표 5.1 8마리 말의 우승 확률

말1	말2	말3	말4	말5	말6	말7	말8
$\frac{1}{2}$	$\frac{1}{4}$	$\frac{1}{8}$	$\frac{1}{16}$	$\frac{1}{64}$	$\frac{1}{64}$	$\frac{1}{64}$	$\frac{1}{64}$

표 5.1의 엔트로피는 다음과 같다.

$$\begin{aligned} H(X) &= -\sum_{i=1}^{i=8} P(i) \log P(i) \\ &= -\frac{1}{2} \log \frac{1}{2} - \frac{1}{4} \log \frac{1}{4} - \frac{1}{8} \log \frac{1}{8} - \frac{1}{16} \log \frac{1}{16} - 4(\frac{1}{64} \log \frac{1}{64}) \\ &= 2\text{bits} \end{aligned}$$

개별 말의 우승 확률의 경우, 더 많은 정보가 주어지는 경우에 그 불확실성은 낮아짐을 알 수 있다. 이제 우승 확률이 높은 말은 더 적은 수의 비트로 낮은 말은 더 많은 수의 비트로 전송하여 보낼 수 있다. 가장 확률이 높은 말은 가장 짧은 비트 0 으로, 다음은 10, 그 다음은 점점 더 긴 비트로 하여, 110, 1110, 111100, 111101, 111110, 111111 로 전송하면, 평균 2 비트가 필요함을 알 수 있다. (5.4) 의 엔트로피 공식에서 음수 기호를 로그 안으로 옮기면 다음과 같다.

$$H(X) = \sum_{x \in X} P(x) \log \frac{1}{P(x)} \tag{5.5}$$

이는 1 장에서 살펴본 바와 같이 다음의 기댓값으로 표시할 수 있다.

$$H(X) = E\left(\log \frac{1}{P(x)}\right) \tag{5.6}$$

지금까지 단일한 변수에 대한 엔트로피 계산에 대해서 알아보았다. 그러나 언어 처리 및 언어학에서 다루는 대상은 연속체로 이루어져 있다. 즉, 자연언어는 자소의 연쇄로 단어가 되고, 단어의 연쇄로 문장이 이루어진다. 이제 단어의 연쇄로 된 문장의 엔트로피를 계산하는 방법에 대해 살펴보자.

우선 한 언어 (L) 에서 n 개 단어 연쇄로 이루어진 유한한 수의 문장 각각을 확률변수로 한다면 이 확률변수의 엔트로피를 다음과 같이 구할 수 있다.

$$H(w_1 w_2 \cdots w_n) = -\sum_{W_1^n \in L} P(W_1^n) \log P(W_1^n) \tag{5.7}$$

(5.7) 의 엔트로피는 n 개 단어 연쇄의 엔트로피를 나타낸다. 한편, 각 단어별 엔트로피 (per-word entropy) 를 구하려고 한다면, (5.7) 의 엔트

로피를 다음과 같이 단어 수로 나누면 된다.

$$\frac{1}{n}H(w_1 w_2 \cdots w_n) = -\frac{1}{n} \sum_{W_1^n \in L} P(W_1^n) \log P(W_1^n) \tag{5.8}$$

한 언어의 엔트로피를 구하기 위해서는 (5.7)과 달리, 무한한 수의 단어 연쇄를 고려해야 한다. 이런 무한한 수의 단어 연쇄의 엔트로피 $H(L)$는 다음과 같이 구할 수 있다(Jurafsky and Martin, 2008).

$$\begin{aligned} H(L) &= -\lim_{n\to\infty} \frac{1}{n} H(W_1^n) \\ &= -\lim_{n\to\infty} \frac{1}{n} \sum_{W_1^n \in L} P(W_1^n) \log P(W_1^n) \end{aligned} \tag{5.9}$$

이제 Shannon-McMillan-Breiman 정리에 의해 위 수식은 다음과 같이 단순화될 수 있다.

$$H(L) = \lim_{n\to\infty} -\frac{1}{n} \sum_{W_1^n \in L} \log P(W_1^n) \tag{5.10}$$

(5.10)은 자연언어의 엔트로피는 모든 가능한 연쇄들의 합을 구하는 대신 충분히 긴 단일한 문장의 계산으로 구할 수 있음을 의미한다. Shannon-McMilan-Breiman 정리는 충분히 긴 문장은 여러 짧은 연쇄 구성을 포함하게 될 것이고 이 연쇄들은 그 확률에 따라 다시 긴 연쇄에서 나타날 것이라는 가정에 근거하고 있기 때문이다.

5.3 결합 엔트로피와 조건 엔트로피

이제 두 확률변수 X, Y의 결합확률과 관련된 결합 엔트로피(joint entropy)에 대해 살펴보자. 결합 엔트로피는 두 확률값의 평균 정보량을 나타내며 다음과 같이 정의된다.

$$H(X,Y) = -\sum_{x\in X}\sum_{y\in Y} P(x,y)\log P(x,y) \tag{5.11}$$

한편, 한 확률변수 X가 주어졌을 때의 다른 확률변수 Y의 조건 확률에 대한 조건 엔트로피(conditional entropy)는 주어진 X를 알고 있을 때 Y에 대해 평균적으로 얼마나 많은 정보량을 필요로 하는지를 나타내며 다음과 같이 정의된다.

$$\begin{aligned} H(Y|X) &= \sum_{x\in X} P(x)H(Y|X=x) \\ &= \sum_{x\in X} P(x)\left[-\sum_{y\in Y} P(y|x)\log P(y|x)\right] \\ &= -\sum_{x\in X}\sum_{y\in Y} P(x)\log P(y|x) \end{aligned} \tag{5.12}$$

결합 엔트로피와 조건 엔트로피를 바탕으로 다음의 연쇄규칙(chain rule)의 엔트로피를 도출할 수 있다.

$$\begin{aligned} H(Y|X) &= -E_{P(x,y)}(\log P(x,y)) \\ &= -E_{P(x,y)}(\log P(x)\log P(y|x)) \\ &= -E_{P(x,y)}(\log P(x) + P(y|x)) \\ &= -E_{P(x,y)}(\log P(x)) - E_{P(x,y)}(\log P(y|x)) \\ &= H(X) + H(Y|X) \end{aligned}$$

따라서 연쇄규칙의 엔트로피는 다음과 같이 정의할 수 있다.

$$H(X,Y) = H(X) + H(Y|X) \tag{5.13}$$

$$H(X_1,\ldots,X_n) = H(X_1) + H(X_2|X_1) + \cdots + H(X_n|X_1,\ldots,X_{n-1}) \tag{5.14}$$

예제 5.4 엔트로피의 예를 Manning and Schütze(1999) 에서 제시된 폴리네시아어의 경우를 가지고 살펴보자. 단순화된 폴리네시아어는 글자들의 순서가 무작위로 배열되며, 표 5.2 와 같이 각 글자들의 확률이 있다고 하자.

표 5.2 폴리네시아어 글자들의 확률

글자	p	t	k	a	i	u
확률	$\frac{1}{8}$	$\frac{1}{4}$	$\frac{1}{8}$	$\frac{1}{4}$	$\frac{1}{8}$	$\frac{1}{8}$

이 확률에 따라, 폴리네시아어 글자들의 집합을 $A = \{p, t, k, a, i, u\}$ 라고 할 때, 각 글자의 엔트로피를 구하면 다음과 같다.

$$\begin{aligned} H(P) &= -\sum_{i \in A} P(i) \log P(i) \\ &= -\left[4 \times \frac{1}{8} \log \frac{1}{8} + 2 \times \frac{1}{4} \log \frac{1}{4}\right] \\ &= 2\frac{1}{2} \text{bits} \end{aligned}$$

이는 폴리네시아어 글자를 전송하기 위해서 최소한 $2\frac{1}{2}$ 비트가 필요하다는 것을 보여 준다.

이제 폴리네시아어의 더 많은 연구에 의해 이 언어가 음절구조로 되어 있고 모든 단어들은 CV(자음-모음) 의 연쇄로 되어 있음이 밝혀졌다고 하자. 그렇다면 자음 C 와 모음 V 의 결합 확률에 부합하는 모델을 설정하는 것이 단순히 글자들의 임의적인 결합으로 보는 것보다 더 타당하다고 할 수 있는지를 살펴보자. 우선 자음과 모음의 주변확률(marginal probability) 을 구하면 표 5.3 과 같다.

이 주변확률은 음절 단위로 되어 있다. 따라서 자소별 확률은 이 음절 기반의 주변 확률에 $\frac{1}{2}$ 을 곱하여 구할 수 있다. 즉 자음 'p' 의 주변확률 $\frac{1}{8}$, 't' 의 주변확률 $\frac{3}{4}$, 'k' 의 주변확률 $\frac{1}{8}$, 'a' 의 주변확률 $\frac{1}{2}$, 'i' 의 주변

표 5.3 자음과 모음의 주변확률

	p	t	k	
a	$\frac{1}{16}$	$\frac{3}{8}$	$\frac{1}{16}$	$\frac{1}{2}$
i	$\frac{1}{16}$	$\frac{3}{16}$	0	$\frac{1}{4}$
u	0	$\frac{3}{16}$	$\frac{1}{16}$	$\frac{1}{4}$
	$\frac{1}{8}$	$\frac{3}{4}$	$\frac{1}{8}$	

확률 $\frac{1}{4}$, 'u'의 주변확률 $\frac{1}{4}$은 음절 단위의 관점에서 보면 중복되어 있기 때문에, $\frac{1}{2}$을 곱하여 표 5.4와 같이 구할 수 있다.

표 5.4 음절 단위에서의 글자 확률

글자	p	t	k	a	i	u
확률	$\frac{1}{16}$	$\frac{3}{8}$	$\frac{1}{16}$	$\frac{1}{4}$	$\frac{1}{8}$	$\frac{1}{8}$

이제 음절을 고려한 자음과 모음의 결합 엔트로피 $H(C,V)$를 구해 보자. (5.13)을 적용하기 위해서는 $H(C)$와 $H(V|C)$도 필요하다.

$$\begin{aligned}
H(C) &= 2 \times \frac{1}{8} \times 3 + \frac{3}{4}(2 - \log_2 3) \\
&= \frac{9}{4} - \frac{3}{4}\log 3\text{bits} \\
&\approx 1.061\text{bits} \\
H(V|C) &= \sum_{c=p,t,k} p(C=c)H(V|C=c) \\
&= \frac{1}{8}H\left(\frac{1}{2}, \frac{1}{2}, 0\right) + \frac{3}{4}H\left(\frac{1}{2}, \frac{1}{4}, \frac{1}{4}\right) + \frac{1}{8}H\left(\frac{1}{2}, 0, \frac{1}{2}\right) \\
&= 2 \times \frac{1}{8} \times 1 + \frac{3}{4}\left(\frac{1}{2} \times 1 + 2 \times \frac{1}{4} \times 2\right) \\
&= \frac{1}{4} + \frac{3}{4} \times \frac{3}{2}
\end{aligned}$$

$$
\begin{aligned}
&= \frac{11}{8}\text{bits} \\
&= 1.375\text{bits} \\
H(C,V) &= H(C) + H(V|C) \\
&= \frac{9}{4} - \frac{3}{4}\log 3 + \frac{11}{8} \\
&= \frac{29}{8} - \frac{3}{4}\log 3 \\
&\approx 2.44\text{bits}
\end{aligned}
$$

폴리네시아어의 음절별 엔트로피는 2.44 비트라는 것이 밝혀졌다. 앞에서 구한 글자별 엔트로피의 값은 $2\frac{1}{2}$ 비트인데 음절이 자음, 모음 두 글자로 이루어지기 때문에 이에 상응하기 위해 글자별 엔트로피에 2를 곱하면 5 비트가 된다. 따라서 음절에 기반한 모델의 경우 불확실성이 훨씬 더 줄어든다는 것을 알 수 있다. ■

5.4 상호 정보

엔트로피가 어떤 한 확률변수 자체의 정보량에 관한 것이라면 상호 정보(mutual information)는 두 확률변수 X 와 Y 의 관계에 대한 정보를 나타낸다. 어떤 한 변수 X 가 다른 확률변수 Y 에 대해 얼마나 많은 정보를 갖고 있는지를 나타낸다. 즉 어떤 변수 X 로 인하여 다른 변수 Y 에 대해 어느 정도의 불확실성이 줄어드는지를 보여 주는 것이다. 이런 관계는 그림 5.1과 같은 다이어그램으로 표현할 수 있다.

이는 (5.13) 에서처럼 연쇄 규칙에서의 엔트로피를 중심으로 상호 정보를 나타낼 수 있다.

$$H(X,Y) = H(X) + H(Y|X) = H(Y) + H(X|Y) \qquad (5.15)$$

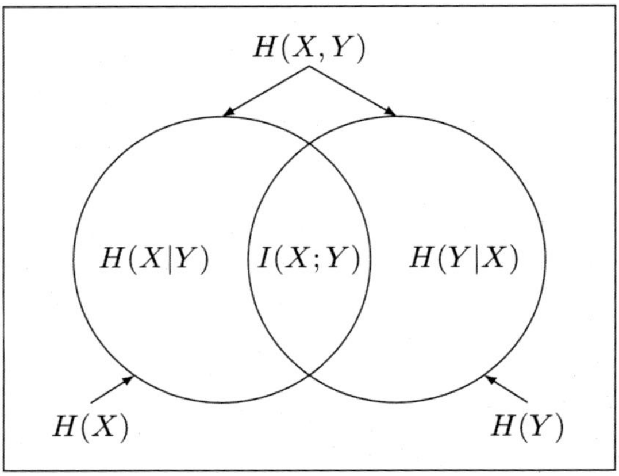

그림 5.1 상호 정보와 엔트로피의 관계

따라서, 다음과 같다.

$$H(X) - H(X|Y) = H(Y) - H(Y|X) \tag{5.16}$$

이 관계는 그림 5.1 의 다이어그램에서도 잘 확인된다.

일반적으로 상호 정보 $I(X;Y)$ 는 앞에서 살펴본 엔트로피 도출 과정과 관련하여 다음과 같이 규정할 수 있다.

$$\begin{aligned} I(X;Y) &= H(X) - H(X|Y) \\ &= H(X) + H(Y) - H(X,Y) \\ &= \sum_x P(x)\log\frac{1}{P(x)} + \sum_y P(y)\log\frac{1}{P(y)} \\ &\quad -\sum_{x,y} P(x,y)\log\frac{1}{P(x,y)} \\ &= \sum_{x,y} P(x,y)\log\frac{P(x,y)}{P(x)P(y)} \end{aligned} \tag{5.17}$$

여기서 $H(X|X) = 0$ 이므로 $H(X) = H(X) - H(X|X) = I(X;X)$

가 된다. 따라서 엔트로피가 자신의 정보 (self-information) 를 나타내는 기제임을 알 수 있다.

언어 처리에서 많이 쓰이는 상호 정보는 엄밀히 말해서 점수렴 상호 정보 (pointwise mutual information) 다. 즉, 원래의 상호 정보가 두 확률변수 X 와 Y 사이의 정보에 관한 것이라면 점수렴 상호 정보는 두 확률변수의 특정 지점 사이에서의 상호 정보량을 나타내기 때문이다. 점수렴 상호 정보는 다음과 같이 계산된다.

$$I(x, y) = \log \frac{P(x, y)}{P(x)P(y)} \tag{5.18}$$

가령 주사위를 던졌을 때 나오는 눈의 수를 확률변수 X 라 하면 이 확률변수 X 는 1, 2, 3, 4, 5, 6 의 값을 취할 수 있고 확률분포함수에 의해 각각의 확률값을 갖게 된다. 점수렴 상호 정보는 어떤 확률변수가 취하는 값 전체보다는 그 확률변수의 특정 값, 즉 한 요소에 초점을 맞춘다. 주사위를 던지는 경우에는 눈이 4 인 경우, $P(X = 4)$ 와 같은 것이 그 예다.

통계적인 언어 처리에서 점수렴 상호 정보가 광범위하게 쓰이는데 이 경우에 주의할 점이 있다. 이는 요소들 사이의 관계를 규정하는 (5.18) 의 수식에서 비롯된다. 가령 '새빨간 거짓말'과 같이 두 단어 사이의 밀접함, 즉 연어(collocation) 관계를 상호 정보를 통해 규명하려고 하는 경우를 살펴보자. 우선 두 언어 표현이 완전히 의존적이라고 하면, 즉 '새빨간'이 나오면 언제나 그 다음에 '거짓말'이 나온다면 점수렴 상호 정보는 아래와 같이 계산된다.

$$I(x, y) = \log \frac{P(x, y)}{P(x)P(y)} = \log \frac{P(x)}{P(x)P(y)} = \log \frac{1}{P(y)} \tag{5.19}$$

즉, 두 어휘가 완전히 의존적일 때, 이 어휘의 빈도가 낮으면 낮을수록 상호 정보는 증대하게 된다. 반대로 두 단어가 완전히 독립적이라면 다음과 같이 점수렴 상호 정보는 0이 된다.

$$I(x,y) = \log \frac{P(x,y)}{P(x)P(y)} = \log \frac{P(x)P(y)}{P(x)P(y)} = \log 1 = 0 \qquad (5.20)$$

따라서 일반적으로 상호 정보는 정의상 두 변수 사이의 의존 관계를 보여 주는 것으로 이해되기 쉽지만 실제로는 두 변수 사이에 독립성을 측정하는 기제로 사용하는 것이 바람직하다. 상호 정보 값이 0에 가까워지면 두 변수는 독립적이라고 할 수 있는 반면, 의존적인 경우 그 값은 각 단어의 빈도에 의존하기 때문에 적당한 평가 기제가 되기 어렵다. 왜냐하면 빈도가 낮은 어휘를 가진 바이그램이 그렇지 않은 바이그램보다 더 높은 상호 정보 값을 가질 수 있기 때문이다.

5.5 상대적 엔트로피

상대적 엔트로피(relative entropy)는 동일한 표본 공간에서 시행되는 두 확률분포의 차이를 측정하는 기제로, 쿨백-라이블러(Kullback-Leibler) 발산(KL divergence)이라고도 한다. 두 확률 분포 함수 $p(x)$, $q(x)$의 상대적 엔트로피는 다음과 같이 구해진다.

$$D(p\|q) = \sum_{x \in X} p(x) \log \frac{p(x)}{q(x)} \qquad (5.21)$$

여기서 $p(x)$가 0이면 $0 \log \frac{0}{q} = 0$, $q(x)$가 0이면 $p \log \frac{p}{0} = \infty$로 정의한다. 상대적 엔트로피는 같은 시행 공간에 있는 두 확률분포가 얼마나 다른지를 측정한다. 기댓값을 이용하면 (5.21)은 다음과 같이 정의될 수 있다.

$$D(p\|q) = E_p \left(\log \frac{p(x)}{q(x)} \right) \qquad (5.22)$$

KL 발산은 언제나 양수(non-negative)이고 $p = q$이어야 $D(p\|q) = 0$이다.

상대적 엔트로피의 관점에서 보면 상호 정보(mutual information)는 결합확률과 두 분포의 독립확률이 얼마나 다른가를 나타내는 것이다.

$$I(X;Y) = D(p(x,y) \| p(x)p(y)) \tag{5.23}$$

마찬가지로 조건적 상대 엔트로피 및 상대적 엔트로피를 위한 연쇄 규칙을 다음과 같이 도출할 수 있다.

$$D(p(y|x) \| q(y|x)) = \sum_x p(x) \sum_y p(y|x) \log \frac{p(y|x)}{q(y|x)} \tag{5.24}$$

$$D(p(x,y) \| q(x,y)) = D(p(x) \| q(x)) + D(p(y|x) \| q(y|x)) \tag{5.25}$$

5.6 교차 엔트로피

엔트로피는 어떤 확률변수에 대한 평균적인 불확실성을 나타내지만, 언어 자료의 실제 확률분포 p 가 알려지지 않은 경우에는 엔트로피를 구하기가 어렵다. 이런 경우 어떤 확률분포 p 에 대한 한 모델 m 을 설정해 실제 확률분포를 추정할 수 있다. 이렇게 어떤 확률분포 p 에 대해 설정된 모델에 근거한 엔트로피를 교차 엔트로피(cross entropy)라 하며 다음과 같이 정의한다.

$$H(p,m) = \lim_{n \to \infty} -\frac{1}{n} \sum_{W \in L} p(w_1, \ldots, w_n) \log m(w_1, \ldots, w_n) \tag{5.26}$$

교차 엔트로피는 확률 분포 p 에 따르는 단어 연쇄를 상정하나 모델 m 에 따르는 확률의 로그합을 취한다는 점에서 일반적인 엔트로피와 차이가 난다. (5.10) 에서처럼 Shannon-McMillan-Breiman 정리를 적용하면 다음과 같다.

$$H(p,m) = \lim_{n \to \infty} -\frac{1}{n} \log m(w_1, \ldots, w_n) \tag{5.27}$$

이 정리에 의해 모든 가능한 연쇄의 합인 (5.26) 대신에 충분히 긴 연쇄를 취하여 실제 확률분포의 근사치인 교차 엔트로피를 구할 수 있다. 교차 엔트로피 $H(p,m)$ 는 실제 엔트로피 $H(p)$ 에 대한 상계(upper bound)가 된다는 점에서 중요하다. 교차 엔트로피로 설정되는 모델 m 은 실제 확률분포의 엔트로피를 추정한 것이기 때문에 그 모델이 정확하면 할수록 실제 엔트로피에 가깝게 되며 최상의 경우 실제 엔트로피와 동일하게 된다. 따라서 교차 엔트로피는 실제 엔트로피와 같거나 언제나 크기 때문에 실제 엔트로피의 상계가 되며, 도식화하면 다음과 같다.

$$H(p) \leq H(p,m) \tag{5.28}$$

언어 현상에 대한 실제 확률분포를 모를 때 이를 추정하기 위한 여러 모델을 설정할 수 있다. 따라서 모델 m_1, m_2 중에서 더 작은 교차 엔트로피를 가지는 모델이 실제 확률분포에 부합하는 더 정확한 모델이 된다.

예제 5.5 교차 엔트로피를 이용해 영어의 엔트로피를 계산하는 방법에 대해 알아보자. Cover and Thomas(1991)는 영어의 엔트로피를 추정하는 방법을 비교하고 있다. 영어의 엔트로피를 추정하기 위해 시도된 모델 중, 알파벳을 중심으로 한 방법을 살펴보자. 우선 한 텍스트에서 이미 주어진 앞의 글자들을 바탕으로 다음 글자를 추정하는 실험이 이루어진다. 한 텍스트에서 매 줄마다 마지막 한 글자나 두 글자를 비워놓고 피험자로 하여금 그 글자를 추정하는 방식이 한 예다. 이는 맞는 글자가 나올 때까지 추정된 횟수가 그 언어의 불확실성(엔트로피)을 반영할 것이라는 직관에 기초하고 있다. 표 5.5는 그 결과다

영차 모델은 각 단어에 균등한 확률을 설정한 경우이고, 일차 모델은 단어별 빈도를 고려한 경우이고, 이차 모델은 ch와 같은 이중자(digraphs)를 고려한 경우다. 모델의 차수가 높아질수록, 즉 더 많은 언어 정보에 기초할수록 낮은 교차 엔트로피를 갖게 된다. 따라서 이차 모델이 다른 차수의 모델보다 더 좋은 모델이며, 영어 구조에 더 잘 부합하는 것으로 볼 수 있다. Shannon의 결과도 비슷한 실험에서 나온 것으로

표 5.5 모델에 따른 영어의 교차 엔트로피

모델	교차 엔트로피 (비트)
영차 (zeroth order) 모델	4.76
일차 (first order) 모델	4.03
이차 (second order) 모델	2.8
Shannon 의 실험	1.34

가장 낮은 엔트로피를 보여 가장 좋은 모델이라 할 수 있으나, 단일한 텍스트만을 사용한 문제가 있다. ■

5.7 혼잡도

앞에서 어떤 확률변수가 지니는 불확실성을 측정하기 위해 엔트로피를 사용할 수 있음을 살펴보았다. 어떤 대상에 대해서 우리가 더 많이 알면 알수록, 그 시행의 결과에 대해 덜 당황스럽기 때문에 엔트로피는 낮아진다. 각각의 눈이 나올 확률이 균등한 주사위를 던질 때 6 의 눈이 나오는 경우보다 6 의 눈이 나올 확률이 월등히 높은 불균등한 주사위를 던질 때 6 의 눈이 더 많이 나오리라고 예측할 수 있는 것은 6 의 눈으로 편향된 불균등한 주사위를 던진다는 것을 우리가 이미 알고 있기 때문이다.

교차 엔트로피와 관련하여 혼잡도(perplexity)[2] 가 언어 모델(language model), 특히 음성처리(speech processing) 분야에서 많이 사용되고 있다. 혼잡도는 교차 엔트로피를 단순히 지수로 나타낸 것이다.

$$\text{perplexity}(W) = 2^{H(W)} \tag{5.29}$$

[2]perplexity 에 대한 적당한 한국어 대역어를 찾기 어려워 그냥 혼잡도라고 칭하기로 한다. perplexity 는 어떤 시행에 의해 나오는 결과에 대한 의외의 정도를 나타내는 것으로 엔트로피와 마찬가지로 한 대상에 대해 많이 알면 알수록 그 의외의 정도는 줄어든다.

엔트로피를 지수의 값으로 표시하는 혼잡도는 교차 엔트로피에 비해 그 값들의 가시적인 효과를 갖는다. 가령 어떤 새로운 모델을 설정하여 실험한 결과, 이전에 비해 교차 엔트로피가 9.9 비트에서 9.1 비트로 줄었다는 표현보다 혼잡도가 950 에서 540 으로 줄었다는 것이 가시적으로는 더 큰 성능의 개선이 이루어진 것으로 보이기 때문이다.

혼잡도를 교차 엔트로피와 관련하여 무한히 긴 단어의 연쇄에 적용하는 방법에 대해 살펴보자. (5.27) 에, Shannon-McMillan-Breiman 정리를 이용하여 무한대로 수렴하는 긴 문장의 교차 엔트로피를 구할 수 있다. 이제 이 무한대의 단어 연쇄 대신에 고정된 수의 단어 연쇄로 교차 엔트로피를 추정해 보자. 어떤 단어의 연쇄 W 에 대해 한 모델을 $M = P(w_i|w_{i-N+1} \cdots w_N)$ 으로 설정하면 엔트로피는 다음과 같다.

$$H(W) = -\frac{1}{N}\log P(w_1 w_2 \dots w_N) \tag{5.30}$$

(5.29) 의 혼잡도 공식과 마르코프 가정을 적용하면 다음과 같이 도출할 수 있다.

$$\begin{aligned} \text{perplexity}(W) &= 2^{H(W)} \\ &= P(w_1 w_2 \dots w_N)^{-\frac{1}{N}} \\ &= \sqrt[N]{\frac{1}{P(w_1 w_2 \dots w_N)}} \\ &= \sqrt[N]{\prod_i^N \frac{1}{P(w_i|w_1 w_2 \dots w_{i-1})}} \\ &= \sqrt[N]{\prod_i^N \frac{1}{P(w_i|w_{i-1})}} \end{aligned} \tag{5.31}$$

예제 5.6 Jurafsky and Martin(2008) 은 3,800 백만 어절의 *Wall Street Journal* 에서 유니그램, 바이그램, 트라이그램을 학습한 후 150 만 어절로 된 코퍼스에서 그 혼잡도를 계산하여 표 5.6 과 같은 결과를 얻었다.

표 5.6 N-그램의 혼잡도

	유니그램	바이그램	트라이그램
혼잡도	962	170	109

표 5.6 에서 확인할 수 있듯이, 더 긴 N-gram 의 혼잡도가 낮음을 알 수 있다. 즉 유니그램보다는 바이그램이, 바이그램보다는 트라이그램이 더 많은 정보를 지니고 있다고 할 수 있다. ■

5.8 최대 엔트로피

최대 엔트로피(maximum entropy) 는 확률에 기반한 기계 학습(machine learning) 에서 발달된 방법론으로 근래 컴퓨터언어학, 자연언어 처리에서뿐만 아니라 이론언어학에서도 널리 쓰인다. 최대 엔트로피는 일종의 연쇄 분류(sequence classification) 방법으로 사용되는데, 연쇄 분류는 연쇄로 나타나는 자료 각각의 요소에 적절한 분류자 또는 명칭을 부여하는 것이다. 품사태깅(part-of-speech tagging) 이 단어 연쇄 각각에 적절한 품사를 할당하는 것이 그 예다.

분류란 우리가 관찰하는 대상(단어 연쇄 등) 에서 우용한 자질(feature) 을 추출하여 이를 바탕으로 그 대상을 더 세분화하는 것이라 할 수 있다. 최대 엔트로피는 지수 또는 로그 선형 분류자(linear classifiers) 의 일종이다. 최대 엔트로피는 어떤 연쇄에서 자질(feature, f) 을 추출하고 이를 선형적으로, 즉 각 자질과 그 가중치(weight, w) 를 곱한 후 다시 더하는 방식으로 결합한다. 가령 단어의 연쇄(x) 에 가장 확률이 높은 분류자(품사, c) 를 할당하는 경우, 우선 품사 할당에 필요한 자질 f_i 을 설정하고 이 자질의 가중치 w_i 를 결정하여 다음과 같이 계산한다.

$$p(c|x) = \frac{1}{Z} e^{\sum_i w_i f_i} \tag{5.32}$$

여기서 Z 는 확률의 합이 1 이 되게 하는 정규화 인자(normalizing factor) 다. (5.32) 와 같은 최대 엔트로피를 이해하기 위해서는 우선 자질을 예측하는 데 사용되는 선형 회귀(linear regression), 그리고 지수 법칙과 관련한 로지스틱 회귀 (logistic regression) 와 같은 분석 방법에 대한 고찰이 필요하다. 회귀분석의 기초에 대해서는 3 장을 참조하라.

5.8.1 회귀분석과 최대 엔트로피

3 장의 회귀분석을 바탕으로 이 회귀분석을 최대 엔트로피에 적용하는 과정에 대해 살펴보자. 우선 어떤 자질 (feature) 로 표시될 수 있는 어떤 대상 (설명 변수) 이 주어졌을 때 이 자질에 따른 실제의 값 (반응 변수) 을 예측하는 과정을 생각해 보자. 3 장에서 살펴본 어느 백화점의 월간 광고비와 월간 판매량의 관계를 표 5.7 에서 다시 살펴보자.

표 5.7 어느 백화점의 월간 광고비와 월간 판매량 (표 3.12 의 반복)

월	1	2	3	4	5	6	7	8	9	10
월간 광고비	2	4	5	4	6	7	8	9	12	13
월간 판매량	45	53	50	45	55	60	78	90	112	121

이제 월간 광고비에 따라 월간 판매량이 어떻게 변하는지에 관심이 있기 때문에 광고비에 따른 판매량의 변화를 산점도로 표시할 수 있다. 3 장에서 살펴본 대로 직선회귀식은 다음과 같이 도출된다.

$$\hat{y} = 17.47 + 7.63x \tag{5.33}$$

여기서 기울기와 절편은 가중치로 월간 광고비와 같은 자질을 반응값 (월간 판매량) 으로 사상시킨다. 이 가중치를 사용하여 선형함수(linear function) 로 나타내면 다음과 같다.

$$\text{월간 판매량} = w_0 + w_1 \times \text{월간 광고비} \tag{5.34}$$

설명변수가 두 개 이상인 다중회귀분석의 경우, 월간 판매량에 영향을 미치는 요소로 월간 광고비 외에, 매달 쿠폰 발행 금액, 세일 일수와 같은 다른 요인들을 설정할 수 있다. 이를 변수로 설정하고 각 변수의 가중치를 결정하면 다음과 같은 선형함수가 가능하다.

$$\begin{aligned} \text{월간 판매량} &= w_0 + w_1 \times \text{월간 광고비} \\ &\quad + w_2 \times \text{쿠폰 발행 금액} \\ &\quad + w_3 \times \text{세일 일수} \end{aligned} \tag{5.35}$$

이제 우리가 관찰하고자 하는 대상(가령 매출)은 자질 벡터로 표시할 수 있다. 예를 들어 어느 달의 매출에 대해 그 달의 월간 광고비가 5 이고, 쿠폰 발행 금액이 3 이고, 세일 일수가 15 일이라면 매출의 자질 벡터는 $\vec{f} = (5, 3, 15)$ 이 된다. 만일 이 경우에 가중치로 $\vec{w} = (w_0, w_1, w_2, w_3) = (2, -5, -3, 2.5)$ 의 벡터가 주어진다면, 예측되는 매출은 자질과 그 가중치를 곱하여 결정할 수 있다.

$$\text{매출} = w_0 + \sum_{i=1}^{N} w_i \times f_i \tag{5.36}$$

일반적으로 계산을 단순화하기 위해 w_0 에 대해 그 값이 1 인 자질 f_0 를 설정하고, y 의 값을 추정하기 위한 선형회귀를 다음과 같이 규정한다.

$$y = \sum_{i=0}^{N} w_i \times f_i \tag{5.37}$$

자질과 가중치는 벡터로 되어 있기 때문에 이 선형회귀는 벡터의 각각의 값을 곱한 후 다시 더하는 과정이다. 이는 내적(dot product) 이 된다. 두 벡터 사이의 내적 $a \cdot b$ 는 다음과 같이 정의된다.

$$a \cdot b = \sum_{i=1}^{n} a_i b_i = a_1 b_1 + a_2 b_2 + \cdots + a_n b_n \tag{5.38}$$

이는 자질 벡터와 가중치 벡터 사이의 내적과 마찬가지다.

$$y = w \cdot f \tag{5.39}$$

5.8.2 로지스틱 회귀

선형회귀는 설명변수에 따른 반응 변수의 대응 값을 예측하는 데 유용하다. 한편 반응 변수가 실수 값이 아닌 이진형 (binary) 으로 취해지는 경우가 있다. 예를 들어 어떤 관찰 대상이 참 (true) 인지 아니면 거짓 (false) 인지의 이진 분류만이 필요한 경우, 선형회귀에서처럼 실수인 값보다는 어떤 자질에 대해 참 (1), 거짓 (0) 을 나타내는 분류자(classifier) 를 생각해 볼 수 있다. 더 나아가 그 값으로 1, 0 을 도출하는 것보다 어떤 대상이 참인 부류나 거짓인 부류에 속할 확률을 제시할 수 있는 모형이 필요하다. 이렇게 값이 이진형으로 취해지는 회귀를 로지스틱 회귀 (logistic regression) 라 한다.

선형회귀 모델을 이용하여 이런 이진 결과를 도출할 수 있는 방법을 생각해 보자.

$$P(y = \text{true}|x) = \sum_{i=0}^{N} w_i \times f_i = w \cdot f \tag{5.40}$$

이 수식은 결과 값 (y) 이 참으로 규정한 부류 (class) 에 속하면 관찰 대상 (x) 을 $y = 1$ 로, 그렇지 않은 경우는 $y = 0$ 으로 학습 (training) 할 수 있게 한다. 관찰 대상 x 는 자질 (f) 로 되어 있고 이 자질은 가중치 (w) 를 갖는데, 그 관찰 대상이 해당 부류에 속하는 경우인 참 (1), 그렇지 않은 경우인 거짓 (0) 으로 예측될 경우, 그 오차를 최소화할 수 있도록 가중치를 설정해야 한다. 이렇게 가중치가 설정되고 나면 관찰 대상에 대한 자질과 그 가중치의 내적에 의하여 참, 거짓 부류의 확률을 구할 수 있다.

그러나 이 수식은 확률이 0과 1 사이의 값이어야 하는 확률의 기본 정의를 만족시키지 못한다. 왜냐하면 자질과 가중치의 내적에 의해 도출되는 값은 $-\infty$ 와 ∞ 사이의 값이기 때문이다. 따라서 0과 1 사이의 값을 갖는 이진 분류의 확률이 아니라 두 확률의 비율(ratio)로, 즉 한 부류에 속할 확률과 그렇지 않을 확률 비로 결과를 예측하게 된다. 이 비율은 통계학에서 승산(odds)이라 불리는 것으로 $\frac{p}{1-p}$ 로 구해진다. 이 승산비는 0보다 크고 무한대보다 작은 값으로 나타나며, 확률값이 0에 가까우면 작은 값으로, 1에 가까우면 큰 값으로 나타난다. 예를 들어 어떤 사건이 일어날 확률이 0.8이고 일어나지 않을 확률이 0.2라면 일어날 사건의 승산비(odds ratio)는 $\frac{0.8}{0.2} = 4$ 이다. 이제 이 선형 모형에서 결과 y 가 참일 승산은 다음과 같이 구해진다.

$$\frac{P(y = \text{true}|x)}{1 - P(y = \text{true}|x)} = w \cdot f \tag{5.41}$$

승산비는 0과 무한대 사이의 값으로 나타나기 때문에 이 수식의 좌변과 우변은 같지 않다. 즉, 좌변은 0과 무한대 우변은 $-\infty$ 와 ∞ 사이의 값으로 나타나기 때문에 좌변에 자연로그를 붙여 양쪽이 다 $-\infty$ 와 ∞ 사이의 값을 취하도록 해야 한다.

$$\ln\left(\frac{P(y = \text{true}|x)}{1 - P(y = \text{true}|x)}\right) = w \cdot f \tag{5.42}$$

승산의 로그를 취한 것을 로짓 함수(logit function)라 한다.

$$\text{logit}(P(x)) = \ln\left(\frac{P(x)}{1 - P(x)}\right) \tag{5.43}$$

$P(y = \text{true})$ 를 구하기 위해 수식 (5.42)를 전개해 보자.

$$\begin{aligned}
\ln\left(\frac{P(y = \text{true}|x)}{1 - P(y = \text{true}|x)}\right) &= w \cdot f \\
\frac{P(y = \text{true}|x)}{1 - P(y = \text{true}|x)} &= e^{w \cdot f} \\
P(y = \text{true}|x) &= (1 - P(y = \text{true}|x))e^{w \cdot f} \\
P(y = \text{true}|x) &= e^{w \cdot f} - P(y = \text{true}|x)e^{w \cdot f}
\end{aligned}$$

$$\begin{aligned} P(y = \text{true}|x) + P(y = \text{true}|x)e^{w \cdot f} &= e^{w \cdot f} \\ P(y = \text{true}|x)(1 + e^{w \cdot f}) &= e^{w \cdot f} \\ P(y = \text{true}|x) &= \frac{e^{w \cdot f}}{1 + e^{w \cdot f}} \end{aligned} \tag{5.44}$$

$P(y = \text{true}|x)$ 가 이렇게 구해지면 두 값의 합은 1 이어야 하기 때문에 $P(y = \text{false}|x)$ 는 다음과 같이 구해질 수 있다.

$$P(y = \text{false}|x) = \frac{1}{1 + e^{w \cdot f}} \tag{5.45}$$

일반적인 로짓 함수는 (5.46) 의 형태로 되어 있기 때문에 $P(y = \text{true}|x)$ 수식의 분자, 분모에 $e^{-w \cdot f}$ 를 곱하면 로지스틱 회귀를 이룰 수 있는 (5.47) 과 같은 로짓 함수의 형태가 된다.

$$\frac{1}{1 + e^{-x}} \tag{5.46}$$

$$\begin{aligned} P(y = \text{true}|x) &= \frac{e^{w \cdot f}}{1 + e^{w \cdot f}} \\ &= \frac{1}{1 + e^{-w \cdot f}} \end{aligned} \tag{5.47}$$

(5.47) 과 마찬가지로 합이 1 인 확률의 성질을 이용하여 $P(y = \text{false}|x)$ 는 다음과 같이 표시할 수 있다.

$$P(y = \text{false}|x) = \frac{e^{-w \cdot f}}{1 + e^{-w \cdot f}} \tag{5.48}$$

이제 로지스틱 회귀를 이용하여 관찰 대상이 참, 거짓의 이진법에 따라 어떻게 분류되는지 살펴보자. 확률값이 더 큰 대상이 참인 부류에 속한다. 따라서 다음의 경우를 참이라고 할 수 있다.

$$P(y = \text{true}|x) > P(y = \text{false}|x)$$

$$\begin{aligned}
\frac{P(y=\text{true}|x)}{P(y=\text{false}|x)} &> 1 \\
\frac{P(y=\text{true}|x)}{1-P(y=\text{true}|x)} &> 1 \\
e^{w \cdot f} &> 1 && \text{((5.42) 에 따라 승산비로 치환)} \\
w \cdot f &> 0 && \text{지수를 없애면} \\
\sum_{i=0}^{N} w_i f_i &> 0 && (5.49)
\end{aligned}$$

5.8.3 최대 엔트로피 모델

지금까지 최대 엔트로피의 근간이 되는 선형회귀와 로지스틱 회귀에 대해서 살펴보았다. 이제 이를 근간으로 최대 엔트로피를 언어 자료에 적용하는 방법에 대해 살펴보도록 하자. 앞서 로지스틱 회귀는 이진 분류를 근간으로 하여 설명되었다.

그러나 실제 언어 처리에서는 두 개 이상의 분류가 필요한 경우가 많다. 예를 들어 품사 태깅에서는 중의성으로 인해 여러 품사가 설정될 수 있다. 이렇게 두 개 이상의 부류로 되어 있는 반응 변수를 다루는 경우를 다항적 로지스틱 회귀(multinominal logistic regression)라 한다. 이 다항 로지스틱 회귀를 자연언어처리에서는 최대 엔트로피 모델이라고 부른다. 이제 (5.32)의 품사 분류를 위한 최대 엔트로피로 다시 돌아가 보자.

$$P(c|x) = \frac{1}{Z} e^{\sum_i w_i f_i} \tag{5.50}$$

이 $P(c|x)$ 에서 품사 부류 c 는 몇 가지가 될 수 있다는 점에서 앞에서 살펴본 이항 로지스틱 회귀 $p(y = \text{true}|x)$ 와는 차이가 있다. 여기서 Z 는 지수를 확률로 정규화하기 위한 인자이기 때문에 다음과 같이 정의될

수 있다.

$$Z = \sum_{c} P(c|x) = \sum_{c' \in C} e^{\sum_{i=0}^{N} w_{c'_i} f_i} \tag{5.51}$$

이제 (5.50)의 수식은 다음과 같이 전개될 수 있다.

$$P(c|x) = \frac{e^{\sum_{i=0}^{N} w_{c_i} f_i}}{\sum_{c' \in C} e^{\sum_{i=0}^{N} w_{c'_i} f_i}} \tag{5.52}$$

주어진 대상의 품사가 속할 부류는 그 부류를 규정하는 자질과 가중치 곱의 합을 전체 부류의 자질과 가중치 곱의 총합으로 정규화한 것이다. 한편 최대 엔트로피에서는 자질 f_i 대신에 $f_i(c,x)$라고 명시하는데, "이는 주어진 대상 x에 특정 부류 c를 규정하는 자질"이라는 의미를 갖는다. 따라서 최종적으로 다음의 수식이 도출된다.

$$P(c|x) = \frac{e^{\sum_{i=0}^{N} w_{c'_i} f_i(c,x)}}{\sum_{c' \in C} e^{\sum_{i=0}^{N} w_{c'_i} f_i(c',x)}} \tag{5.53}$$

예제 5.7 이제 실제 품사 태깅에 최대 엔트로피를 적용해 보자. 다음 형태소 분석된 문장에서 '나'의 품사를 결정하는 과정을 살펴보자.

올림픽/NNG 이/JKS 끝나/VV 고/EC 나/?? + ㄴ/ETM 뒤/NNG + 에/JKB

이 예는 세종형태분석된 코퍼스에서 추출한 것이다. 세종형태분석 코퍼스에서 '나'는 동사(VX)로 태깅되어 있다. 이 '나'가 동사 '나/VX'로 태깅되는지, 아니면 대명사 '나/NP'로 태깅되는지를 최대 엔트로피로 설명하기 위해 '나'가 아무것도 태깅되지 않은 ??로 되어 있는 것으로 가정한다. 마찬가지로 다른 형태소들의 경우에도, 품사 태깅에 있어 중의적일 수 있으나 '나'를 제외한 다른 형태소 연쇄들은 중의성이 해결된, 즉 이미 태그가 결정된 상태라고 가정한다. 최대 엔트로피 모델을 적용하여 적절한 품사를 할당하기 위해서는 우선 이 구성에 대한 자질을 설정할 필요가 있다. 다음은 이를 위해 설정된 몇 가지 자질이다.[3]

$$f_1(c,x) = \begin{cases} 1, & \text{해당 형태소가 `나' 이고, } c\text{=VX;} \\ 0, & \text{그렇지 않으면.} \end{cases}$$

$$f_2(c,x) = \begin{cases} 1, & \text{이전 형태소 태그가 `EC' 이고, } c\text{=VX;} \\ 0, & \text{그렇지 않으면.} \end{cases}$$

$$f_3(c,x) = \begin{cases} 1, & \text{다음 형태소가 `ETM' 이고, c=VX;} \\ 0, & \text{그렇지 않으면.} \end{cases}$$

$$f_4(c,x) = \begin{cases} 1, & \text{해당 형태소가 `나' 이고, } c\text{=NP;} \\ 0, & \text{그렇지 않으면.} \end{cases}$$

$$f_5(c,x) = \begin{cases} 1, & \text{이전 형태소 태그가 `ETM' 이고, } c\text{=NP;} \\ 0, & \text{그렇지 않으면.} \end{cases}$$

$$f_6(c,x) = \begin{cases} 1, & \text{다음 형태소 태그가 `JX' 이고, } c\text{=NP;} \\ 0, & \text{그렇지 않으면.} \end{cases}$$

여기서의 자질은 예문과 실제 코퍼스에서 좌우에 나타나는 형태소 위주로 설정되었다. 실제로는 자료에 따라 다른 종류의 다양한 자질이 설정될 수 있다. f_1 에서 f_3 까지는 VX 태그를 위한 자질이며, f_5 에서 f_6 은 NP 태그를 위한 자질이다. 자질은 실제 관찰된 자료를 반영해야 하기 때문에 각각의 형태소와 해당 태그를 연결할 수 있는 자질을 예로 들었다. 또 f_5 에서는 이 예문의 '난'이 동사의 관형형으로 쓰이는 것과 대조적으로 대명사 '나'를 자질로 하기 위해 앞에 또 다른 관형형 '던' 구성이 오는 것을 가정하였다. 즉, 관형형이 연달아 나오는 것은 불가능하다고

[3] 태그는 세종 코퍼스에서 사용되는 태그다. VX는 동사를, EC는 연결어미를, ETM은 관형형 어미를, NP는 대명사를, JX는 보조조사를 나타낸다.

표 5.8 '나'에 대한 자질과 가중치

		f_1	f_2	f_3	f_4	f_5	f_6
VX	자질	1	1	1	0	0	0
	가중치	0.45	0.25	0.52			
NP	자질	0	0	0	1	1	1
	가중치				0.52	0.03	0.51

보고 그럴 경우는 대명사 '나'로 쓰인다는 것을 자질화하였다.

이제 '나'에 대한 이 자질들이 표 5.8의 가중치를 가졌다고 하자.

그러면 $P(\mathrm{VX}|x)$ 와 $P(\mathrm{NP}|x)$ 의 최대 엔트로피는 (5.53) 에 따라 다음과 같이 계산된다.

$$P(\mathrm{VX}|x) = \frac{e^{0.45}e^{0.25}e^{0.52}}{e^{0.45}e^{0.25}e^{0.52} + e^{0.52}e^{0.03}e^{0.51}} = .54$$

$$P(\mathrm{NP}|x) = \frac{e^{0.52}e^{0.03}e^{0.51}}{e^{0.45}e^{0.25}e^{0.52} + e^{0.52}e^{0.03}e^{0.51}} = .46$$

최대 엔트로피에 따라 이처럼 단순히 각 부류에 따른 확률을 계산할 수 있다. 만일 단순히 분류만을 한다면 각각의 부류에 대해 계산된 최대 확률값을 취하게 될 것이다. 이 경우 '나'는 'NP'보다는 'VX'로 분류된다. 최대 엔트로피는 분류를 행하는 것이기 때문에 가능한 모든 부류에 위와 같은 확률값을 다 구하고, 그 확률이 최대가 되는 부류를 선택하는 방법으로 이루어진다. ■

예제 5.8 Hayes and Wilson(2007)은 최대 엔트로피를 음소 배열(phonotactic) 문법에 적용하고 있다. 이제 최대 엔트로피가 음운론에 적용되는 예를 간략히 살펴보자. Hayes and Wilson(2007)은 어떤 음운 형태의 적형성(well-formedness)은 확률로 이해할 수 있다고 한다. 우선, 보편적으로 가능한 음운 형태로 이루어져 있는 유한집합 Ω가 있다고 하자.

최대 엔트로피 문법은 이 집합의 모든 원소(형태) x 에 음소 배열적 적격성을 나타내는 확률 $P(x)$ 을 할당한다. 이 확률은 제약의 체계로 되어 있는데, 만일 이 제약의 체계가 적절한 것이라면, 이 최대 엔트로피에 의해 할당된 확률은 화자들의 적격성 판단과 일치할 것이라고 가정한다.

Hayes and Wilson(2007)은 최적성 이론(Optimality Theory)에서 쓰이는 유표성 제약(markedness constraints)을 이용하고, 각각의 제약은 양수의 실수값인 가중치(weight)를 갖는다고 본다. 이 가중치는 한 제약이 다른 제약과 비교하여 갖는 상대적인 중요성이다. 높은 가중치를 갖는 제약은 그 음운 형태를 그대로 유지하게 할 것이다.

따라서 어떤 한 음운 형태에 대한 확률값은 제약 위반과 그 가중치에 따라 결정된다. 그 구체적인 과정을 살펴보자. 우선 한 음운 형태의 점수(score)가 계산되는데 이는 한 형태가 제약을 위반하는 정도를 가중치화된 합으로 나타낸다. 한 음운 형태 x 의 점수는 $h(x)$ 로 표시하고, 이 점수는 다음과 같이 산정된다.

$$h(x) = \sum_{i=1}^{N} w_i C_i(x) \tag{5.54}$$

여기서 w_i 는 i 번째 제약의 가중치를 나타내며, $C_i(x)$ 는 x 가 i 번째 제약을 위반하는 횟수다. 한 음운 형태의 점수는 제약의 가중치와 각 제약들의 곱을 모두 더한 것이다. 따라서 $h(x)$ 가 클수록 제약을 위반한 정도가 높음을 의미한다. x 의 최대 엔트로피는 $P^*(x)$ 로 표시되며 다음에 의해 계산된다.

$$P^*(x) = \exp(-h(x)) \tag{5.55}$$

여기서는 $h(x)$ 에 $-$ 를 붙인 $-h(x)$ 를 지수로 사용한다. $h(x)$ 는 제약의 위반을 수치화한 것이기 때문에 이를 그대로 사용하게 되면 제약을 가장 많이 위반하는 형태가 가장 큰 최대 엔트로피 값을 갖게 된다. 따라서 이를 반대로 해석하기 위해서, 즉 가장 큰 최대 엔트로피 값을 갖는 형태가 가장 제약을 위반하지 않는 적격한 구조라고 해석하기 위해서다.

음운 형태 x 의 실제 확률은 Ω 에 있는 모든 가능한 음운 형태의 최대 엔트로피로 정규화해야 하기 때문에 다음과 같이 형식화할 수 있다.

$$P(x) = P^*(x)/Z, \text{ 여기서 } Z = \sum_{y \in \Omega} P^*(y) \tag{5.56}$$

이제 최대 엔트로피 결과를 살펴보도록 하자. 표 5.9는 제약과 가중치 그리고 그에 따른 최대 엔트로피 값이다. 제약 *#V는 모음으로 시작하는 단어를 회피하는 제약이고, *C#는 자음으로 끝나는 단어를 회피하는 제약이다. 각각의 가중치는 3.0, 2.0으로 설정되어 있다.

표 5.9 세 구조에 대한 점수와 최대 엔트로피

x	*#V ($w = 3.0$)	*C# ($w = 2.0$)	점수 ($h(x)$)	최대 엔트로피 값 ($P^*(x)$)
CV	3.0×0	2.0×0	(3.0×0)+(2.0×0)=0.0	$\exp(-0.0) = 1.00$
CVC	3.0×0	2.0×1	(3.0×0)+(2.0×1)=2.0	$\exp(-2.0) \approx 0.14$
V	3.0×1	2.0×0	(3.0×1)+(2.0×0)=3.0	$\exp(-3.0) \approx 0.05$

여기서 가장 높은 최대 엔트로피 값은 CV 형태의 경우로 $P^*(x) = 1$ 이다. 따라서 $h(x) = 0$ 이고 어떤 제약도 위반하지 않는다. 하나 또는 그 이상의 제약을 위반한 형태는 낮은 최대 엔트로피 값을 갖는다. 만일, 'ta', 'tak', 'ak' 이라는 음운 형태가 있다면, CV 구조에 해당하는 'ta' 가 가장 음운제약을 위반하지 않은, 적격한 구조가 된다. ■

5.8.4 로지스틱 회귀와 최대 엔트로피

5.7.2에서 로지스틱 회귀와 최대 엔트로피의 관계에 대해서 살펴보았다. 이제 로지스틱 회귀를 왜 최대 엔트로피 모델이라고 하는지에 대해 생각해 보자. 예제 5.3에서 우승할 확률이 동일한 8마리 말 중에서 우승할 말을 확률변수로 하는 경우의 엔트로피를 계산하는 방법에 대해 살펴보

았다. 이 예를 가지고 최대 엔트로피 모델에 따라, 우승할 말을 분류해 보는 것을 생각해 보자. 처음으로 생각할 수 있는 것은 전혀 어떤 제약을 가하지 않은, 즉 거의 어떤 가정도 하지 않은 경우로, 8마리 각 말에 동일한 확률을 부여하는 경우다. 따라서 8마리의 말은 표 5.10과 같이 각각 $\frac{1}{8}$의 우승 확률을 갖는다.

표 5.10 말의 우승 확률

말1	말2	말3	말4	말5	말6	말7	말8
$\frac{1}{8}$	$\frac{1}{8}$	$\frac{1}{8}$	$\frac{1}{8}$	$\frac{1}{8}$	$\frac{1}{8}$	$\frac{1}{8}$	$\frac{1}{8}$

이제 말들의 우승 자료와 속성에 관한 자료에서 숫말이 언제나 우승한다고 학습했다고 하자. 그렇다면 숫말들의 우승 확률은 그 합이 1이 될 것이고, 더 이상의 가정이나 제약이 없다고 하자. 말 5, 6, 7, 8이 숫말이라고 하면 표 5.11과 같이 확률을 할당할 수 있다.

$$P(\text{말}5) + P(\text{말}6) + P(\text{말}7) + P(\text{말}8) = 1 \tag{5.57}$$

표 5.11 말들의 조절된 우승 확률

말1	말2	말3	말4	말5	말6	말7	말8
0	0	0	0	$\frac{1}{4}$	$\frac{1}{4}$	$\frac{1}{4}$	$\frac{1}{4}$

처음에 8마리의 말이 동일한 확률을 가졌을 때와 이제 네 마리의 말이 동일한 확률을 갖게 된 경우 {말5, 말6, 말7, 말8}의 새로운 분류가 이루어진다. 이 분류는 제약에 따라 그 엔트로피가 최대가 되는 방식으로 이루어진다. 즉 표 5.11에서 {말5, 말6, 말7, 말8}이 동일 확률을 가질 때 그 엔트로피는 최대가 된다. 만일 이 네 마리 말들이 서로 다른 확률을 갖는다면 그 엔트로피는 동일 확률을 가질 때보다 낮을 것이다.

이는 예제 5.3에서 8마리의 말이 동일한 확률을 가질 때는 엔트로피가 3 비트였고, 표 5.1과 같은 확률이 주어지면(즉, 더 많은 정보가 주어지면) 엔트로피가 2비트로 낮아지는 것에서도 확인할 수 있다.

이제 또 다른 자료에 의해 숫말 중에서 긴 검정색 갈기를 가진 말들이 10번 중에서 6번 우승한다는 것을 학습하여 새로운 제약을 추가한다면 다음과 같다.

$$P(\text{말}5) + P(\text{말}6) + P(\text{말}7) + P(\text{말}8) = 1 \tag{5.58a}$$

$$P(\text{숫말이고 검정색 갈기를 가진 말이 우승}) = \frac{6}{10} \tag{5.58b}$$

표 5.11의 확률분포에 (5.58)의 제약을 만족하는 새로운 확률분포를 설정하는 것은 여러 가지로 가능하다. 어떤 다른 제약도 없다면 이 경우에 확률을 할당하는 가장 합당한 방법은 균등 분포를 가정하여 동일한 확률을 부여하는 것이다. 따라서 (5.58)의 제약에 따른 새로운 확률은 표 5.12와 같다. 검정색 갈기를 가진 말을 말5, 말6이라 하자.

표 5.12 말들의 새로운 우승 확률

말1	말2	말3	말4	말5	말6	말7	말8
0	0	0	0	$\frac{3}{10}$	$\frac{3}{10}$	$\frac{2}{10}$	$\frac{2}{10}$

최대 엔트로피는 알려진 모든 것을 모델화하고 알려지지 않은 것에 대해서는 아무것도 가정하지 말라는 원칙을 따른다. 즉, 어떤 사실에 상응하는 것들을 모델화하고 그렇지 못하다면 가능한 균등한 분포를 보이도록 확률분포를 설정한다. 따라서 (5.58)에 의해 새로운 제약을 찾은 경우 그 제약에 부합하는 확률을 할당하고 그렇지 않은 것들은 동일한 확률을 부과하는 방법을 택한다.

이제 다른 자료에서 등에 검은 점을 가진 말은 20번 중에 1번 우승한다는 것을 학습했다고 하자. 만일 8번 말이 등에 검은 점을 가졌다면 다음과 같이 제약을 더할 수 있다.

$$P(\text{말}5) + P(\text{말}6) + P(\text{말}7) + P(\text{말}8) = 1 \tag{5.59a}$$

$$P(\text{숫말이고 검정색 갈기를 가진 말이 우승}) = \frac{6}{10} \tag{5.59b}$$

$$P(\text{등에 검은 점을 가진 말이 우승}) = \frac{1}{20} \tag{5.59c}$$

이에 따른 확률 분포는 표 5.13과 같이 변하게 된다.

표 5.13 말들의 최종 확률

말5	말6	말7	말8
$\frac{3}{10}$	$\frac{3}{10}$	$\frac{7}{20}$	$\frac{1}{20}$

전체적인 확률 분포는 말8의 확률이 조정됨에 따라 표 5.13과 같이 조절된다. 최대 엔트로피는 이와 같이 지속적으로 실제 자료에 부합하는 제약을 자질로 추가하여 새로운 확률 분포를 만들고 이 확률에 따른 최적의 확률 분포를 취하는 방법을 취한다. 이렇게 최적화된 확률 분포를 취하면 그 가중치 W 가 학습 자료의 확률을 최대화시키는 다중 로지스틱 회귀가 된다. 따라서 다중 로지스틱 회귀와 같은 지수 모델은 자질에 의해 그 제약을 설정하는 형태로, 최대 엔트로피에 따른 확률 분포를 찾는 데 사용할 수 있다.

최대 엔트로피는 동질적이지 않은 정보를 사용하여 분류를 행하는 모델이다. 이 분류되는 자료는 자질로 기술되며 각 자질은 이 모델의 제약으로 기능하기 때문에 최대 엔트로피를 측정한다는 것은 이 제약을 만족하는 최적의 모델을 찾는 것이다. 이를 다른 관점에서 생각해 보자. N-그램에서나 정보 이론에 따르면, 가급적 (교차) 엔트로피(불확실성)를 줄이는 언어 모델을 설정하는 것이 목표다. 그러나 최대 엔트로피라는 개념은 용어상 그 불확실성이 최대로 되는 모델을 설정하는 것으로 여겨진다. 이는 언어의 제약을 적용할 때 주어진 자료를 벗어나서는 안

된다는 점을 강조하는 것이다. 교차 엔트로피가 더 적은 모델을 택하기 위해서는 아마 그 언어 모델에 어떤 제약을 더 부과하려 할 것이고, 제약들은 어떤 경우에 경험적으로 증명되지 않은 것일 수도 있다. 따라서 최대 엔트로피를 택한다는 것은 가능한 불확실성을 그대로 유지하는 모델을 택한다는 것이다. 즉 실제로 관찰된 확실한 것 외에는 어떤 다른 것도 확률 분포로 가정하지 말라는 것이다. 앞의 말의 예에서도 가장 확실한 제약 외에는 어떤 다른 제약도 가정하지 않은 채 균등 분포를 가정하여 최대 엔트로피에 따른 분류를 행하였다.

5.9 최대 엔트로피 툴킷

최대 엔트로피를 실제 언어 분석 및 분류에 적용하기 위해서는 해당 자료가 있어야 하고 그 자료를 바탕으로 필요한 자질 및 가중치를 설정해야 한다. 일정한 형식의 자료가 있는 경우 이 전 과정을 수행할 수 있는 최대 엔트로피의 대표적인 툴킷으로 SOURCEFORGE.NET 에서 개발하고 있는 Maxent 를 들 수 있다. SORCEFORGE.NET 은 공개 소프트웨어를 개발하고 보급하는 곳으로 자연언어처리에 유용한 여러 툴들이 공개되어 있다. Maxent 는 자바(java)로 개발되어 있고 C++, 파이선(Python) 등 여러 다른 프로그래밍 언어에서도 사용할 수 있는 환경들이 제공된다. 자바를 모르는 경우에도 간단한 자바 명령어로 필요한 작업을 할 수 있다. 기본적으로 유닉스, 리눅스 용으로 개발되어 있으나 윈도우 환경에서도 사용가능하다.

5.9.1 Maxent 설치 및 실행

Maxent 는 프로젝트 홈페이지[4]에서 다운로드받을 수 있다. tgz 형태로 되어 있기 때문에 리눅스 상에서 다음의 간단한 명령을 사용하여 압축을 해제할 수 있다. 윈도우 환경에서는 압축해제 프로그램을 사용하면 된다.

[4]http://maxent.sourceforge.net/

```
tar xvf maxent-2.5.2.tgz
```

2009 년 현재, 2008 년 11 월 버전인 maxent-2.5.2 가 최신판이다. 압축을 해제하면 maxent-2.5.2 디렉토리가 생성되고 여러 폴더와 build.sh, build.xml 그리고 README 파일 등이 생성된다. 다음으로 할 일은 build 툴을 설치해야 한다. Maxent는 자바개발 툴의 일종인 Jakarta Ant를 이용한 툴을 사용한다. 이를 설치하기 위해 우선 자바가 설치되어 있는 디렉토리를 지정해 주어야 한다. 다음은 윈도우 환경과 리눅스 환경(csh과 bash 환경)에서 자바 홈을 지정하는 예다. 각자에 맞는 자바 디렉토리를 명시하면 된다.

```
set JAVA_HOME=C:\jdk1.2.2 (윈도우)
% setenv JAVA_HOME /usr/local/java (csh)
> JAVA_HOME=/usr/java; export JAVA_HOME (ksh 또는 bash)
```

만일 자바 홈을 제대로 설정하지 않으면, build 작업시에 에러가 생긴다. 또한 윈도우에서 유닉스 환경을 제공하는 cygwin의 경우, 경로 설정 등이 제대로 되지 않아 설치가 어렵다. 윈도우에서 경로를 표시하는 (\) 것과 유닉스에서 경로(/)를 표시하는 것이 다르기 때문에 이를 조절하지 않으면 설치가 되지 않는다. 다음으로는 이 디렉토리에 있는 build.sh을 실행하면 된다. 별 문제가 없으면 여러 jar 파일들이 생성된다. 새로 output이라는 디렉토리가 생성되고 이 밑에 maxent-2.5.0.jar 파일과 다시 하위 디렉토리 classes가 생성된다.

5.9.2 예제를 이용한 Maxent 사용

Maxent-2.5.2를 설치하면 최대 엔트로피를 학습할 수 있는 예제가 제공된다. sample 디렉토리의 하위 디렉토리인 sports 디렉토리에는 gameLocation 파일과 football 데이터 파일이 있다. gameLocation.dat 파일은 경기가 실내(indoor)에서 행해져야 하는지 아니면 실외(outdoor)에서 행해져야 하는지에 대한 정보가 있고, football.dat에는 Arsenal 팀

이 이길지 Manchester United 가 이길지에 대한 것이 자질화되어 있다. gameLocation 에는 다음과 같은 것들이 수록되어 있다.

```
Sunny Happy Outdoor
Sunny Happy Dry Outdoor
Sunny Happy Humid Outdoor
Sunny Sad Dry Outdoor
Sunny Sad Humid Outdoor
Cloudy Happy Humid Outdoor
Cloudy Happy Humid Outdoor
Cloudy Sad Humid Outdoor
Cloudy Sad Humid Outdoor
Rainy Happy Humid Indoor
Rainy Happy Dry Indoor
Rainy Sad Dry Indoor
Rainy Sad Humid Indoor
Cloudy Sad Humid Indoor
Cloudy Sad Humid Indoor
```

그리고 football 파일은 다음과 같은 구조로 되어 있다.

```
home=man_united Beckham=false Scholes=true
Neville=true Henry=true Kanu=true Parlour=false
Ferguson=confident Wengler=tense
arsenal_lost_previous man_united_won_previous
arsenal

home=man_united Beckham=true Scholes=false
Neville=true Henry=false Kanu=true Parlour=false
Ferguson=tense Wengler=confident
arsenal_won_previous man_united_lost_previous
man_united

home=man_united Beckham=false Scholes=true
Neville=true Henry=true Kanu=true Parlour=false
Ferguson=tense Wengler=tense arsenal_lost_previous
man_united_won_previous tie
```

football 의 경우는 전체 자료 중 일부만을 추출했다. 홈경기의 여부, 선수들의 출장 여부 등이 자질로 표시되어 있다. 이 예제를 실행하기 위해서는 우선 자바 파일을 컴파일해야 한다. 이전의 build 에 의해 여러 .jar 파일들을 이용하여 sports 디렉토리에 있는 자바 파일을 컴파일하기 위해서는 다음의 명령을 실행하면 된다.

```
javac *.java
```

그러나 대개 lib 디렉토리에 build 에 의해 생성된 자바파일들이 classpath 로 명시되지 않기 때문에 classpath 를 따로 설정하거나 다음의 명령으로 컴파일해야 한다.

```
javac -classpath
   .:../../lib/trove.jar:../../output/maxent-2.5.0.jar
   *.java
```

이제 이 예제 두 모델을 build 해야 하는데, 마찬가지로 classpath 가 설정되지 않았다면 다음과 같이 실행한다.

```
java -cp .:../../lib/trove.jar:../../output/classes
     CreateModel football.dat
```

```
java -cp .:../../lib/trove.jar:../../output/classes
     CreateModel gameLocation.dat
```

이 명령은 football.dat 와 gameLocation.dat 을 이용해 각각의 모델을 생성한다. 결과로 gameLocationModel.txt 와 footballModel.txt 파일이 생성된다. 다음은 gameLocationModel.txt 의 결과다.

```
GIS
3
0.0
2
Outdoor
Indoor
3
1 0
5 0 1
1 1
7
Sunny
Happy
Cloudy
Dry
Humid
Sad
Rainy
```

```
9.941938146233399
1.6418306061895083
-3.5887761573494905
0.9145019760532
-1.6143696893700896
-0.17211074267161985
0.18161187234005383
-0.05937817022783354
0.14346039962125623
-0.9360637474831561
0.9636537581896807
12.573539229046833
```

이제 이 모델을 가지고 이것이 학습된 자료에서부터 어떤 결과를 도출할 수 있는지를 실험할 수 있다. 테스트 파일은 football.test 와 gameLocation.test 로 데이터 파일과 함께 미리 제공되어 있다. football.test 파일은 다음과 같이 되어 있다.

```
football 테스트 파일home=arsenal ?
home=man_united arsenal_won_previous
man_united_won_previous Wengler=tense ?
home=man_united Beckham=true Henry=true ?
home=arsenal Beckham=false Henry=true ?
home=arsenal Beckham=true Henry=false ?
```

다음의 명령으로 결과를 예측한다.

```
java -cp .:../../lib/trove.jar:../../output/classes
     Predict gameLocation.test
```

```
java -cp .:../../lib/trove.jar:../../output/classes
     Predict football.test
```

축구경기와 관련해서는 다음의 결과가 출력된다.

```
For context: home=arsenal
arsenal[0.6715]  man_united[0.2290]  tie[0.0995]

For context: home=man_united arsenal_won_previous
man_united_won_previous Wengler=tense
arsenal[0.3259]  man_united[0.3409]  tie[0.3331]
```

```
For context: home=man_united Beckham=true Henry=true
arsenal[0.1499]  man_united[0.2060]  tie[0.6441]

For context: home=arsenal Beckham=false Henry=true
arsenal[0.7549]  man_united[0.0468]  tie[0.1983]

For context: home=arsenal Beckham=true Henry=false
arsenal[0.3201]  man_united[0.6343]  tie[0.0456]
```

즉 Arsenal이 홈경기일 때 (첫 번째 context) Arsenal이 이길 확률이 높은 것으로 예측되고 (0.67의 확률), Manchester United가 홈경기이고, Beckham과 Henry가 출장할 경우 (세 번째 context)는 무승부 (tie) 일 확률이 0.6441로 가장 높다. 다음은 경기장소에 관한 결과 중 일부다.

```
For context: Sunny
Outdoor[0.9649]  Indoor[0.0351]

For context: Rainy
Outdoor[0.0149]  Indoor[0.9851]

For context: Rainy Dry
Outdoor[0.0133]  Indoor[0.9867]

For context: Sunny Sad Dry
Outdoor[0.9284]  Indoor[0.0716]

For context: Cloudy Happy Humid
Outdoor[0.9255]  Indoor[0.0745]
```

첫 번째 context인 맑은 날 (sunny) 에서는 0.9649의 확률로 실외에서 경기를 해야 할 것이고, 맑고 우울하고 건조한 날 (Sunny Sad Dry) 에도 실외에서 경기를 해야 하는 것으로 예측하게 된다.

지금까지 Maxent를 사용한 예제를 살펴보았다. 비록 프로그래밍 언어에 익숙하지 않은 사용자들에게는 어려움이 있을 수 있으나 기초적인 명령어와 사용법에 익숙해지면 기본적인 데이터 파일과 자료를 가지고 필요한 분류를 행하는 데 사용할 수 있다.

제 6 장 은닉 마르코프 모델

은닉 마르코프 모델(Hidden Markov Model)은 기계 학습 방법론 중의 하나로 현재 자연언어처리, 음성언어처리 등에서 널리 쓰이고 있다. 은닉 마르코프 모델과 5장에서 살펴본 최대 엔트로피는 연쇄로 나타나는 단위들에 어떤 분류 표지를 할당하는 역할을 하는 일종의 연쇄 분류자(sequence classifier)로 널리 쓰인다. 단어의 연쇄로 나타나는 언어 구조에서 각 단어에 품사(part-of-speech)를 할당하는 품사 태깅이나 연속적인 음파(sound wave)에 해당하는 단어를 결정하는 것이 그 예다.

은닉 마르코프 모델은 마르코프 모델을 기반으로 하는데, 이 마르코프 모델은 유한상태 오토마타(finite state automata)의 일종이다. 은닉 마르코프 모델을 이해하기 위해서는 유한상태 오토마타에 대한 이해와 마르코프 가정 등에 대한 이해가 선행되어야 한다. 이 장에서는 유한상태 오토마타와 이와 관련된 두 종류의 기계(machine)에 대해 살펴보고, 마르코프 가정 및 은닉 마르코프 모델에 대해 설명하도록 한다. 또한 은닉 마르코프 모델에서 제기되는 세 종류의 문제를 고찰하고, 이를 해결하기 위한 순방향(forward), 역방향(backward), 그리고 Viterbi의 동적 프로그래밍(dynamic programming) 알고리즘에 대해 설명하도록 한다.

6.1 유한상태 오토마타

유한상태 오토마타는 유한한 수의 상태(state)와 상태들 간의 전이(transition), 그리고 어떤 행위(action)로 구성되어 있는 수학적 모델로, 어떤 대상의 행위에 따른 상태의 변화를 체계화할 수 있는 기제다. 자연언어와 관련해서는 간단히 이 유한상태 오토마타를 어떤 문자열(string)을 인식하거나 거부하는 기제로 사용할 수도 있다. 그림 6.1은 정규 표현(regular expression) mwa+!로 표시되는 문자열을 인식할 수 있는 유한상태 오토마타다.

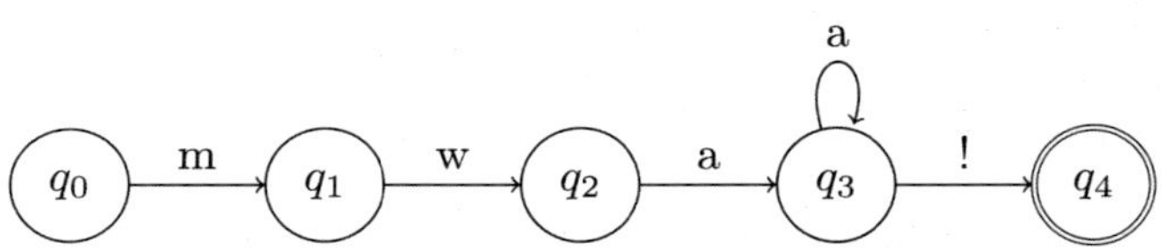

그림 6.1 mwa+!의 유한상태 오토마타

그림 6.1은 mwaa!, mwaaaa!... 등의 문자열을 받아들일 수 있는 유한상태 오토마타다. 시작 상태(q_0)에서 입력 **m**이 있으면 그 다음 상태(q_1)로 자동으로 넘어갈 수 있고, 상태 q_3에서 입력 문자가 !이면 다음 종료 상태(q_4)로 이동한 후 문자열의 인식을 끝낼 수 있다. 이와 같이 유한상태 오토마타는 어떤 조건과 그 결과 상태를 기술할 수 있는 형식적 모델이라고 할 수 있다. 유한상태 오토마타는 표 6.1과 같이 다섯 가지 매개변인(parameter)으로 규정된다.

6.1.1 Mealy 기계와 Moor 기계

유한상태 오토마타는 다시 구현되는 수학적 모델에 따라 Mealy 기계 또는 Moor 기계로 분류되기도 한다. Mealy 기계는 현재의 상태와 입력에 따라 그 출력(output)이 결정되는 유한상태 오토마타로 상태 이동을 보이는 다이어그램에서 입력과 출력이 전이 화살표에 표시된다. 그림 6.2는 Mealy 유한상태 기계의 예로 입력:출력의 쌍이 명시되어 있다.

표 6.1 유한상태 오토마타

$Q = q_0 q_1 q_2 q_3 \ldots q_{N-1}$: 유한한 수의 N 상태들
Σ : 유한한 수의 입력 문자들
q_0 : 시작 상태
F : 종료 상태 집합들 $F \subseteq Q$
$\delta(q, i)$: 상태 q 에서 입력 문자 i 에 대해서 다른 상태로 전이시키는 함수

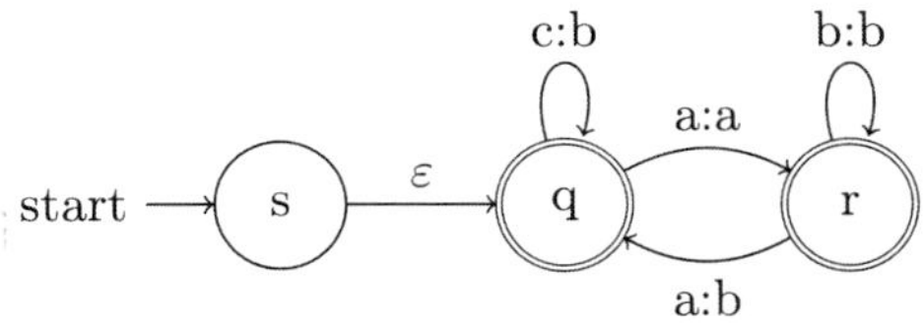

그림 6.2 Mealy 기계

Mealy 기계는 한 상태에서 다른 상태로 옮겨갈 때 한 입력이 어떤 출력으로 바뀔 수 있는지를 상태 전이도로 보여 주고 있다.

Moor 기계는 Mealy 기계와 달리 출력은 현재 상태에 의해서만 결정되고 입력에 의해 결정되지 않는다. 그림 6.3과 같이 각 상태에서 별도의 출력이 명시된다.

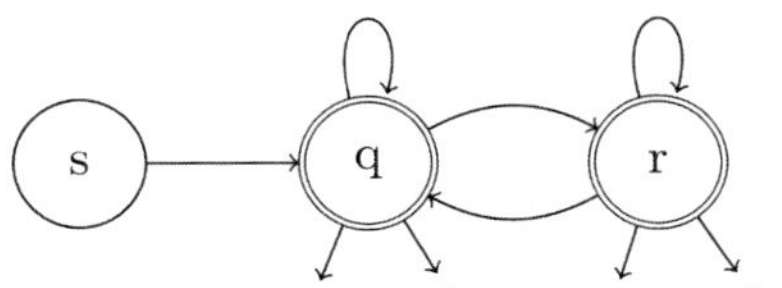

그림 6.3 Moor 기계

Moor 유한상태 기계에서는 상태 이동과 출력은 입력에 의해 결정되지 않는다.

6.2 마르코프 모델

은닉 마르코프 모델은 마르코프 모델(Markov model) 또는 마르코프 연쇄(Markov chain) 에 기초하고 있다. 마르코프 모델은 러시아 수학자 마르코프 (Andrei Markov) 가 1913 년경에 언어학적 목적으로, 러시아어 문헌에 나오는 글자들의 순서에 관한 모델을 구축하기 위해 제안하였다. 마르코프 모델은 유한상태 오토마타의 확장이라고 할 수 있는데, 앞서 살펴본 오토마타와 달리 한 상태에서 다른 상태로의 전이 (transition) 는 그 노드가 선택될 확률에 따라 결정된다. 따라서 마르코프 모델은 확률에 따라 이동하는, 가중치가 부여된 (weighted) 유한상태 오토마타라고 할 수 있다. 마르코프 연쇄를 보이는 그림 6.4 의 오토마타를 살펴보자.

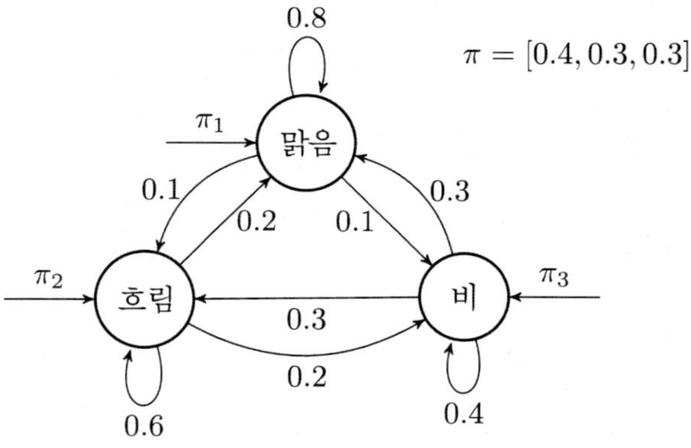

그림 6.4 날씨 변화에 관한 마르코프 연쇄

그림 6.4 는 날씨 변화에 관한 간단한 마르코프 연쇄를 보여 주고 있다. 맑음, 흐림, 비의 세 상태에서 각각 다른 상태로의 전이는 확률에 따른다. 따라서 한 상태에서 다른 상태로 전이되는 화살표의 확률의 총합은

1 이 되어야 한다. 마르코프 연쇄에서는 시작 상태 (π) 가 반드시 하나일 필요가 없으며, 복수의 시작 상태가 가능하다. 이 시작 상태를 여기서는 π 벡터로 표시하였다. 즉, $\pi = [0.4, 0.3, 0.3]$ 은 π_1, π_2, π_3 상태에서의 시작 확률을 나타낸다.

마르코프 모델은 마르코프 가정(Markov assumption)에 기초하고 있다. 마르코프 가정은 한 상태의 확률은 단지 그 이전 상태에만 의존한다는 것이다. 즉 한 상태에서 다른 상태로의 전이는 그동안 상태 전이에 대한 긴 이력(history)을 필요로 하지 않고 바로 직전 상태에서의 전이로 추정할 수 있다는 것이다. 이 마르코프 가정은 다음과 같이 형식화된다.

$$P(q_i|q_1 \dots q_{i-1}) = P(q_i|q_{i-1}) \tag{6.1}$$

$P(q_i|q_{i-1})$ 은 상태 q_{i-1} 에서 q_i 로의 전이 확률을 나타낸다. 이는 a_{ij} 의 형태로 표시되며 i 상태에서 j 상태로 전이되는 확률을 나타낸다. 따라서 상태 i 에서 다른 상태로 전이되는 확률의 총합은 1 이 된다. 마르코프 모델을 표 6.2 와 같이 형식적으로 정의할 수 있다.

예제 6.1 그림 6.4 를 중심으로 날씨가 '비-맑음-흐림-비'일 확률을 구해보자. 연쇄 규칙에 의해 다음 연쇄의 확률 곱을 구하면 된다.

$$P(\text{비}|\text{시작}) \times P(\text{맑음}|\text{시작-비}) \\ \times P(\text{흐림}|\text{시작-비-맑음}) \times P(\text{비}|\text{시작-비-맑음-흐림})$$

마르코프 가정을 적용하면 전이는 바로 직전의 상태에만 의존하므로 이 연쇄 규칙은 다음과 같이 간략화될 수 있다.

$$P(\text{비}|\text{시작}) \times P(\text{맑음}|\text{비}) \times P(\text{흐림}|\text{맑음}) \times P(\text{비}|\text{흐림})$$

그림 6.4 에 각 상태에서 다른 상태로의 전이 확률이 주어져 있으므로 확률은 $0.3 \times 0.3 \times 0.1 \times 0.2 = 0.0018$ 이 된다. ■

표 6.2 마르코프 모델

$Q = q_1 q_2 q_3 ... q_N$: 유한한 수의 N 상태들

$A = (a_{ij})$: 전이 확률 행렬. a_{ij} 는 i 상태에서 j 상태로의 전이 확률을 나타내며 $\sum_{j=1}^{n} a_{ij} = 1, \forall i$ 이다.

$$A = \begin{vmatrix} a_{11} & \dots & a_{1n} \\ \vdots & \ddots & \vdots \\ a_{n1} & \dots & a_{nn} \end{vmatrix}$$

q_0, q_{end} : 시작과 끝 상태

$\pi = \pi_1, \pi_2, \dots, \pi_N$: 각 상태에서의 시작 확률. 어느 상태도 시작 상태가 될 수 있으며 따라서 $\sum_{i=1}^{n} \pi_i = 1$ 이다.

$QA = \{q_x, q_y, \dots\}$: 허용되는 (accepting) 상태들

6.3 은닉 마르코프 모델

마르코프 모델은 실제로 관찰될 수 있는 사건 (event) 들의 연쇄에 대한 확률을 계산하는 데 유용하다. 그러나 사건들이 실제로 관찰될 수 없는 경우가 많다. 예를 들어 자연언어의 단어들의 연쇄를 생각해 보자. '나는 어제 학교에 갔다'라는 문장은 네 단어들의 연쇄로 되어 있지만 각 단어들이 어떤 품사로 되어 있는지는 즉, 단어들의 품사 연쇄는 직접적으로 관찰되지 않는다. 이런 의미에서 '단어들의 품사'는 이 연쇄의 경우 '은닉 (hidden)'되어 있다고 한다. 은닉 마르코프 모델은 관찰된 단어 연쇄를 기초로 여기에 숨겨져 있는 품사 표지의 연쇄를 추정할 수 있게 하는 모델이다.

은닉 마르코프 모델을 Jason Eisner(2002) 와 Jurafsky and Martin(2008) 의 예를 응용하여 살펴보자. 현재 우리가 2799 년에 살고 있

고 지구의 온난화에 관한 연구를 하고 있다고 가정하자. 우리가 2009 년 여름의 서울의 날씨가 어떠했는지 살펴보고자 하나 어떤 기록도 남아 있지 않다. 다행히 우리가 2009 년 여름의 Jason 의 일기를 발견했는데, 그 일기에는 2009 년 여름에 날마다 먹은 아이스크림의 수가 적혀 있다. 날씨는 단순히 춥거나 (C) 더운 (H) 두 상태만 있다고 하면, 일기장에서 관찰되는 아이스크림의 수의 연쇄로 숨겨진 2009 년 여름의 날씨가 어떠했는지를 추정하는 은닉 마르코프 모델을 설정할 수 있다.

은닉 마르코프 모델은 컴퓨터언어학, 자연언어처리 등 언어 처리 분야에서도 많이 쓰이지만 무엇보다도 음성 인식에서 가장 기본적인 인식 모델로 활용되고 있다. 음향 신호로 관찰되는 대상이 실제 어떤 언어 단어들인지를 확률로 추정하는 데 주로 사용된다. 은닉 마르코프 모델은 출력은 각 상태에 의해 결정되고 입력에 의해 결정되지 않는 Moor 기계에 해당한다. 즉 한 상태에서 다른 상태로의 이동은 그 전이 확률에 따르고 각 상태에서 일정한 결과를 출력하는 오토마타라고 생각할 수 있다. 은닉 마르코프 모델의 형식적 정의는, 표 6.3 에서처럼, 기본적으로 마르코프 모델의 정의와 동일하나 실제 관찰되는 대상과 각 상태에서의 방출 (emission) 확률에 대한 정의가 추가된다.

은닉 마르코프 모델은 (6.1) 의 마르코프 가정뿐 아니라 소위 '출력독립가정 (output independence assumption)' 도 따른다. 출력독립가정은 어떤 상태 (q_i) 에서 관찰되는 대상 (o_i) 은 단지 그 상태에만 의존되어 있으며 다른 상태나 다른 관찰 연쇄에 의존하지 않는다는 것으로 다음과 같이 형식화할 수 있다.

$$P(o_i|q_1, q_2, \ldots, q_i, \ldots, q_n, o_1, o_2, \ldots, o_n) = P(o_i|q_i) \tag{6.2}$$

은닉 마르코프 모델을 앞의 아이스크림의 예로 살펴보자. 편의상 관찰되는 아이스크림 숫자는 1 과 2 이며 숨겨진 날씨 상태는 C(추움) 와 H(더움) 라고 할 때, 아이스크림의 수가 1212 로 관찰되었다면 이때 날씨가 어땠는지를 추정해 보자. 전이 확률과 방출 확률은 그림 6.5 와 같다.

표 6.3 은닉 마르코프 모델

$Q = q_1 q_2 q_3 ... q_N$: 유한한 수의 N 상태들
$A = (a_{ij})$: 전이 확률 행렬. a_{ij} 는 i 상태에서 j 상태로의 전이 확률을 나타내며 $\sum_{j=1}^{n} a_{ij} = 1, \forall i$ 이다. $$A = \begin{vmatrix} a_{11} & \dots & a_{1n} \\ \vdots & \ddots & \vdots \\ a_{n1} & \dots & a_{nn} \end{vmatrix}$$
$O = o_1 o_2 ... o_N$: 실제로 관찰되는 연쇄. 어휘 (vocabulary) 로 이루어진다.
$B = b_i(o_t)$: 관찰되는 대상 (o_t) 의 i 상태에서의 방출 확률 (emission probability)
q_0, q_{end} : 시작과 끝 상태
$\pi = \pi_1, \pi_2, \dots, \pi_N$: 각 상태에 걸치는 시작 확률. 어느 상태도 시작 상태가 될 수 있으며 따라서 $\sum_{i=1}^{n} \pi_i = 1$ 이다.
$QA = \{q_x, q_y, \dots\}$: 허용되는 (accepting) 상태들

시작 상태에서 C 로 전이될 확률은 $P(\text{C}|\text{start}) = 0.7$ 이고, H 로 전이될 확률은 $P(\text{H}|\text{start}) = 0.3$ 이다. C 상태에서 아이스크림을 한 개 (1) 먹을 확률 (방출 확률) 은 $P(1|C)$ 은 0.5 이고, 상태 H 에서 아이스크림을 하나 먹을 확률은 $P(1|H) = 0.2$ 이다. 한 상태에서 다른 상태로 전이되는 확률의 합은 1 이 되어야 하며, 또 각 상태에서 방출하는 출력의 확률 합도 1 이어야 한다. 이를 정리하면 표 6.4 와 같다.

표 6.4 에서 각 칸은 열과 행의 확률 결합으로 전이 확률, 방출 확률이 명시된다. 첫번째 칸의 확률 0.5 는 $P(1|C)$ 을 의미한다. $P(e|..)$ 는 시

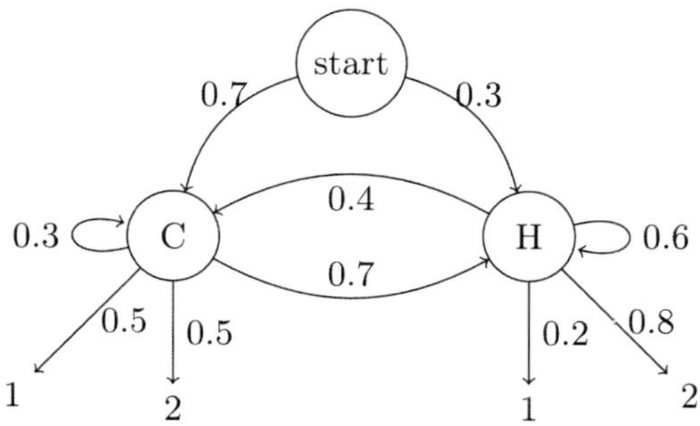

그림 6.5 날씨 상태와 아이스크림 수의 연쇄를 위한 은닉 마르코프 모델

표 6.4 전이 확률과 방출 확률

	$P(..\|C)$	$P(..\|H)$	$P(..\|start)$
$P(1\|..)$	0.5	0.2	0.0
$P(2\|..)$	0.5	0.8	0.0
$P(e\|..)$	0.0	0.0	1.0
$P(C\|..)$	0.3	0.4	0.7
$P(H\|..)$	0.7	0.6	0.3

작상태에서 빈글자(empty output)를 출력할 확률을 나타낸다. 이렇게 은닉 마르코프 모델을 설정해 놓고 나면 다음의 세 가지에 대한 문제를 제기할 수 있다.

문제 1(확률의 계산) : 설정된 은닉 마르코프 모델 $\lambda = (A, B)$[1]과 관찰된 연쇄 O가 있을 때 이 모델에서 이 연쇄의 확률 $P(O|\lambda)$은 어떻게 계산할 수 있는가?

문제 2(디코딩) : 주어진 연쇄 O와 은닉 마르코프 모델 $\lambda = (A, B)$에

[1] 여기서 A는 앞의 은닉 마르코프 정의에 의해 상태들 간의 전이 확률을 나타내며, B는 관찰되는 대상의 특정 상태에서의 방출 확률이다.

서 이 연쇄에 도달하는 최적의 상태 연쇄는 무엇인가?

문제 3(학습) : 주어진 연쇄 O 와 은닉 마르코프 모델에서 매개변인, A, B 를 어떻게 학습할 수 있는가?

이제 이 세 문제에 대한 답을 제공하는 알고리즘과 학습 방법에 대해 알아보자.

6.3.1 문제 1: 확률 계산

은닉 마르코프 모델과 관련한 첫 번째 문제는 관찰된 연쇄가 있을 때 이 연쇄의 확률을 어떻게 계산할 수 있는가 하는 것이다. 그림 6.5 의 은닉 마르코프 모델을 기초로 하여 관찰된 연쇄는 1212 이다. 이 연쇄는 한 상태에서 아이스크림 수가 방출(출력)되고, 그 다음 상태로 이동하여 이루어진다고 하면, 이 연쇄에 이르는 여러 가능한 (숨겨진) 날씨 상태의 조합이 가능하다.[2] 즉 *start-C-C-C-C* 연쇄에 의해서도 1212 는 도출될 수 있으며 *start-C-H-H-C* 의 연쇄에 의해서도 도출될 수 있다.

은닉 마르코프 모델에서는 한 상태에서는 단지 하나의 출력만 가능하기 때문에 관찰된 대상의 길이는 정확히 거쳐 온 상태의 길이와 같다. 또한 마르코프 가정과 출력독립 가정을 따르기 때문에 한 상태의 연속이 주어졌을 때 그 관찰 대상의 확률은 다음과 같이 구할 수 있다.

$$P(O|Q) = \prod_{i=1}^{n} P(o_i|q_{i-1}) \times \prod_{i=1}^{n} P(q_i|q_{i-1}) \tag{6.3}$$

아이스크림 수의 연쇄에 대한 확률은 한 상태에서 다른 상태로의 전이할 확률 $P(q_i|q_{i-1})$ 과 이동하기 전 상태에서 아이스크림 숫자가 방출될 확률 $P(o_i|q_{i-1})$ 를 곱한 것이다. 전체 연쇄는 전이 확률과 방출 확률 각각의 곱으로 이루어진다. 예를 들어 1212 가 $CCCC$ 의 상태 연쇄에 의해

[2] 또는 한 상태에서 다른 상태로 이동하고 난 후 아이스크림 수가 방출되는 것으로 설정할 수도 있다. 설명의 편의를 위해, 아이스크림 수의 방출이 이루어지고 그 다음 상태로 이동이 이루어지는 것으로 가정한다.

도출된 것이라 하면, 그 확률은 다음과 같이 계산될 수 있다. 여기서는 아이스크림 숫자가 먼저 출력된 후 다음 상태로 이동하고, 출발(start) 상태에서 첫 상태 C 에 이를 때는 빈숫자(e)가 출력된다고 가정한다.

$$\begin{aligned} &P(e1212|startCCCC) \\ &\quad = P(e|start) \times P(C|start) \times P(1|C) \times P(C|C) \times P(2|C) \\ &\qquad \times P(C|C) \times P(1|C) \times P(C|C) \times P(2|C) \times P(C|C) \end{aligned} \tag{6.4}$$

이처럼 1212 연쇄의 확률을 구하기 위해서는 이 연쇄를 방출하기 위해 거쳐 온 가능한 상태의 연쇄의 확률을 각각 계산한 후 더하면 된다. (6.4)는 가능한 상태 연쇄 중 $CCCC$ 연쇄에서의 1212 확률을 계산하는 과정을 보이고 있다.

그러나 이 예는 1과 2라는 아이스크림 수와 C, H 라는 두 상태만으로 되어 있는 단순한 경우다. 실제로 은닉 마르코프 모델에서는 관찰대상과 그 숨겨진 상태의 수가 훨씬 많다. 그럴 경우 (6.4)와 같이 특정 관찰 연쇄에 대한 각각의 상태 연속을 개별적으로 계산하는 것은 비효율적이다. 계산상으로 한 은닉 마르코프 모델에서 N 개의 숨겨진 상태가 있고 T 길이의 관찰대상이 있다고 하면 N^T 만큼의 상태 연쇄가 가능하다. 아이스크림 수 1212의 경우 2^4, 총 16개의 상태 연속이 가능하기 때문에 16개의 개별적인 상태 연속을 각각 계산해야 한다. 만일 20개의 숨겨진 상태가 있고, 관찰된 대상의 길이가 10개라면 20^{10} 개의 가능한 연쇄를 별도로 계산한 후 그 총합을 구해야 한다.

순방향· 역방향 알고리즘

이제 은닉 마르코프 모델에서 가능한 상태 연쇄들의 확률을 효율적으로 계산하는 방법에 대해 알아보자. 이 방법은 동적 프로그래밍(dynamic programming) 방법에 의해 이루어진다. 동적 프로그래밍은 전체의 문제를 풀기 위해서 이를 이루고 있는 하위 부분들의 문제를 먼저 푼 다음

그 중간 값들을 테이블에 저장하여 그 다음 문제를 푸는 데 이용한다. 이 값들은 동적으로 테이블에 채워진다. 이렇게 부분적으로 얻어진 값들을 저장하고 다음 단계에서 그것을 이용하기 때문에 앞에서 똑같이 반복되는 계산을 하지 않아도 된다. 동적 프로그래밍 방법은 이처럼 반복되는 계산을 피할 수 있기 때문에 여러 곳에서 사용된다. 은닉 마르코프 모델에서는 관찰된 연쇄의 확률을 효과적으로 계산하기 위해 순방향(forward), 역방향(backward)의 동적 프로그래밍 알고리즘이 이용되고 있다.

우선 순방향 알고리즘에 대해 살펴보자. 순방향 알고리즘은 말 그대로 관찰된 연쇄의 확률을 순방향으로, 즉 앞쪽 진행방향으로 계산해 나가는 방법이다. 아이스크림 수의 연쇄 1212 가 계산되는 과정을 순방향 격자(forward trellis) 형태로 도식화하면 그림 6.6 과 같다.

은닉 마르코프 모델을 기초로 한 확률의 계산에서 순방향 알고리즘은 $\alpha_t(j)$ 를 설정한다. $\alpha_t(j)$ 는 각 시점 t 에서 한 상태 j 로 전이되어 오는 모든 확률의 합을 계산해 놓은 것으로 각 상태의 중간 확률값을 저장하는 기능을 한다.

여기서 설정된 은닉 마르코프 모델은 한 상태에서 출력으로 아이스크림 숫자를 방출한 후 다음 상태로 전이하고, 시작 상태에서 다음 상태로 이를 때는 빈 글자(empty symbol)를 출력하는 것을 가정하고 있다.[3] 따라서 첫 $\alpha_1(C)$ 는 시작에서 C 로 전이하는 확률에 빈 글자를 출력할 확률을 곱한 값 0.7 을 갖게 된다. $\alpha_1(H)$ 는 시작 상태에서 H 상태로 전이하는 확률과 출력 확률을 곱한 값 0.3 을 갖게 된다. 이제 다음 상태 C 에서는 아이스크림 수 1 을 출력하고 다시 C 로 반복되거나 아니면 다른 상태인 H 로 전이할 수 있다. 이는 상태 H 에서도 마찬가지다. $\alpha_2(C)$ 는 이제 C 로 들어오는 $C \rightarrow C$, $H \rightarrow C$ 의 전이 확률값과 해당 방출 확률을 곱한 후 모두 더하여 저장한다. 즉, 이전의 $\alpha_1(C)$ 값 0.7 에 상태 C 에서 1 을 방출하고 다시 C 로 전이하는 확률, $P(1|C)P(C|C)$ 를 곱한다. 다음으로 $H \rightarrow C$ 의 전이를 위해 $\alpha_1(H)$ 에 H 에서 1 을 방출하고 C

[3] 시작 상태와 끝 상태에서 빈 글자를 가정하는 것은 뒤에서 살펴볼 순방향-역방향 알고리즘에서 각 방향으로 계산되는 연쇄의 값을 명확히 구분하여 보여 주기 위해서다.

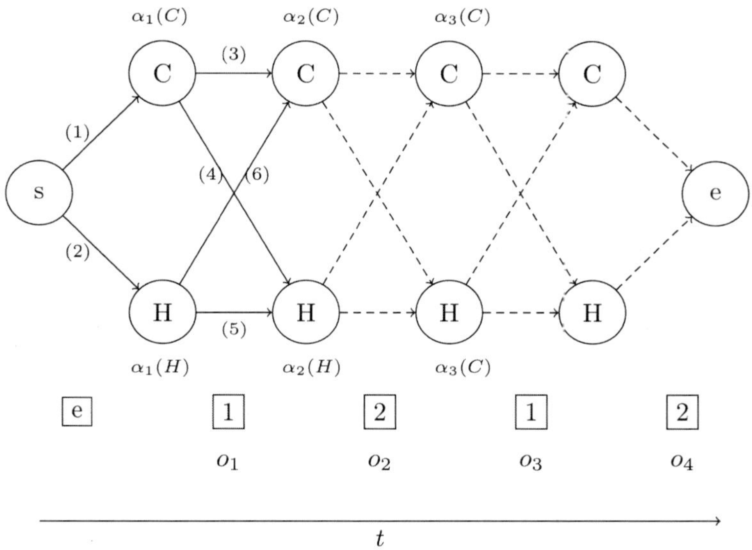

$\alpha_1(C) = .7$

$\alpha_2(C) = .7 \times .15 + .3 \times .08 = .129$

$\alpha_3(C) = .0129 \times .15 + .281 \times .32 = .10927$

$\alpha_1(H) = .3$

$\alpha_2(H) = .3 \times .12 + .7 \times .35 = .281$

$\alpha_3(C) = .281 \times .48 + .0129 \times .35 = .18003$

(1) $P(e|s)P(C|s) = 1 \times .7$

(2) $P(e|s)P(H|s) = 1 \times .3$

(3) $P(1|C)P(C|C) = .5 \times .3$

(4) $P(1|C)P(H|C) = .5 \times .7$

(5) $P(1|H)P(H|H) = .2 \times .6$

(6) $P(1|H)P(C|H) = .2 \times .4$

그림 6.6 아이스크림 수 1212 연쇄의 순방향 격자

로 전이할 확률 $P(1|H)P(C|H)$ 을 곱한다. 이제 이 두 확률값을 더하여 $\alpha_2(C)$ 에 저장한다. 만일 α 를 설정하지 않는다면 매 단계별로 앞에서 계산했던 과정을 반복해야 한다. 이런 식으로 각 단계별 값을 저장하는 $\alpha_t(j)$ 는 다음과 같이 형식화될 수 있다.

$$\alpha_t(j) = \sum_{i=1}^{N} \alpha_{t-1}(i) a_{ij} b_i(o_t) \tag{6.5}$$

즉, 순방향 매개변수 $\alpha_t(j)$ 는 그 전에 계산된 α_{t-1} 값에 i 에서 j 상태로 들어오는 전이 확률(a_{ij})과 i 상태에서 방출되는 확률 $b_i(o_t)$ 값들을 곱한 후, 이 각각의 값들을 다 더하여 구해진다. 표 6.5 는 1212 가 순방향 알고리즘에 의해 구해지는 각 상태의 $\alpha_t(j)$ 와 전체 확률을 단계적으로 보여 주고 있다.

표 6.5 순방향에 의한 1212 의 확률

관찰 대상	e	1	12	121	1212
$\alpha(C)$	0.7	0.129	0.10927	0.0307929	0.02377032
$\alpha(H)$	0.3	0.281	0.18003	0.0598481	0.03950460
$P(\bullet)$	1	0.41	0.2893	0.090641	0.06327493

순방향 알고리즘에 의해 구해진 연쇄 1212 의 확률은 마지막 $\alpha(C)$ 와 $\alpha(H)$ 를 더한 0.06327493 이 된다. 즉 아이스크림 수 1212 를 얻게 되는 전체 확률값은 0.06327493 이다.

역방향(backward) 알고리즘은 앞에서 살펴본 순방향과 반대로 이루어진다. 순방향에서 $e \to 1 \to 12 \to 121 \to 1212$ 로 진행하면서 중간 단계 값인 α 를 계산하지만 역방향은 관찰된 연쇄의 역순서인 $e \to 2 \to 12 \to 212 \to 1212$ 순으로 연산이 이루어진다. 역방향에서도 순방향의 α 처럼 각 상태에서 계산되는 값을 저장하는 매개변수를 설정하는 데 보통 β 를 사용한다. 순방향, 역방향의 종합적인 이해를 위해서 우선 그림 6.7 의 상태 전이를 살펴보자.

그림 6.7 은 앞 그림 6.6 과 달리 순방향, 역방향의 시간에 따른 변화를 보여 주기 위해 간략히 구성한 상태 전이도다. 그림 6.6 에서 C, H 의 특정 상태와 달리 여기서의 상태는 어떤 순차적인 과정을 보이기 위해 도식화되어 있다. 만일 지금 i 상태에 있다고 하면 이때의 α 는 다음과 같이 구해진다.

$$\alpha_t(i) = \sum_{k=1}^{N} \alpha_{t-1}(k) a_{ki} b_k(o_t) \tag{6.6}$$

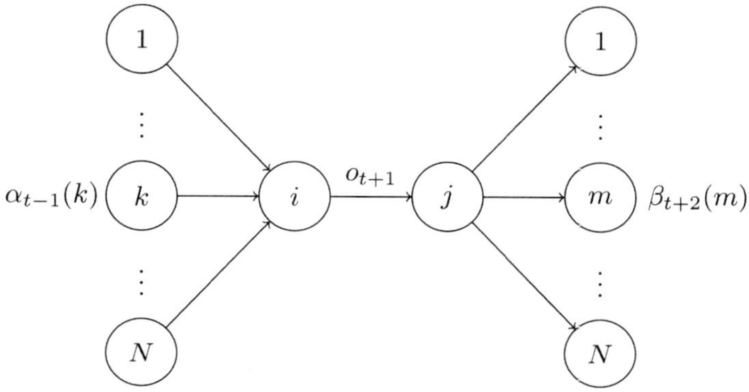

그림 6.7 시간 변화에 따른 상태 전이도

$\alpha_t(i)$ 는 이전 상태에서 여기로 전이되는 노드들의 α 값과 전이 확률 그리고 여기서의 방출 확률을 곱한 후 모두 더한 값이 된다. 역방향은 이 반대의 과정으로 이루어진다. 뒤에서부터 앞으로 순차적으로 β 가 계산되어 온다. j 상태에서의 역방향을 계산한다면 다음과 같을 것이다.

$$\beta_{t+1}(j) = \sum_{m=1}^{N} \beta_{t+2}(m) a_{jm} b_j(o_{t+1}) \tag{6.7}$$

$\beta_{t+1}(j)$ 는 뒤에서부터 계산되어 온 $\beta_{t+2}(m)$ 값에 m 에서 j 로 전이하는 확률과 방출되는 확률값을 곱하여 얻어진다. m 에서 j 는 순방향의 관점에서는 반대로 j 에서 m 으로 전이되는 것과 마찬가지이기 때문에 전이 확률 a_{jm} 을 곱하게 된다.

이제 관찰된 연쇄는 순방향으로 또는 역방향으로 확률을 구할 수 있다. 이는 다음과 같이 형식화할 수 있다.

$$P(o_1, o_2, \ldots, o_T) = \sum_{i=1}^{N} \alpha_{T+1}(i) = \sum_{i=1}^{N} \pi_1 \beta_1(i) \tag{6.8}$$

관찰되는 연쇄 $o_1, \ldots, o_T$ 는 순방향으로 $T+1$ 연쇄까지의 α 값을 구하여 더하거나, 역방향으로 뒤에서부터 첫 관찰 대상에 이르기까지의 β 값을 계산하여 구할 수 있다. 역방향 계산에서는 관찰 대상의 끝에서부터 첫 글자, β_1 에 이른 후 여기에 다시 시작 확률 (π) 을 곱하여 전체 연쇄의 확률값을 구해야 한다. 이제 아이스크림 수 1212 의 역방향으로 계산된 결과를 표 6.6 에서 살펴보자.

표 6.6 역방향에 의한 abab 의 확률값

관찰 대상	e	2	12	212	1212
$\beta(C)$	1	0.5	0.355	0.10085	0.0777355
$\beta(H)$	1	0.8	0.136	0.17888	0.0295336

역방향은 관찰되는 연쇄의 역순으로 계산이 이루어진다. 따라서 2 가 먼저 계산된다. 여기서는 관찰 대상의 끝에서는 반드시 종결 (end) 상태로 전이해야 하고 이때 빈 글자가 방출되는 것으로 가정한다. 그래서 빈 글자에 대한 확률 1 로 시작한다. 여기서 주의해야 할 것은 역방향 관점에서 이해되는 전이와 방출 확률이다. 예로 212 의 $\beta(C)$ 의 값이 계산되는 과정을 살펴보자. 우선 이전에 계산되어 온 12 의 $\beta(C)$ 0.355 에 $C \to C$ 전이 확률 0.3 과 C 에서 2 를 방출할 확률 0.5 를 곱한 것과 12 의 $\beta(H)$ 의 0.136 에 $C \to H$ 의 전이 확률 0.7 과 C 에서 2 를 방출할 확률 0.5 를 곱한 것을 서로 더하게 된다. 여기서 12 의 $\beta(H)$ 에서 순방향이라면 $H \to C$ 의 전이 확률을 곱해야 하지만 (6.7) 에서 살펴본 대로, 역방향이기 때문에 순방향으로는 C 에서 H 로 전이되는 것이므로 $C \to H$ 의 확률을 곱하게 된다.

최종적으로 계산된 $\beta(H)$ 와 $\beta(C)$ 를 더하면 표 6.2 에서 순방향으로 계산된 확률값과 같지 않다. 왜냐하면 수식 (6.8) 에서 보듯이 역방향에서는 시작 확률을 최종 β_1 에 곱해 주어야 하기 때문이다. 이제 시작 상태에서 C 와 H 에 이르는 확률을 β_1 에 곱하고 이 두 값을 더하면

$(0.0777355 \times 0.7) + (0.0295336 \times 0.3)$ 과 같이 순방향과 같은 확률값 0.06327493 을 가진다.

지금까지 순방향-역방향 알고리즘에 의해 어떤 관찰 연쇄에 대한 확률은 순방향 또는 역방향으로 구할 수 있음을 살펴보았다. 더 나아가 순방향과 역방향을 결합하여 해당 연쇄의 확률을 구할 수도 있다. 어떤 상태 연쇄의 j 시점까지는 순방향으로 그 다음 상태부터는 역방향으로 계산하여 그 값을 서로 더하면 관찰 대상의 전체 확률값을 구할 수 있다. 이는 다음과 같이 형식화된다.

$$\alpha_t(i)\alpha_{ij}b_i(o_t)\beta_{t+1}(j) \tag{6.9}$$

이제 아이스크림 수의 순방향과 역방향을 결합하여 계산된 표 6.7 의 확률값을 살펴보자.

표 6.7 순방향과 역방향을 결합한 확률 계산

관찰 대상	$e(\alpha)$ $-1212(\beta)$	$1(\alpha)$ $-212(\beta)$	$12(\alpha)$ $-12(\beta)$	$121(\alpha)$ $-2(\beta)$	$1212(\alpha)$ $-e(\beta)$
$\alpha(C)\beta(C)$	0.05441485	0.01300965	0.03879085	0.01539645	0.02377033
$\alpha(H)\beta(H)$	0.00886008	0.05026528	0.02448408	0.04787848	0.0395046
$P(1212)$	0.06327493	0.06327493	0.06327493	0.06327493	0.06327493

표 6.7 에서 첫 계산은 전체를 역방향으로 계산한 결과다. 순방향으로는 빈글자까지 계산되고 1212 전체 연쇄는 역방향으로 계산된다. 그 다음 $1(\alpha) - 212(\beta)$ 은 1 까지는 순방향으로 나머지 212 는 역방향으로 계산된 결과다. $\alpha(C)\beta(C)$ 는, 상태 C 에서 순방향으로 1 을 계산하고 나머지 연쇄 212 는 역방향으로 계산한 것을 서로 곱하면 된다. 이는 표 6.5 에서의 1 의 $\alpha(C)$ 의 값 0.129 와 표 6.6 에서의 212 의 $\beta(C)$ 값 0.10085 를 곱한 0.01300965 이 된다. $\alpha(H)\beta(H)$ 은 상태 H 에서 C 상태에서와

마찬가지로 계산된다. 이렇게 C 와 H 에 대해 계산된 값들을 더한 것은 각 단계에서 모두 동일한 확률값을 가져야 한다.

6.3.2 문제 2: 최적의 상태 연속 찾기

앞 절에서 특정 관찰 연쇄에 대한 상태 연속의 확률을 구하는 방법에 대해 살펴보았다. 제시된 예는 1212 의 연쇄의 확률을 계산하는 것이었다. 그러나 이렇게 계산된 확률은 모든 가능한 상태 연쇄들의 확률값으로, 실제로는 가능한 여러 상태 연쇄 중에서 가장 확률이 높은 연쇄를 찾는 것이 중요하다. 이런 연쇄를 찾는 것을 디코딩(decoding) 이라 한다.

1212 에 이르는 여러 가능한 숨겨진 연쇄 중에서 가장 확률이 높은 상태 연속을 찾는 방법으로 순방향 알고리즘으로 계산되는 모든 상태 연속들의 확률값을 구한 후 그중에서 가장 확률이 높은 연쇄를 택하는 방법이 있다. 그러나 이는 숨겨진 상태 수와 관찰되는 대상이 많을수록 그 계산되어야 하는 연쇄의 수가 기하급수적으로 증가하기 때문에 효율적이지 못하다.

Viterbi 알고리즘은 이런 최적의 연쇄를 찾을 수 있게 하는 방법론이다. Viterbi 알고리즘도 순방향 알고리즘과 같이 동적 프로그래밍 기법을 이용한다. 순방향 알고리즘은 방출 확률과 다음 상태로의 전이 확률을 곱한 것을 다 더하여 매개변수 α 에 저장한다. Viterbi 알고리즘도 순방향과 같은 방법으로 계산하나 순방향과 달리 한 상태로 들어오는 전이 중에서 가장 확률이 높은 값만을 취한다는 점에서 차이가 있다. 즉 각 상태에서 계산되는 α 값을 최대로 하는 연쇄의 값을 취하게 되면, 다음 단계에서도 이 최대의 연쇄를 따라 최대의 확률값이 형성되고, 결국 전체적으로 확률이 최대인 연쇄에 이르게 될 것이라는 생각에 기초하고 있다. 앞의 아이스크림의 예를 Viterbi 알고리즘으로 도식화하면 그림 6.8 과 같다.

Viterbi 에서는 α 대신 v 에 그 노드로 들어오는 전이 중에서 최대(max) 의 확률값을 기록한다. 그림 6.8 에서 $v_2(C) = \max(0.7\times 0.15, 0.3\times .08) = 0.105$ 를 예로 들어 살펴보자. 우선 $C \rightarrow C$ 인 경우인, 전이 확률 $P(C|C)$ 와 방출 확률 $P(1|C)$ 를 곱하여 얻은 0.15 에 이전 $v_1(C)$ 값 0.7

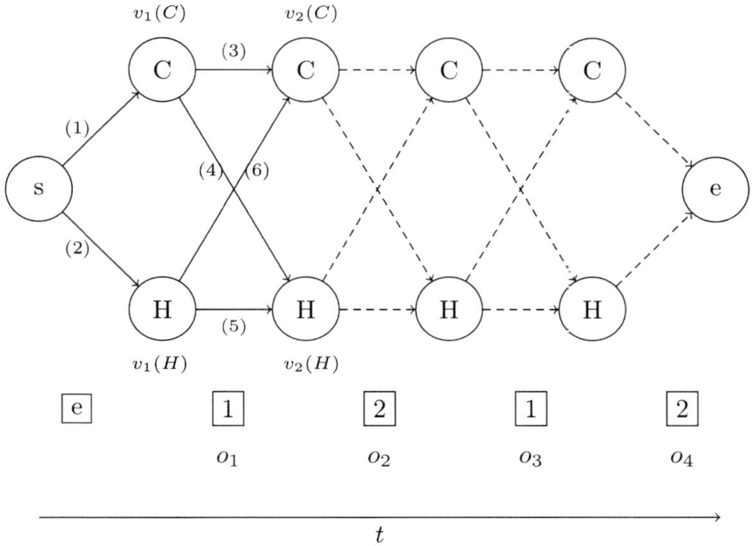

$v_1(C) = .7$
$v_2(C) = \max(.7 \times .15, .3 \times .08) = .105$

$v_1(H) = .3$
$v_2(H) = \max(.3 \times .12, .7 \times .35) = .245$

(1) $P(e|s)P(C|s) = 1 \times .7$
(2) $P(e|s)P(H|s) = 1 \times .3$
(3) $P(1|C)P(C|C) = .5 \times .3$
(4) $P(1|C)P(H|C) = .5 \times .7$
(5) $P(1|H)P(H|H) = .2 \times .6$
(6) $P(1|H)P(C|H) = .2 \times .4$

그림 6.8 1212의 최적의 확률을 찾기 위한 Viterbi 격자

을 곱하여 구한 0.105와, $H \to C$ 전이의 경우인 $P(C|H)$과 $P(1|H)$을 곱한 후 다시 이전 $v_1(H)$ 값 0.3을 곱한 0.024를 비교한다. 둘 중에서 더 큰 값인 $C \to C$에서 전이되는 0.105를 취하게 된다. 이런 방법으로 각 상태에서 최대의 값을 v에 저장한 후 최종적으로 가장 큰 확률값을 가지는 노드들의 연쇄를 구하게 된다.

이제 1212의 최적의 연쇄를 구하는 전 과정을 살펴보자. 표 6.8은 Viterbi 알고리즘에 의한 이 연쇄의 확률값을 단계별로 정리한 것이다.

표 6.8은 상태 C, H의 Viterbi 값을 저장하는 v와 각 상태로 들어오는 확률값들을 보여 주고 있다. 첫 $v_1(C)$는 0.7이고 $v_1(H)$는 0.3이다.

표 6.8 Viterbi 알고리즘에 의한 1212의 확률값

상태 연쇄	e	1	12	121	1212
$v(C)$	0.7	0.105	0.0784	0.01176	0.0087808
$v(H)$	0.3	0.245	0.1176	0.02744	0.0131712
	C	$C \to C$	$C \to C$	$C \to C$	$C \to C$
	0.7	0.105	0.01575	0.01176	0.001764
	H	$H \to C$	$H \to C$	$H \to C$	$H \to C$
	0.3	0.024	0.0784	0.009408	0.0087808
		$H \to H$	$H \to H$	$H \to H$	$H \to H$
		0.036	0.1176	0.014112	0.0131712
		$C \to H$	$C \to H$	$C \to H$	$C \to H$
		0.245	0.03675	0.02744	0.004116

출력 연쇄에 따라 C 상태로 들어오는 전이 $C \to C$, $H \to C$ 와 H 상태로 들어오는 $C \to H$, $H \to H$ 를 앞에서 설명한 대로 계산한 후 최대값을 $v(C)$, $v(H)$ 에 저장하여 최종 연쇄에 이르게 된다. 이 경우 1212의 최적 확률값은 0.0131712 이다. 전체적으로 최적의 연쇄만을 따라오면 표 6.9 와 같이 전체 연쇄를 알 수 있다.

이제 아이스크림 수 연쇄 1212의 숨겨진 상태 연쇄 중에서 가장 확률이 높은 CHCHH로 우리는 2009년 여름의 날씨를 추정할 수 있게 된다. 여기서는 시작에서 빈 숫자를 가정했기 때문에 실제적으로는 e1212 연쇄에 대한 최대의 확률 연쇄가 된다.

Viterbi 알고리즘은 이렇게 각 상태마다 최대 확률값을 갖는 전이만을 저장한 후 다음 단계는 이 최적의 상태를 따르게 한다. 따라서 최대의 확률값을 갖지 않는 연쇄는 계산을 하지 않는다. 이 예에서 총 $2^5 = 32$ 가지의 가능한 연쇄 중에서 처음부터 최댓값을 갖는 연쇄의 확률값만을

표 6.9 아이스크림 수 연쇄 1212의 전체 상태 연쇄

상태 연속	e	1	12	121	1212
$v(C)$	0.7	0.105	0.0784	0.01176	0.0087808
$v(H)$	0.3	0.245	0.1176	0.02744	0.0131712
	C	CC	CCC	$CHCC$	$CHCCC$
	0.7	0.105	0.01575	0.01176	0.001764
	H	HC	CHC	$CHHC$	$CHCHC$
	0.3	0.024	0.0784	0.009408	0.0087808
		HH	CHH	$CHHH$	$CHCHH$
		0.036	0.1176	0.014112	0.0131712
		CH	CCH	$CHCH$	$CHCCH$
		0.245	0.03675	0.02744	0.004116

계산하여 진행하기 때문에 불필요한 연산을 피할 수 있다.

6.3.3 문제 3: 은닉 마르코프 모델의 학습

은닉 마르코프 모델과 관련한 마지막 문제는 매개변수인 전이 확률과 방출 확률을 어떻게 학습(training)할 수 있는가에 대한 것이다. 앞에서의 예는 관찰 연쇄 1212에 대한 각 상태에서의 전이 확률과 방출 확률이 주어진 상태에서 그 연쇄에 대한 확률과 최적의 확률값을 구하는 과정에 대한 것이었다. 그럼 이 전이 확률과 방출 확률은 어떻게 구할 수 있는지 생각해 보자.

우선 마르코프 연쇄에서 이런 매개변수를 학습하는 과정에 대해 살펴보자. 마르코프 연쇄는 상태 연쇄들이 숨겨져 있지 않고 그대로 드러나 있기 때문에 특정 관찰 연쇄에 대해 어떤 상태 연쇄를 따라야 하는지를 직접 알 수 있다. 앞 6.1.1의 Mealy 기계와 같은 경우 한 상태에서 다른

상태로의 이동은 어떤 입력에 따르고 이 입력에 대한 출력이 그대로 관찰되는 연쇄이기 때문에 상태 연쇄를 쉽게 확인할 수 있다. 따라서 마르코프 연쇄에서 i 상태에서 j 상태로의 전이 확률 a_{ij} 는 i 상태에서 j 로 가는 전이의 총수를 i 상태에서 나가는 총수로 나누면 된다.

$$a_{ij} = \frac{C(i \to j)}{\sum_{q \in Q} C(i \to q)} \tag{6.10}$$

은닉 마르코프 모델의 경우, 마르코프 연쇄와 달리 한 상태에서 다른 상태로 가는 전이의 수를 직접 구할 수는 없다. 주어진 입력에 대해 어떤 상태로 이동할지가 숨겨져 있기 때문이다. 따라서 전이 확률과 방출 확률을 구하기 위해서는 앞에서 살펴본 순방향-역방향 알고리즘을 적용할 수 있다. 즉, 어떤 관찰 대상에 대해 순방향 알고리즘에 의한 확률을 계산하고 이 확률을 다시 순방향 알고리즘 계산에 포함된 서로 다른 경로들로 나누어서 그 확률을 추정하는 것이다. 우선 전이 확률 a_{ij} 를 추정하는 방법에 대해 살펴보자. 앞 (6.10) 을 참조로 하여 추정된 $\hat{a}_{ij}$ 를 다음과 같이 규정할 수 있다.

$$\hat{a}_{ij} = \frac{i \text{ 상태에서 } j \text{ 상태로 예상되는 전이 수}}{i \text{ 상태에서 예상되는 전이 수}} \tag{6.11}$$

i 상태에서 j 상태로 전이되는 수를 구하기 위해서는 우선 어떤 관찰 연쇄의 특정 시간 t 상에서 $i \to j$ 로 전이하는 확률을 추정할 수 있다고 가정하자. 모든 t 상에서 이런 확률을 구할 수 있다면 이 확률을 모두 더하여 $i \to j$ 로 전이되는 수를 추정할 수 있다. 어떤 관찰 연쇄에 대해 시점 t 에서의 상태 i 가 시점 $t+1$ 에서 상태 j 로 전이하는 확률 ξ 를 다음과 같이 정의한다.

$$\xi_t(i,j) = P(q_t = i, q_{t+1} = j | O, \lambda) \tag{6.12}$$

이는 앞의 순방향, 역방향 알고리즘으로 구할 수 있다. 이미 (6.8) 에 의해 어떤 관찰 연쇄, $o_1, \ldots, o_T$ 의 확률은 순방향으로 또는 역방향으로 구해질 수 있음을 살펴보았다. 또한 (6.9) 에 의해 어떤 특정 시점 j 에서 순방향과 역방향을 결합하여, 한 상태의 전체 확률을 구할 수도 있다. (6.9) 의 수식이 바로 어떤 시점에서 한 상태의 다음 상태로의 전이 확률이 된다. 이 확률을 (6.8) 의 순방향에 의해 계산된 전체 확률값으로 나누면 i 에서 j 로 전이하는 확률을 구할 수 있다.

$$\xi_t(i,j) = \frac{\alpha_t(i)\alpha_{ij}b_i(o_t)\beta_{t+1}(j)}{\alpha_T(N)} \tag{6.13}$$

이제 i 상태에서 j 로의 예상되는 전이는 ξ 의 모든 t 에 대한 합이 된다. 또한 i 에서 전이되는 모든 전이의 수는 i 에서 다른 상태로 나가는 전이의 총합이 된다. 이는 다음과 같다.

$$\hat{a}_{ij} = \frac{\sum_{t=1}^{T-1}\xi_t(i,j)}{\sum_{t=1}^{T-1}\sum_{j=1}^{N}\xi_t(i,j)} \tag{6.14}$$

관찰 연쇄의 확률도 같은 방법으로 계산할 수 있다. 이는 한 상태 j 에서 관찰되는 어휘 V 에서 관찰되는 한 어휘 v_k 의 확률을 구하는 것으로 다음과 같이 계산된다.

$$\hat{b}_j(v_k) = \frac{\text{상태 } j\text{에서 관찰되는 } v_k\text{의 기대 출현수}}{\text{상태 } j\text{에서 기대되는 출현수}} \tag{6.15}$$

t 시점에서 j 상태에서의 관찰 확률은 다음과 같이 정의된다.

$$\begin{aligned}\gamma_t(j) &= P(q_t = j|O,\lambda) \\ &= \frac{P(q_t = j, O|\lambda)}{P(O|\lambda)}\end{aligned} \tag{6.16}$$

전이 확률에서와 마찬가지로 위 수식에서 분자는 순방향, 역방향 확률의 곱으로 구할 수 있다.

$$\gamma_t(j) = \frac{\alpha_t(j)\beta_t(j)}{P(O|\lambda)} \tag{6.17}$$

이 수식에서 분자는 관찰 대상이 우리가 구하고자 하는 v_k 인 t 시점에서의 $\gamma_t(j)$ 을 더한 값이 되고 분모는 모든 시점 t 에서 $\gamma_t(j)$ 을 더한 값이다. 결국 이것은 상태 j 에서 v_k 가 나타날 비율이 된다. Jurafsky and Martin(2008) 은 이를 다음과 같이 정의한다.

$$\hat{b}_j(v_k) = \frac{\sum_{t=1 s.t. O_t=v_k}^{T} \gamma_t(T)}{\sum_{t=1}^{T} \gamma_t(j)} \tag{6.18}$$

여기서 $\sum_{t=1 s.t. O_t=v_k}^{T}$ 는 시점 t 에서 관찰된 것이 v_k 가 되는 모든 t 를 더한 것이다.

6.4 은닉 마르코프 모델 도구

은닉 마르코프 모델은 음성언어처리 및 자연언어처리에서 많이 활용된다. 이를 위한 여러 툴킷 (toolkit) 들이 자유롭게 이용가능하다. 대표적인 툴킷은 HTK(Hidden Markov Model Toolkit) 로 HTK 홈페이지[4]에서 구할 수 있다. 대부분의 자연언어처리 툴킷은 유닉스나 리눅스 그리고 여러 프로그래밍 언어에 익숙하지 않은 사용자들에게는 그 사용이 쉽지만은 않다.

서울대학교 컴퓨터언어학 연구실에서는 웹기반의 은닉 마르코프 모델 계산 도구[5]를 제공하고 있다. 앞에서 설명한 예처럼 숨겨진 상태, 관찰 대상 알파벳과 그 확률들을 입력하면 관찰 연쇄의 순방향, 역방향 알고리즘에 의한 확률 계산 과정을 보여 주고, Viterbi 알고리즘에 의한 최적의 경로를 찾아준다. 교육 목적으로 개발된 이 툴을 사용하면 앞에서 설명한 예를 중심으로 다양한 모델을 구성하여 은닉 마르코프 모델을 이해하는데 도움이 되리라 생각한다. 이 도구의 실제 사용에 대해 간략히 살펴보자.

---

[4] http://htk.eng.cam.ac.uk/

[5] http://wise.snu.ac.kr/hmm

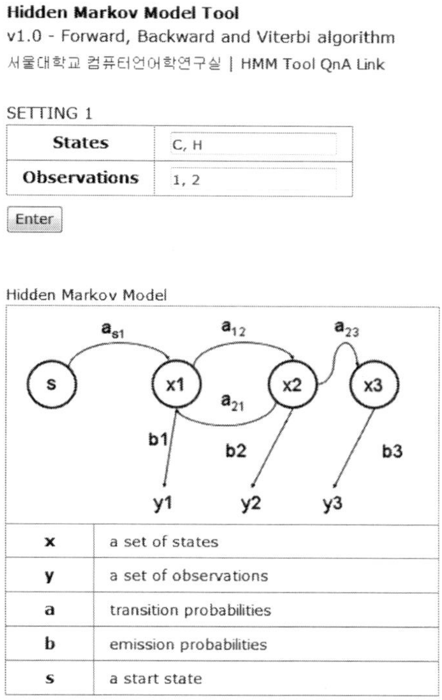

그림 6.9 은닉 마르코프 모델 설정 창

우선 이 사이트로 가면 그림 6.9와 같은 은닉 마르코프 모델을 설정할 수 있는 창이 나온다.

여기서 States에 필요한 숨겨진 상태들을 넣고, Observations에는 관찰대상으로 사용되는 어휘들을 입력한다. 여기서는 1212의 예를 위해 상태 C, H와 관찰 어휘 1, 2를 입력하였다. 입력 후 Enter를 누르면 그림 6.10과 같이 다음 단계로 넘어간다.

다음은 각 상태의 전이 확률과 방출 확률을 입력하는 단계다. 표 6.4와 같은 확률을 입력하고, 관찰 연쇄에 계산하고자 하는 연쇄를 입력한다. 여기서의 예는 1212이기 때문에 이를 입력하고 enter를 누른다. 그러면 그림 6.11과 같은 방출 확률과 전이 확률이 결합한 테이블이 나타난다.

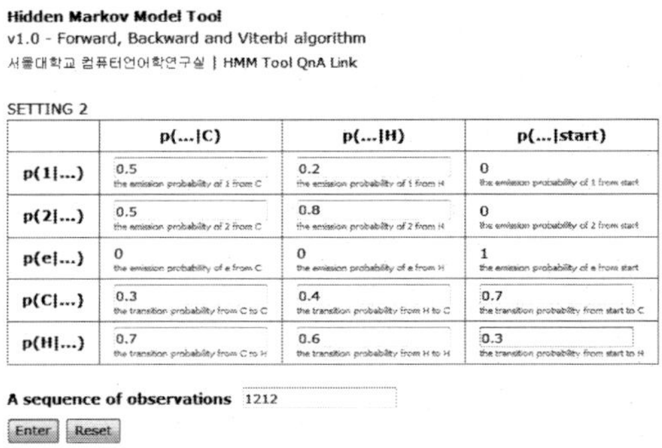

Hidden Markov Model Tool
v1.0 - Forward, Backward and Viterbi algorithm
서울대학교 컴퓨터언어학연구실 | HMM Tool QnA Link

SETTING 2

	p(...|C)	p(...|H)	p(...|start)
p(1|...)	0.5 the emission probability of 1 from C	0.2 the emission probability of 1 from H	0 the emission probability of 1 from start
p(2|...)	0.5 the emission probability of 2 from C	0.8 the emission probability of 2 from H	0 the emission probability of 2 from start
p(e|...)	0 the emission probability of e from C	0 the emission probability of e from H	1 the emission probability of e from start
p(C|...)	0.3 the transition probability from C to C	0.4 the transition probability from H to C	0.7 the transition probability from start to C
p(H|...)	0.7 the transition probability from C to H	0.6 the transition probability from H to H	0.3 the transition probability from start to H

A sequence of observations 1212

Enter Reset

그림 6.10 은닉 마르코프 모델 확률 입력 창

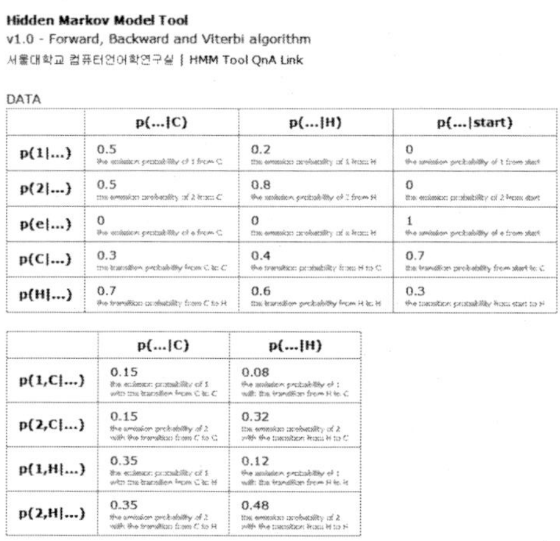

Hidden Markov Model Tool
v1.0 - Forward, Backward and Viterbi algorithm
서울대학교 컴퓨터언어학연구실 | HMM Tool QnA Link

DATA

	p(...|C)	p(...|H)	p(...|start)
p(1|...)	0.5	0.2	0
p(2|...)	0.5	0.8	0
p(e|...)	0	0	1
p(C|...)	0.3	0.4	0.7
p(H|...)	0.7	0.6	0.3

	p(...|C)	p(...|H)
p(1,C|...)	0.15	0.08
p(2,C|...)	0.15	0.32
p(1,H|...)	0.35	0.12
p(2,H|...)	0.35	0.48

그림 6.11 전이 확률과 방출 확률이 결합된 테이블

FORWARD

input=1212	e	1	12	121	1212
alpha(C)	0.7	0.129	0.10927	0.0307929	0.023770327
alpha(H)	0.3	0.281	0.18003	0.0598481	0.039504603
P(1212)	1	0.41	0.2893	0.090641	0.06327493

BACKWARD

input=1212	1212	212	12	2	e
beta(C)	0.0777355	0.10085	0.355	0.5	1
beta(H)	0.0295336	0.17888	0.136	0.8	1

RESULT

Forward	0.06327493 P(1212)
Backward	0.06327493 beta(C) X p(C|start) + beta(H) X p(H|start)

그림 6.12 순방향, 역방향 확률 계산

VITERBI

input=1212	e	1	12	121	1212
viterbi(C)	0.7	0.105	0.0784	0.01176	0.0087808
viterbi(H)	0.3	0.245	0.1176	0.02744	0.0131712
	C	CC	CCC	CHCC	CHCCC
	0.7	0.105	0.01575	0.01176	0.001764
	H	HC	CHC	CHHC	CHCHC
	0.3	0.024	0.0784	0.009408	0.0087808
		CH	CCH	CHCH	CHCCH
		0.245	0.03675	0.02744	0.004116
		HH	CHH	CHHH	CHCHH
		0.036	0.1176	0.014112	0.0131712

RESULT

Path	CHCHH

그림 6.13 Viterbi에 의한 최적의 상태 연쇄

최종 결과로 그림 6.12의 순방향, 역방향 알고리즘에 따른 확률이 계산되어 나온다.

이 계산 결과는 이미 앞에서 살펴본 계산 결과와 동일함을 알 수 있다. 마지막으로 최대의 확률값을 가지는 상태 연쇄가 Viterbi에 의해 계산되어 그림 6.13과 같이 출력된다.

참고문헌

김우철 · 김재주 · 박병욱 · 박성현 · 송문섭 · 이상열 · 이영조 · 전종우 · 조신섭 (1999), 『일반통계학』, 영지문화사.

김영주 · 김윤경 · 유영호 · 이승수 · 주상열 (2006), 『확률 및 통계학』, 교우사.

박동권 (2002), 『분산분석과 반복측정자료』, 민영사.

신효필 (2005), 「언어 자료의 통계 분석과 관련된 몇 가지 고려사항들」, 『어학연구』, 41-3:655-682.

신효필 (2007), 「연어의 통계적 접근을 통한 로그 우도비 중심의 연어 검증」, 『언어학』, 47:107-138.

송문섭 · 조신섭 (2004), 『SAS를 이용한 통계자료분석』, 자유아카데미.

이창효 · 김종배 (2005), 『쉽게 풀어 쓴 통계학』, 도서출판 대명.

Austin, S., R. Schwartz, and P. Placeway (1991), "The forward-backward search algorithm," In *ICASSP-91*, Vol. 1, 697-700.

Baayen, R. H. (2008), *Analyzing Linguistic Data: A Practical Introduction to Statistics Using R*, Cambridge University Press.

Bellman, R. (1957), *Dynamic Programming*, Princeton University Press.

Berger, A., S. A. Della Piestra, and V. J. Della Pietra (1996), "A maximum entropy approach to natural language processing," *Computational Linguistics*, 22-1:39-71.

Bod, R., J. Hay, and S. Jannedy (2003), *Probabilistic Linguistics*, MIT Press.

Brown, P. F., V. J. Della Pietra, P. V. de Souza, J. C. Lai, and R. L. Mercer (1992), "Class-based N-gram models of natural language," *Computational Linguistics*, 18-4:467-479.

Charniak, E. (1993), *Statistical Language Learning*, MIT Press.

Chen, S. F., and J. Goodman (1998), *An Empirical Study of Smoothing Techniques for Language Modeling*, Technical Report-10-98, Computer Science Group, Harvard University.

Coleman, J. (2005), *Introducing Speech and Language Processing*, Cambridge University Press.

Cover, T. M., and J. A. Thomas (1991), *Elements of Information Theory*, Wiley.

Dunning, T. (1993), "Accurate methods for the statistics of surprise and coincidence," *Computational Linguistics*, 19-1:61-74.

Eisner, J. (2002), "An interactive spreadsheet for teaching the forward-backward algorithm," In *Proceedings of the ACL Workshop on Effective Tools and Methodologies for Teaching NLP and CL*, 10-18.

Gale, W. A., and K. W. Church (1990), "Estimation procedures for language and context: poor estimates are worse than none," In COMPSTAT, *Proceedings in Computational Statistics*, 9th Symposium, 69-74.

Gale, W. A., and K. W. Church (1994), "What's wrong with adding one?," In N. Oostdijk and P. Haan, editors, *Corpus-Based Research into Language*, Rodolpi, Amsterdam.

Gawron, J. M. (2010), `http://www-rohan.sdsu.edu/~gawron/compling/course_core/lectures/entropy.htm`

Hausser, R. (2001), *Foundations of Computational Linguistics, Human-Computer Communication in Natural Language*, Springer Verlag.

Hopcroft, J. E., R. Motwani, and J. D. Ullman (2000), *Introduction to Automata Theory, Languages, and Computation*, Addison-Wesley.

Hayes, B., and C. Wilson (2008), "A maximum entropy model of phonotactics and phonotactic learning," *Linguistic Inquiry*, 39-3:379-440.

Jeffreys, H. (1948), *Theory of Probability*, Clarendon Press, Oxford.

Jelinek, F., and R. L. Mercer (1980), "Interpolated estimation of Markov source parameters from sparse data," In *Proceedings of the Workshop on Pattern Recognition in Practice*, Amsterdam, The Netherlands.

Jurafsky, D., and J. H. Martin (2008), *Speech and Language Processing: An Introduction to Natural Language Processing and Computational Linguistics, and Speech Recognition*, 2nd Edition, Pearson Education International.

Karttunen, L. (1983), "Kimmo: a general morphological processor," *Texas Linguistics Forum*, 16:423-431.

Katz, S. M. (1987), "Estimation of probabilities from sparse data for the language model component of speech recognizer," *IEEE Transactions on Acoustics, Speech and Signal Processing*, 35-3:400-401.

Kneser, R., and H. Ney (2005), "Improved backing-off for N-gram language modeling," *Proceedings of the IEEE International Conference on Acoustics, Speech and Signal Processing*, 1:181-184.

Ko, H., A. Perovic, T. Ionin, and K. Wechsler (2006), "Adult L2-learners lack the Maximality Presuppostion, too". In K. U. Deen et. al (eds), *The Proceedings of the Inaugural Conference on Generative Approches to Language Acquitision*, North America, Honolulu, HI.

Lidstone, G.J. (1920), "Note on the general case of the Bayes-Laplace Formula for inductive or a posteriori probabilities," *Transactions of the Faculty of Actuaries*, 8:182-192.

Manning, C., and H. Schütze (1999), *Foundations of Statistical Natural Language Processing*, MIT Press.

Minium, E. W., B. M. King, and G. Bear (1993), *Statistical Reasoning in Psychology and Education*, Third Edition, John Wiley & Sons.

Minium, E. W., R. C. Clarke, and T. Coladarci (1998), *Elements of Statistical Reasoning*, John Wiley & Sons.

Ney, H., U. Essen, and R. Kneser (1994), "On structuring probabilistic dependencies in stochastic language modeling," *Computer, Speech, and Language*, 8:1-38.

Nugues, P. M. (2006), *An Introduction to Language Processing with Perl and Prolog*, Springer.

Quinlan, J. R. (1986), "Induction of decision trees," *Machine Learning*, 1-1:81-106.

Rabiner, L. R. (1989), "A tutorial on hidden Markov models and selected applications in speech recognition," *Proceedings of the IEEE*, 77-2:257-286.

부록

표준정규분포

$$P(Z \leq z) = \int_{-\infty}^{z} \frac{1}{\sqrt{2\pi}} e^{-t^2/2} dt$$

주어진 z 에 대한 누적확률 $P(Z \leq z)$ 값의 표

z	.00	.01	.02	.03	.04	.05	.06	.07	.08	.09
-3.4	.0003	.0003	.0003	.0003	.0003	.0003	.0003	.0003	.0003	.0002
-3.3	.0005	.0005	.0005	.0004	.0004	.0004	.0004	.0004	.0004	.0003
-3.2	.0007	.0007	.0006	.0006	.0006	.0006	.0006	.0005	.0005	.0005
-3.1	.0010	.0009	.0009	.0009	.0008	.0008	.0008	.0008	.0007	.0007
-3.0	.0013	.0013	.0013	.0012	.0012	.0011	.0011	.0011	.0010	.0010
-2.9	.0019	.0018	.0018	.0017	.0016	.0016	.0015	.0015	.0014	.0014
-2.8	.0026	.0025	.0024	.0023	.0023	.0022	.0021	.0021	.0020	.0019
-2.7	.0035	.0034	.0033	.0032	.0031	.0030	.0029	.0028	.0027	.0026
-2.6	.0047	.0045	.0044	.0043	.0041	.0040	.0039	.0038	.0037	.0036
-2.5	.0062	.0060	.0059	.0057	.0055	.0054	.0052	.0051	.0049	.0048
-2.4	.0082	.0080	.0078	.0075	.0073	.0071	.0069	.0068	.0066	.0064
-2.3	.0107	.0104	.0102	.0099	.0096	.0094	.0091	.0089	.0087	.0084
-2.2	.0139	.0136	.0132	.0129	.0125	.0122	.0119	.0116	.0113	.0110
-2.1	.0179	.0174	.0170	.0166	.0162	.0158	.0154	.0150	.0146	.0143
-2.0	.0228	.0222	.0217	.0212	.0207	.0202	.0197	.0192	.0188	.0183
-1.9	.0287	.0281	.0274	.0268	.0262	.0256	.0250	.0244	.0239	.0233
-1.8	.0359	.0351	.0344	.0336	.0329	.0322	.0314	.0307	.0301	.0294
-1.7	.0446	.0436	.0427	.0418	.0409	.0401	.0392	.0384	.0375	.0367
-1.6	.0548	.0537	.0526	.0516	.0505	.0495	.0485	.0475	.0465	.0455
-1.5	.0668	.0655	.0643	.0630	.0618	.0606	.0594	.0582	.0571	.0559
-1.4	.0808	.0793	.0778	.0764	.0749	.0735	.0721	.0708	.0694	.0681
-1.3	.0968	.0951	.0934	.0918	.0901	.0885	.0869	.0853	.0838	.0823
-1.2	.1151	.1131	.1112	.1093	.1075	.1056	.1038	.1020	.1003	.0985
-1.1	.1357	.1335	.1314	.1292	.1271	.1251	.1230	.1210	.1190	.1170
-1.0	.1587	.1562	.1539	.1515	.1492	.1469	.1446	.1423	.1401	.1379
-0.9	.1841	.1814	.1788	.1762	.1736	.1711	.1685	.1660	.1635	.1611
-0.8	.2119	.2090	.2061	.2033	.2005	.1977	.1949	.1922	.1894	.1867
-0.7	.2420	.2389	.2358	.2327	.2296	.2266	.2236	.2206	.2177	.2148
-0.6	.2743	.2709	.2676	.2643	.2611	.2578	.2546	.2514	.2483	.2451
-0.5	.3085	.3050	.3015	.2981	.2946	.2912	.2877	.2843	.2810	.2776
-0.4	.3446	.3409	.3372	.3336	.3300	.3264	.3228	.3192	.3156	.3121
-0.3	.3821	.3783	.3745	.3707	.3669	.3632	.3594	.3557	.3520	.3483
-0.2	.4207	.4168	.4129	.4090	.4052	.4013	.3974	.3936	.3897	.3859
-0.1	.4602	.4562	.4522	.4483	.4443	.4404	.4364	.4325	.4286	.4247
-0.0	.5000	.4960	.4920	.4880	.4840	.4801	.4761	.4721	.4681	.4641

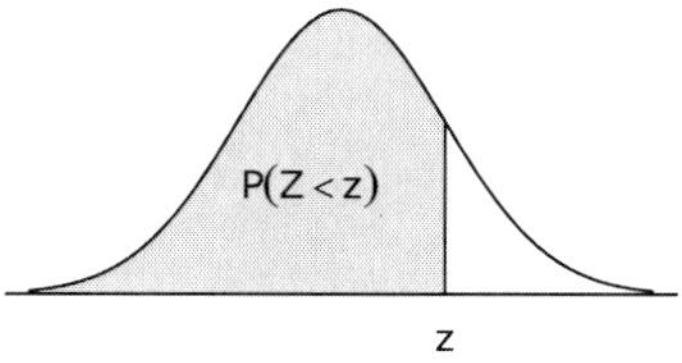

주어진 z에 대한 누적확률 $P(Z \leq z)$ 값의 표

z	.00	.01	.02	.03	.04	.05	.06	.07	.08	.09
0.0	.5000	.5040	.5080	.5120	.5160	.5199	.5239	.5279	.5319	.5359
0.1	.5398	.5438	.5478	.5517	.5557	.5596	.5636	.5675	.5714	.5753
0.2	.5793	.5832	.5871	.5910	.5948	.5987	.6026	.6064	.6103	.6141
0.3	.6179	.6217	.6255	.6293	.6331	.6368	.6406	.6443	.6480	.6517
0.4	.6554	.6591	.6628	.6664	.6700	.6736	.6772	.6808	.6844	.6879
0.5	.6915	.6950	.6985	.7019	.7054	.7088	.7123	.7157	.7190	.7224
0.6	.7257	.7291	.7324	.7357	.7389	.7422	.7454	.7486	.7517	.7549
0.7	.7580	.7611	.7642	.7673	.7704	.7734	.7764	.7794	.7823	.7852
0.8	.7881	.7910	.7939	.7967	.7995	.8023	.8051	.8078	.8106	.8133
0.9	.8159	.8186	.8212	.8238	.8264	.8289	.8315	.8340	.8365	.8389
1.0	.8413	.8438	.8461	.8485	.8508	.8531	.8554	.8577	.8599	.8621
1.1	.8643	.8665	.8686	.8708	.8729	.8749	.8770	.8790	.8810	.8830
1.2	.8849	.8869	.8888	.8907	.8925	.8944	.8962	.8980	.8997	.9015
1.3	.9032	.9049	.9066	.9082	.9099	.9115	.9131	.9147	.9162	.9177
1.4	.9192	.9207	.9222	.9236	.9251	.9265	.9279	.9292	.9306	.9319
1.5	.9332	.9345	.9357	.9370	.9382	.9394	.9406	.9418	.9429	.9441
1.6	.9452	.9463	.9474	.9484	.9495	.9505	.9515	.9525	.9535	.9545
1.7	.9554	.9564	.9573	.9582	.9591	.9599	.9608	.9616	.9625	.9633
1.8	.9641	.9649	.9656	.9664	.9671	.9678	.9686	.9693	.9699	.9706
1.9	.9713	.9719	.9726	.9732	.9738	.9744	.9750	.9756	.9761	.9767
2.0	.9772	.9778	.9783	.9788	.9793	.9798	.9803	.9808	.9812	.9817
2.1	.9821	.9826	.9830	.9834	.9838	.9842	.9846	.9850	.9854	.9857
2.2	.9861	.9864	.9868	.9871	.9875	.9878	.9881	.9884	.9887	.9890
2.3	.9893	.9896	.9898	.9901	.9904	.9906	.9909	.9911	.9913	.9916
2.4	.9918	.9920	.9922	.9925	.9927	.9929	.9931	.9932	.9934	.9936
2.5	.9938	.9940	.9941	.9943	.9945	.9946	.9948	.9949	.9951	.9952
2.6	.9953	.9955	.9956	.9957	.9959	.9960	.9961	.9962	.9963	.9964
2.7	.9965	.9966	.9967	.9968	.9969	.9970	.9971	.9972	.9973	.9974
2.8	.9974	.9975	.9976	.9977	.9977	.9978	.9979	.9979	.9980	.9981
2.9	.9981	.9982	.9982	.9983	.9984	.9984	.9985	.9985	.9986	.9986
3.0	.9987	.9987	.9987	.9988	.9988	.9989	.9989	.9989	.9990	.9990
3.1	.9990	.9991	.9991	.9991	.9992	.9992	.9992	.9992	.9993	.9993
3.2	.9993	.9993	.9994	.9994	.9994	.9994	.9994	.9995	.9995	.9995
3.3	.9995	.9995	.9995	.9996	.9996	.9996	.9996	.9996	.9996	.9997
3.4	.9997	.9997	.9997	.9997	.9997	.9997	.9997	.9997	.9997	.9998

t-분포

$$P(T \le x) = \int_{-\infty}^{x} \frac{\Gamma[(r+1)/2]}{\sqrt{\pi r}\Gamma(r/2)(1+w^2/r)^{(r+1)/2}} dw$$

주어진 자유도 (r) 와 누적확률 $P(T \le x)$ 에 대한 x 값의 표

	$P(T \le x)$						
r	0.900	0.950	0.975	0.990	0.995	0.999	0.9995
1	3.078	6.314	12.706	3.078	63.657	318.309	636.619
2	1.886	2.920	4.303	1.886	9.925	22.327	31.599
3	1.638	2.353	3.182	1.638	5.841	10.215	12.924
4	1.533	2.132	2.776	1.533	4.604	7.173	8.610
5	1.476	2.015	2.571	1.476	4.032	5.893	6.869
6	1.440	1.943	2.447	1.440	3.707	5.208	5.959
7	1.415	1.895	2.365	1.415	3.499	4.785	5.408
8	1.397	1.860	2.306	1.397	3.355	4.501	5.041
9	1.383	1.833	2.262	1.383	3.250	4.297	4.781
10	1.372	1.812	2.228	1.372	3.169	4.144	4.587
11	1.363	1.796	2.201	1.363	3.106	4.025	4.437
12	1.356	1.782	2.179	1.356	3.055	3.930	4.318
13	1.350	1.771	2.160	1.350	3.012	3.852	4.221
14	1.345	1.761	2.145	1.345	2.977	3.787	4.140
15	1.341	1.753	2.131	1.341	2.947	3.733	4.073
16	1.337	1.746	2.120	1.337	2.921	3.686	4.015
17	1.333	1.740	2.110	1.333	2.898	3.646	3.965
18	1.330	1.734	2.101	1.330	2.878	3.610	3.922
19	1.328	1.729	2.093	1.328	2.861	3.579	3.883
20	1.325	1.725	2.086	1.325	2.845	3.552	3.850
21	1.323	1.721	2.080	1.323	2.831	3.527	3.819
22	1.321	1.717	2.074	1.321	2.819	3.505	3.792
23	1.319	1.714	2.069	1.319	2.807	3.485	3.768
24	1.318	1.711	2.064	1.318	2.797	3.467	3.745
25	1.316	1.708	2.060	1.316	2.787	3.450	3.725
26	1.315	1.706	2.056	1.315	2.779	3.435	3.707
27	1.314	1.703	2.052	1.314	2.771	3.421	3.690
28	1.313	1.701	2.048	1.313	2.763	3.408	3.674
29	1.311	1.699	2.045	1.311	2.756	3.396	3.659
30	1.310	1.697	2.042	1.310	2.750	3.385	3.646
∞	1.282	1.645	1.960	1.282	2.576	3.090	3.291

χ^2-분포

$$P(X \le x) = \int_0^x \frac{1}{\Gamma(r/2)2^{r/2}} w^{r/2-1} e^{-w/2} dw$$

주어진 자유도 (r)와 누적확률 $P(X \le x)$에 대한 x 값의 표

	$P(X \le x)$									
r	0.005	0.010	0.025	0.050	0.100	0.900	0.950	0.975	0.990	0.995
1	0.000	0.000	0.001	0.004	0.016	2.706	3.841	5.024	6.635	7.879
2	0.010	0.020	0.051	0.103	0.211	4.605	5.991	7.378	9.210	10.597
3	0.072	0.115	0.216	0.352	0.584	6.251	7.815	9.348	11.345	12.838
4	0.207	0.297	0.484	0.711	1.064	7.779	9.488	11.143	13.277	14.860
5	0.412	0.554	0.831	1.145	1.610	9.236	11.070	12.833	15.086	16.750
6	0.676	0.872	1.237	1.635	2.204	10.645	12.592	14.449	16.812	18.548
7	0.989	1.239	1.690	2.167	2.833	12.017	14.067	16.013	18.475	20.278
8	1.344	1.646	2.180	2.733	3.490	13.362	15.507	17.535	20.090	21.955
9	1.735	2.088	2.700	3.325	4.168	14.684	16.919	19.023	21.666	23.589
10	2.156	2.558	3.247	3.940	4.865	15.987	18.307	20.483	23.209	25.188
11	2.603	3.053	3.816	4.575	5.578	17.275	19.675	21.920	24.725	26.757
12	3.074	3.571	4.404	5.226	6.304	18.549	21.026	23.337	26.217	28.300
13	3.565	4.107	5.009	5.892	7.042	19.812	22.362	24.736	27.688	29.819
14	4.075	4.660	5.629	6.571	7.790	21.064	23.685	26.119	29.141	31.319
15	4.601	5.229	6.262	7.261	8.547	22.307	24.996	27.488	30.578	32.801
16	5.142	5.812	6.908	7.962	9.312	23.542	26.296	28.845	32.000	34.267
17	5.697	6.408	7.564	8.672	10.085	24.769	27.587	30.191	33.409	35.718
18	6.265	7.015	8.231	9.390	10.865	25.989	28.869	31.526	34.805	37.156
19	6.844	7.633	8.907	10.117	11.651	27.204	30.144	32.852	36.191	38.582
20	7.434	8.260	9.591	10.851	12.443	28.412	31.410	34.170	37.566	39.997
21	8.034	8.897	10.283	11.591	13.240	29.615	32.671	35.479	38.932	41.401
22	8.643	9.542	10.982	12.338	14.041	30.813	33.924	36.781	40.289	42.796
23	9.260	10.196	11.689	13.091	14.848	32.007	35.172	38.076	41.638	44.181
24	9.886	10.856	12.401	13.848	15.659	33.196	36.415	39.364	42.980	45.559
25	10.520	11.524	13.120	14.611	16.473	34.382	37.652	40.646	44.314	46.928
26	11.160	12.198	13.844	15.379	17.292	35.563	38.885	41.923	45.642	48.290
27	11.808	12.879	14.573	16.151	18.114	36.741	40.113	43.195	46.963	49.645
28	12.461	13.565	15.308	16.928	18.939	37.916	41.337	44.461	48.278	50.993
29	13.121	14.256	16.047	17.708	19.768	39.087	42.557	45.722	49.588	52.336
30	13.787	14.953	16.791	18.493	20.599	40.256	43.773	46.979	50.892	53.672

F-분포

$$P(F \leq x) = \int_0^x \frac{\Gamma[(r_1 + r_2)/2](r_1/r_2)^{r_1/2} w^{r_1/2-1}}{\Gamma(r_1/2)\Gamma(r_2/2)(1 + r_1 w/r_2)^{(r_1+r_2)/2}} dw$$

주어진 누적확률 $P(F \leq x)$ 에서 자유도 (r_1, r_2) 에 대한 x 값의 표

		r_1							
$P(F \leq x)$	r_2	1	2	3	4	5	6	7	8
0.950	1	161.4	199.5	215.7	224.6	230.2	234.0	236.8	238.9
0.975	1	647.8	799.5	864.2	899.6	921.8	937.1	948.2	956.7
0.990	1	4052	4999	5403	5625	5764	5859	5928	5981
0.950	2	18.51	19.00	19.16	19.25	19.30	19.33	19.35	19.37
0.975	2	38.51	39.00	39.17	39.25	39.30	39.33	39.36	39.37
0.990	2	98.50	99.00	99.17	99.25	99.30	99.33	99.36	99.37
0.950	3	10.128	9.552	9.277	9.117	9.013	8.941	8.887	8.845
0.975	3	17.44	16.04	15.44	15.10	14.88	14.73	14.62	14.54
0.990	3	34.12	30.82	29.46	28.71	28.24	27.91	27.67	27.49
0.950	4	7.709	6.944	6.591	6.388	6.256	6.163	6.094	6.041
0.975	4	12.218	10.649	9.979	9.605	9.364	9.197	9.074	8.980
0.990	4	21.20	18.00	16.69	15.98	15.52	15.21	14.98	14.80
0.950	5	6.608	5.786	5.409	5.192	5.050	4.950	4.876	4.818
0.975	5	10.007	8.434	7.764	7.388	7.146	6.978	6.853	6.757
0.990	5	16.26	13.27	12.06	11.39	10.97	10.67	10.46	10.29
0.950	6	5.987	5.143	4.757	4.534	4.387	4.284	4.207	4.147
0.975	6	8.813	7.260	6.599	6.227	5.988	5.820	5.695	5.600
0.990	6	13.745	10.925	9.780	9.148	8.746	8.466	8.260	8.102
0.950	7	5.591	4.737	4.347	4.120	3.972	3.866	3.787	3.726
0.975	7	8.073	6.542	5.890	5.523	5.285	5.119	4.995	4.899
0.990	7	12.246	9.547	8.451	7.847	7.460	7.191	6.993	6.840
0.950	8	5.318	4.459	4.066	3.838	3.687	3.581	3.500	3.438
0.975	8	7.571	6.059	5.416	5.053	4.817	4.652	4.529	4.433
0.990	8	11.259	8.649	7.591	7.006	6.632	6.371	6.178	6.029

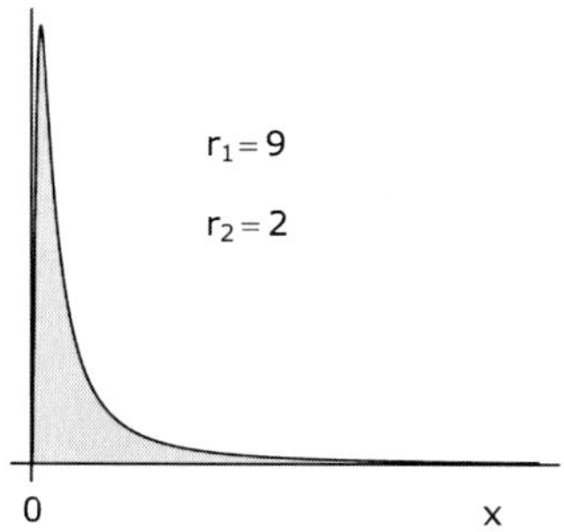

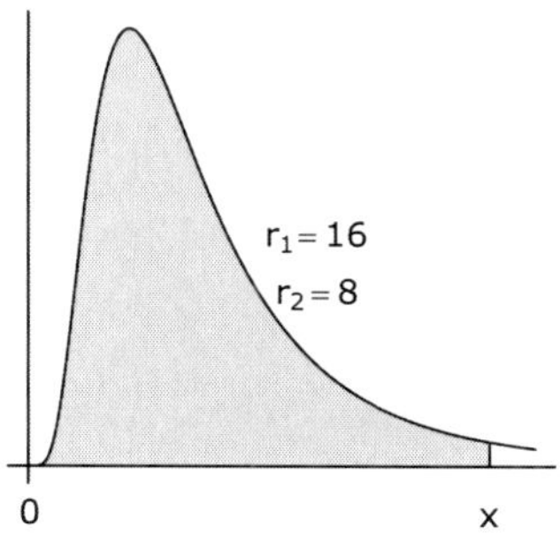

주어진 누적확률 $P(F \le x)$ 에서 자유도 (r_1, r_2) 에 대한 x 값의 표

		r_1							
$P(F \le x)$	r_2	9	10	11	12	13	14	15	16
0.950	1	240.5	241.9	243.0	243.9	244.7	245.4	245.9	246.5
0.975	1	963.3	968.6	973.0	976.7	979.8	982.5	984.9	986.9
0.990	1	6022	6056	6083	6106	6126	6143	6157	6170
0.950	2	19.38	19.40	19.40	19.41	19.42	19.42	19.43	19.43
0.975	2	39.39	39.40	39.41	39.41	39.42	39.43	39.43	39.44
0.990	2	99.39	99.40	99.41	99.42	99.42	99.43	99.43	99.44
0.950	3	8.812	8.786	8.763	8.745	8.729	8.715	8.703	8.692
0.975	3	14.47	14.42	14.37	14.34	14.30	14.28	14.25	14.23
0.990	3	27.35	27.23	27.13	27.05	26.98	26.92	26.87	26.83
0.950	4	5.999	5.964	5.936	5.912	5.891	5.873	5.858	5.844
0.975	4	8.905	8.844	8.794	8.751	8.715	8.684	8.657	8.633
0.990	4	14.66	14.55	14.45	14.37	14.31	14.25	14.20	14.15
0.950	5	4.772	4.735	4.704	4.678	4.655	4.636	4.619	4.604
0.975	5	6.681	6.619	6.568	6.525	6.488	6.456	6.428	6.403
0.990	5	10.158	10.051	9.963	9.888	9.825	9.770	9.722	9.680
0.950	6	4.099	4.060	4.027	4.000	3.976	3.956	3.938	3.922
0.975	6	5.523	5.461	5.410	5.366	5.329	5.297	5.269	5.244
0.990	6	7.976	7.874	7.790	7.718	7.657	7.605	7.559	7.519
0.950	7	3.677	3.637	3.603	3.575	3.550	3.529	3.511	3.494
0.975	7	4.823	4.761	4.709	4.666	4.628	4.596	4.568	4.543
0.990	7	6.719	6.620	6.538	6.469	6.410	6.359	6.314	6.275
0.950	8	3.388	3.347	3.313	3.284	3.259	3.237	3.218	3.202
0.975	8	4.357	4.295	4.243	4.200	4.162	4.130	4.101	4.076
0.990	8	5.911	5.814	5.734	5.667	5.609	5.559	5.515	5.477

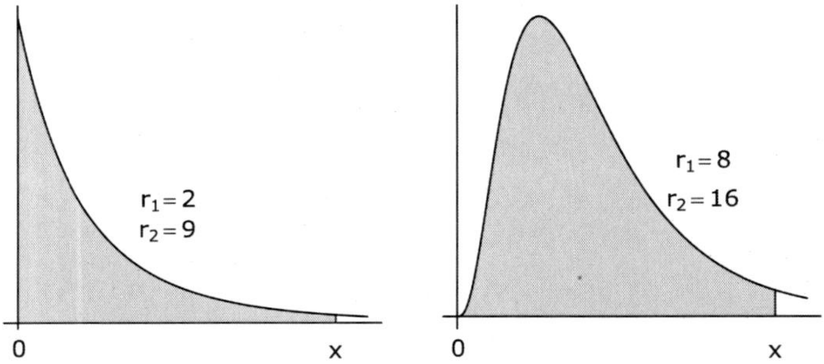

주어진 누적확률 $P(F \leq x)$ 에서 자유도 (r_1, r_2) 에 대한 x 값의 표

		r_1							
$P(F \leq x)$	r_2	1	2	3	4	5	6	7	8
0.950	9	5.117	4.256	3.863	3.633	3.482	3.374	3.293	3.230
0.975	9	7.209	5.715	5.078	4.718	4.484	4.320	4.197	4.102
0.990	9	10.561	8.022	6.992	6.422	6.057	5.802	5.613	5.467
0.950	10	4.965	4.103	3.708	3.478	3.326	3.217	3.135	3.072
0.975	10	6.937	5.456	4.826	4.468	4.236	4.072	3.950	3.855
0.990	10	10.044	7.559	6.552	5.994	5.636	5.386	5.200	5.057
0.950	11	4.844	3.982	3.587	3.357	3.204	3.095	3.012	2.948
0.975	11	6.724	5.256	4.630	4.275	4.044	3.881	3.759	3.664
0.990	11	9.646	7.206	6.217	5.668	5.316	5.069	4.886	4.744
0.950	12	4.747	3.885	3.490	3.259	3.106	2.996	2.913	2.849
0.975	12	6.554	5.096	4.474	4.121	3.891	3.728	3.607	3.512
0.990	12	9.330	6.927	5.953	5.412	5.064	4.821	4.640	4.499
0.950	13	4.667	3.806	3.411	3.179	3.025	2.915	2.832	2.767
0.975	13	6.414	4.965	4.347	3.996	3.767	3.604	3.483	3.388
0.990	13	9.074	6.701	5.739	5.205	4.862	4.620	4.441	4.302
0.950	14	4.600	3.739	3.344	3.112	2.958	2.848	2.764	2.699
0.975	14	6.298	4.857	4.242	3.892	3.663	3.501	3.380	3.285
0.990	14	8.862	6.515	5.564	5.035	4.695	4.456	4.278	4.140
0.950	15	4.543	3.682	3.287	3.056	2.901	2.790	2.707	2.641
0.975	15	6.200	4.765	4.153	3.804	3.576	3.415	3.293	3.199
0.990	15	8.683	6.359	5.417	4.893	4.556	4.318	4.142	4.004
0.950	16	4.494	3.634	3.239	3.007	2.852	2.741	2.657	2.591
0.975	16	6.115	4.687	4.077	3.729	3.502	3.341	3.219	3.125
0.990	16	8.531	6.226	5.292	4.773	4.437	4.202	4.026	3.890

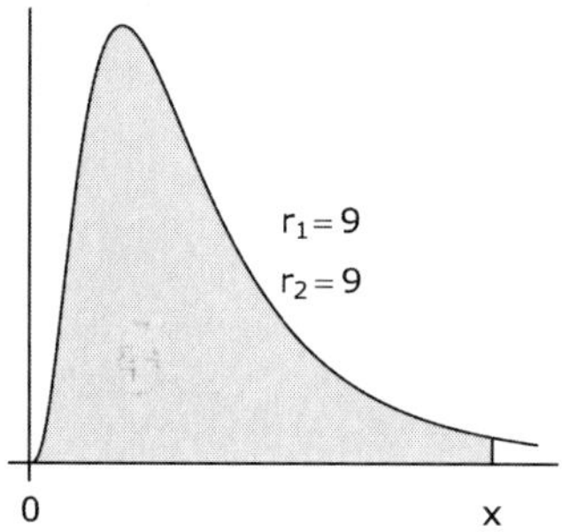

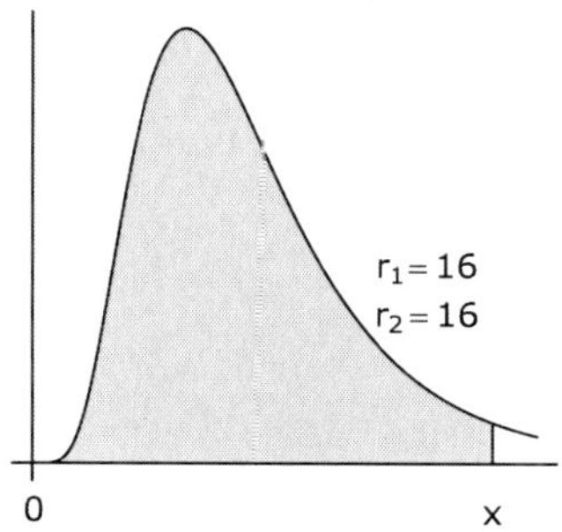

주어진 누적확률 $P(F \le x)$ 에서 자유도 (r_1, r_2) 에 대한 x 값의 표

		r_1							
$P(F \le x)$	r_2	9	10	11	12	13	14	15	16
0.950	9	3.179	3.137	3.102	3.073	3.048	3.025	3.006	2.989
0.975	9	4.026	3.964	3.912	3.868	3.831	3.798	3.769	3.744
0.990	9	5.351	5.257	5.178	5.111	5.055	5.005	4.962	4.924
0.950	10	3.020	2.978	2.943	2.913	2.887	2.865	2.845	2.828
0.975	10	3.779	3.717	3.665	3.621	3.583	3.550	3.522	3.496
0.990	10	4.942	4.849	4.772	4.706	4.650	4.601	4.558	4.520
0.950	11	2.896	2.854	2.818	2.788	2.761	2.739	2.719	2.701
0.975	11	3.588	3.526	3.474	3.430	3.392	3.359	3.330	3.304
0.990	11	4.632	4.539	4.462	4.397	4.342	4.293	4.251	4.213
0.950	12	2.796	2.753	2.717	2.687	2.660	2.637	2.617	2.599
0.975	12	3.436	3.374	3.321	3.277	3.239	3.206	3.177	3.152
0.990	12	4.388	4.296	4.220	4.155	4.100	4.052	4.010	3.972
0.950	13	2.714	2.671	2.635	2.604	2.577	2.554	2.533	2.515
0.975	13	3.312	3.250	3.197	3.153	3.115	3.082	3.053	3.027
0.990	13	4.191	4.100	4.025	3.960	3.905	3.857	3.815	3.778
0.950	14	2.646	2.602	2.565	2.534	2.507	2.484	2.463	2.445
0.975	14	3.209	3.147	3.095	3.050	3.012	2.979	2.949	2.923
0.990	14	4.030	3.939	3.864	3.800	3.745	3.698	3.656	3.619
0.950	15	2.588	2.544	2.507	2.475	2.448	2.424	2.403	2.385
0.975	15	3.123	3.060	3.008	2.963	2.925	2.891	2.862	2.836
0.990	15	3.895	3.805	3.730	3.666	3.612	3.564	3.522	3.485
0.950	16	2.538	2.494	2.456	2.425	2.397	2.373	2.352	2.333
0.975	16	3.049	2.986	2.934	2.889	2.851	2.817	2.788	2.761
0.990	16	3.780	3.691	3.616	3.553	3.498	3.451	3.409	3.372

스튜던트 범위 통계치

($\alpha = 0.05$)

	집단 수								
df	2	3	4	5	6	7	8	9	10
5	3.64	4.60	5.22	5.67	6.03	6.33	6.58	6.80	6.99
6	3.46	4.34	4.90	5.30	5.63	5.90	6.12	6.32	6.49
7	3.34	4.16	4.68	5.06	5.36	5.61	5.82	6.00	6.16
8	3.26	4.04	4.53	4.89	5.17	5.40	5.60	5.77	5.92
9	3.20	3.95	4.41	4.76	5.02	5.24	5.43	5.59	5.74
10	3.15	3.88	4.33	4.65	4.91	5.12	5.30	5.46	5.60
11	3.11	3.82	4.26	4.57	4.82	5.03	5.20	5.35	5.49
12	3.08	3.77	4.20	4.51	4.75	4.95	5.12	5.27	5.39
13	3.06	3.73	4.15	4.45	4.69	4.88	5.05	5.19	5.32
14	3.03	3.70	4.11	4.41	4.64	4.83	4.99	5.13	5.25
15	3.01	3.67	4.08	4.37	4.59	4.78	4.94	5.08	5.20
16	3.00	3.65	4.05	4.33	4.56	4.74	4.90	5.03	5.15
17	2.98	3.63	4.02	4.30	4.52	4.70	4.86	4.99	5.11
18	2.97	3.61	4.00	4.28	4.49	4.67	4.82	4.96	5.07
19	2.96	3.59	3.98	4.25	4.47	4.65	4.79	4.92	5.04
20	2.95	3.58	3.96	4.23	4.45	4.62	4.77	4.90	5.01
21	2.94	3.56	3.94	4.21	4.42	4.60	4.74	4.87	4.98
22	2.93	3.55	3.93	4.20	4.41	4.58	4.72	4.85	4.96
23	2.93	3.54	3.91	4.18	4.39	4.56	4.70	4.83	4.94
24	2.92	3.53	3.90	4.17	4.37	4.54	4.68	4.81	4.92
25	2.91	3.52	3.89	4.15	4.36	4.53	4.67	4.79	4.90
26	2.91	3.51	3.88	4.14	4.35	4.51	4.65	4.77	4.88
27	2.90	3.51	3.87	4.13	4.33	4.50	4.64	4.76	4.86
28	2.90	3.50	3.86	4.12	4.32	4.49	4.62	4.74	4.85
29	2.89	3.49	3.85	4.11	4.31	4.47	4.61	4.73	4.84
30	2.89	3.49	3.85	4.10	4.30	4.46	4.60	4.72	4.82
32	2.88	3.48	3.83	4.09	4.28	4.45	4.58	4.70	4.80
36	2.87	3.46	3.81	4.06	4.25	4.41	4.55	4.66	4.76
42	2.85	3.44	3.78	4.03	4.22	4.38	4.51	4.62	4.72
48	2.84	3.42	3.76	4.01	4.20	4.35	4.48	4.59	4.69
60	2.83	3.40	3.74	3.98	4.16	4.31	4.44	4.55	4.65
120	2.80	3.36	3.68	3.92	4.10	4.24	4.36	4.47	4.56
Inf	2.77	3.31	3.63	3.86	4.03	4.17	4.29	4.39	4.47

($\alpha = 0.01$)

df	집단 수								
	2	3	4	5	6	7	8	9	10
5	5.70	6.98	7.80	8.42	8.91	9.32	9.67	9.97	10.24
6	5.24	6.33	7.03	7.56	7.97	8.32	8.61	8.87	9.10
7	4.95	5.92	6.54	7.00	7.37	7.68	7.94	8.17	8.37
8	4.75	5.64	6.20	6.62	6.96	7.24	7.47	7.68	7.86
9	4.60	5.43	5.96	6.35	6.66	6.91	7.13	7.33	7.49
10	4.48	5.27	5.77	6.14	6.43	6.67	6.87	7.05	7.21
11	4.39	5.15	5.62	5.97	6.25	6.48	6.67	6.84	6.99
12	4.32	5.05	5.50	5.84	6.10	6.32	6.51	6.67	6.81
13	4.26	4.96	5.40	5.73	5.98	6.19	6.37	6.53	6.67
14	4.21	4.89	5.32	5.63	5.88	6.08	6.26	6.41	6.54
15	4.17	4.84	5.25	5.56	5.80	5.99	6.16	6.31	6.44
16	4.13	4.79	5.19	5.49	5.72	5.92	6.08	6.22	6.35
17	4.10	4.74	5.14	5.43	5.66	5.85	6.01	6.15	6.27
18	4.07	4.70	5.09	5.38	5.60	5.79	5.94	6.08	6.20
19	4.05	4.67	5.05	5.33	5.55	5.73	5.89	6.02	6.14
20	4.02	4.64	5.02	5.29	5.51	5.69	5.84	5.97	6.09
21	4.00	4.61	4.99	5.26	5.47	5.65	5.79	5.92	6.04
22	3.99	4.59	4.96	5.22	5.43	5.61	5.75	5.88	5.99
23	3.97	4.57	4.93	5.20	5.40	5.57	5.72	5.84	5.95
24	3.96	4.55	4.91	5.17	5.37	5.54	5.69	5.81	5.92
25	3.94	4.53	4.89	5.14	5.35	5.51	5.65	5.78	5.89
26	3.93	4.51	4.87	5.12	5.32	5.49	5.63	5.75	5.86
27	3.92	4.49	4.85	5.10	5.30	5.46	5.60	5.72	5.83
28	3.91	4.48	4.83	5.08	5.28	5.44	5.58	5.70	5.80
29	3.90	4.47	4.81	5.06	5.26	5.42	5.56	5.67	5.78
30	3.89	4.45	4.80	5.05	5.24	5.40	5.54	5.65	5.76
32	3.87	4.43	4.77	5.02	5.21	5.37	5.50	5.61	5.72
36	3.85	4.40	4.73	4.97	5.16	5.31	5.44	5.55	5.65
42	3.82	4.35	4.68	4.91	5.10	5.25	5.37	5.48	5.58
48	3.79	4.32	4.64	4.87	5.05	5.20	5.32	5.43	5.52
60	3.76	4.28	4.59	4.82	4.99	5.13	5.25	5.36	5.45
120	3.70	4.20	4.50	4.71	4.87	5.01	5.12	5.21	5.30
Inf	3.64	4.12	4.40	4.60	4.76	4.88	4.99	5.08	5.16

찾아보기

ㅇ

ㅈ

Abstract

Linguistics and Statistical Models

Hyopil Shin

Current linguistic research focuses greatly on real language data analysis and experiments. Since the use of statistics is required to analyze the data and draw conclusions, mathematical and statistical models are prevalent in linguistic theory. However, it is not easy for novices in mathematics or statistics to follow this trend.

This book provides a wide range of examples from basic probability theories to applied statistical methods that come largely from the field of computational linguistics, for those who wish to become accustomed to the use of statistical analysis. Foundations of statistical models and hypothesis tests for statistical inference are introduced, and analysis of variance and regression analysis with linguistic examples, which serve as the primary experimental methods, are also described in chapters 1 through 3. Chapters 4 to 6 explain widely used methods in both theoretical linguistics and computational linguistics, such as the N-gram, entropy, and hidden Markov model. Besides the theoretical considerations, some useful toolkits for statistical analysis are also introduced. The R software for statistics, the SRILM for an N-gram model, the Maxent for the maximum entropy model, and the web-based toolkit for the hidden Markov model developed by the computational linguistics laboratory at Seoul National University are presented at the end of chapters 3 to 6. Even though some of these tools are not easy to manipulate, they are considered very useful for linguistics analysis with statistical models.

The experience of teaching computational linguistics and natural language processing at Seoul National University motivated me to write this book. I realized that many linguistic students have difficulties understanding statistical natural language processing, which is quite different from the material studied in theoretical linguistics. Although even the foundations of mathematics and statistics are expansive, this book covers only the most necessary notions used for statistical inference in linguistic experiments and statistical models in computational linguistics.

This book will be useful not only for theoretical linguists who are eager to broaden their knowledge in statistical linguistic approaches but also for computational linguists who need a proper introduction to this field. This book can be used as a computational linguistics or natural language processing textbook for graduate or undergraduate students.

제2판
언어학과 통계모델

초판 1쇄 발행 2009년 8월 30일
초판 2쇄 발행 2010년 8월 30일
제2판 1쇄 발행 2012년 9월 20일
제2판 3쇄 발행 2021년 4월 30일

지은이 신효필
펴낸이 오세정
펴낸곳 서울대학교출판문화원

출판등록 제15-3호

주소 08826 서울 관악구 관악로 1
대표전화 02-880-5252 | 팩스 02-889-0785
도서주문 02-889-4424, 02-880-7995
이메일 snubook@snu.ac.kr
홈페이지 www.snupress.com

ISBN 978-89-521-1657-4 93700